朝鮮民衆の社会史

――現代韓国の源流を探る

趙景達
Cyo Kyeungdal

岩波新書
2030

まえがき

韓国は今でも儒教的な国だと言われる。相変わらず孝が重んじられるとともに長幼の序に厳しく、本人が立派な人間であるかどうかを問わず「道徳」とか「正義」という言葉がよく使われる。また、韓国は今でも両班《ヤンバン》の社会である。両班とは王朝時代の朝鮮の支配階級だが、原則的には教養人で科挙に及第して官僚となった者を言う。さしずめ政治家や官僚のほか、大学教授や文章家、法律家、医師などの知的エリートは現代の両班である。学問を修めた者こそが君子や聖人になれると考える朱子学の遺風なのか、日本以上に彼らの地位は高く、一般社会の彼らへの憧れも強いようにみえる。国父のように傲慢、尊大に振る舞った初代大統領の李承晩《イスンマン》は、プリンストン大学の学位を持っていて、大統領と言われるより「博士」と呼ばれるのを好んだという。

しかし現在、両班に込められる意味は複雑である。「この両班は〜」と言えば「この旦那(お人)は〜」という意味になるが、その実は多分に皮肉やからかい半分で使われることが多い。一方、「あの方こそ本当の両班だ」と言うような場合には「あの方は実に礼儀正しい」という意味になる。それは、民衆の両班観に二つの相反する評価があったせいだと思われる。朱子学を修めた読書人であり官僚である両班は、理想的人間として社会的に認知されながらも、現実には傲慢、尊大さ以外にその強欲、狡知さゆえに、民衆は彼らを畏怖、憎悪し、時に我慢ならない存在として認識した。ところがその一方で、自らも両班になりたいという矛盾した願望を強く抱いていた。儒教と両班は、朝鮮社会を説明する際の最も重要なキーワードだと言えよう。

とはいえそれだけで民衆世界を解析することは到底不可能である。確かに朝鮮は儒教的な政治文化に覆われてはいたが、民衆世界は実に多様、多彩であり、儒教以外の様々な宗教や文化が培《つちか》われていた。儒教は支配的なイデオロギーとして認められてはいたが、民衆自らは巫俗《ふぞく》（シャーマニズム）・仏教・道教・占卜《せんぼく》など、より伝統的な宗教や信仰に浸っていたのである。

また、民衆と一言でいうのは簡単だが、農民や商人・工匠などの基幹的民衆のほかに奴婢を始めとする雑多な賤民が存在していた。白丁《ペクチョン》（日本の「穢多《えた》・非人」に比定される身分で、今日差別語だが、煩瑣を避けるため、ここではカギを付さずに表記する）・巫覡《ふげき》・僧侶・芸人・行商人などの周縁的な民衆であり、アウトローの盗賊なども含まれよう。そして、家父長的な論理が貫徹していた朝鮮では、女性もまた周縁的存在のように扱われていた。妓生《キーセン》（芸妓）などは文字通り賤民であった。民衆社会史は女性史も対象にすべきだというのが本書の立場である。

本書は『朝鮮民衆の社会史』と銘打っているが、叙述対象となるのは朝鮮王朝の成立期から一九一九年の三・一運動までで、特には朝鮮後期の一八〜二〇世紀初が中心となる。朝鮮王朝は近現代朝鮮の基体、原型であるので、その社会構造を踏まえた上で民衆世界の様相とその近代的変容を描き出し、周縁的存在を含む民衆がどのようにして民族の一体化を成し遂げ、挙族的な三・一運動に至るのかを探っていきたい。歴史を彩《いろど》る人々のうち圧倒的多数を占めながら、自ら記録を残さず、国家や知識人の歴史叙述からも隠蔽されがちな民衆の歴史を描くことは至難の業であり、史料的な限界に突き当たらざるを得ない。そこで、比較的に記録に残りやすい民衆運動や騒擾・事件などの非日常的な民衆を描きつつ、そこから反転して民衆の日常的な世界を逆照射しようとする方法が必要になってくる。著者自身、これまでそうした方法によって民衆史を語ってきた。

しかし本書では、もとより既存の多くの研究に学びつつ、王朝年代記(『朝鮮王朝実録』や『承政院日記』など)・民政書(官箴《かんしん》書・牧民書)・法典・官辺記録・同時代記録・新聞などにある断片的な史料のほか、王朝末期から植民地期にかけて多く出された西欧人・日本人の見聞録や社会調査、あるいは史料的価値を有する朝鮮人・日本人の民俗学的研究なども参照しながら、まずもってできる限り民衆の日常に迫っていこうと思う。そしてその上で、日常から非日常への飛躍である民衆騒擾や民衆運動の様相を明らかにしていきたい。社会史と銘打つ所以である。また、そうした民衆社会史の作業は現代韓国の社会や民主主義の源流をたどろうとするものでもある。社会史というのは、構造的で持続的なものだからである。民主主義どころか王朝時代以上に人権や民衆（市民）運動も完封され、なおベールに包まれている北朝鮮については留保が必要だが、本書が現代韓国を知る道標の一つになるならば、といささか念願するところである。

本書は一八九五年までは基本的に陰暦であり、九六年以降は陽暦を用いている。史料は適宜本文中に記しているが、新書という性格上、参考文献は主要なものに限って巻末に掲げるに止めた。ただ、明確な引用や重要な論点であったり、その著者固有の見解であるものについては（㊂崔在錫）とか（㊂秋葉隆①）などと注記した。また、国王については適宜在位年代を記し、年代記や新聞の後にある括弧数字は年月日を示している。

目 次

監営
兵営
水営
豆満江
鴨緑江
清川江
大同江
咸鏡道
平安道
黄海道
京畿道
江原道
忠清道
慶尚道
全羅道
鏡城
北青
咸興
永興
義州
安州
平壌
黄州
海州
甕津
喬桐
江華島
漢城(ソウル)
広州
漢江
原州
清州
公州
保寧
洛東江
全州
大邱
蔚山
東萊
晋州
固城
順天
康津
海南
済州島
0
100 km

朝鮮王朝後期略図

第１章

朝鮮社会の儒教化

1872 年に再建された景福宮の光化門

1　儒教国家の誕生とその理念

朱子学革命と民衆

一三九二年、朝鮮王朝が建国された。この時、大小の臣僚たちはのちに太祖《テジョ》となる李成桂《イソンゲ》(一三九二〜九八)を王位に就かせようと私邸に赴き、百官が並んで拝礼し、鼓を撃って「万歳《マンセ》」を叫んだ。いわゆる山呼である。李成桂は恐懼《きょうく》して辞退したが、臣僚たちは皆、高麗王朝の命運が尽きたことを諄々《じゅんじゅん》と説き、彼の即位こそが「神人の望」だとした。それでも彼は「古《いにしえ》より王たる者は天命がなければ就くことができない。自分は実に徳なき者であり、どうして受けることができようか」と固辞した。しかし百官の熱意ある再三の進言によって、李成桂はやむなく即位を受諾するに至った(『太祖実録』一・七・一七)。

これは朝鮮王朝の建国故事である。のちに明の皇帝に冊封されたことによって、皇帝のみに許される「万歳」の山呼はやむなく「千歳《チョンセ》」に変わったが、国王が天命を受けて民を支配するというのは、儒教では統治を正当化するための必須のレトリックであった。朝鮮は朱子学を遵奉する儒教国家であった。高麗王朝も一面儒教を導入し、中国のように科挙によって官僚を登用する制度も採用していたが、基本的には仏教を信奉し、官僚も貴族制的に世襲された。

南宋の朱熹(朱子)によって大成された北宋以来の宋学＝朱子学というのは、儒教をより哲学的に解析進化させた普遍主義的教学である。朱子学では、学問に励んで聚散の運動を繰り返す気で充満している森羅万象の理を知れば、自ずと自身の理＝性(明徳)も明らかとなって聖人に近づき、そうした人物こそがよく国を治め、天下を平安に保つことができると説かれる。そこでは自然論と人性論と政治論が三位一体的に認識され、性善説に拠って立つその人性論からすれば、「聖人の道」は本来、誰もが目指しうるものであった。またリゴリスティックに「天理と人欲の戦い」が説かれ、死生観をめぐっては宗教性も帯びていた。本来の儒教もそうだが、朱子学は人の精神に宿る陽の気である魂《たましい》と人の形体に宿る陰の気である魄《たましい》の存在を否定せず、人の死を二つの〈たましい〉である魂魄《こんぱく》が分離したものと捉え(魂は天上に魄は地上に)、祖先の魂を魄がなお残る遺骸に呼び戻そうとする祖先祭祀を重視した。

朝鮮はまさに朱子学革命によって建国された国家であった。朱子学が標榜する「民は惟《こ》れ邦の本」というのは、『書経』(「夏書」五子之歌)に由来する儒教的民本主義の理念を最も簡明に表現する言葉であり、その思想は特には『孟子』に継承された。朝鮮建国の理念はまさに、「聖人の道」を歩もうとする者たちが天命に則って貴族政治を廃し、民のための政治を行うということにあった。

しかし儒教的民本主義というのは、民主主義とは違う。朝鮮儒教の「民本」の前提には中国や日本の儒教では見られないほどの「愛民」という慈民の精神が特徴的にあった(㊂井上厚史)。ただ、民は政治の享受主体でしかなく、決して政治の実践主体にはなり得なかった。政治の実践主体はあくまでも君主と士大夫《したいふ》＝読書人であり、そこには抜き差しならぬ愚民思想があった。儒教の普遍主義は、朱子学に昇華されたにせよ、欺瞞性も強くつきまとっていたのである。

　したがって、朝鮮は貴族制を廃そうとはしたが、身分制を廃することはなかった。朝鮮の身分制は一般に、両班《ヤンバン》・中人・良人(常人・常民・良民)・賤人(賤民)の四区分からなっていたとされる。士族とも言われる両班は、読書人にして支配身分であり、官僚ないしはその子孫から構成され、一般には科挙を通じて獲得される身分であった。中人は科挙の雑科及第者とその一族からなっており、中下級の技術官僚層であった。被支配身分は良人と賤人であるが、前者は軍役などの良役(徴兵・労役)を負担する基幹的民衆であり、後者は奴婢として官庁や両班、富裕な良人に直接隷属する周縁的民衆であった。しかし、法制的には朝鮮の身分制は良賤の二区分制であり、両班も中人も元来は良人で、めぐり合わせによっては良人どころか、奴婢に転落する可能性さえ秘めていた。

統治システムと理念

　では、朝鮮の統治システムとその理念はどのようなものだったのだろうか。まず、朝鮮は首都を漢城(現ソウル)に定め、全国を八道に分かち、その下に三四〇ほどの邑《コウル》(府・牧・郡・県)を置いた。その下にはさらに面(行政村)―洞・里(複数の部落からなる自然村）という末端行政区域があった。面の任員は風憲・約正、洞・里の任員は尊位・頭民などと言った。道の監営（道庁）には観察使（監司）が派遣されて邑の監督を行い、邑には守令が派遣されて行政・司法・徴税などの政務を行った。また、邑には在地士族（儒林）の自治組織である郷庁（朝鮮前期は留郷所と呼称）が置かれ、守令の諮問機関となり、在地役人である郷吏の監督も行った。

郷吏は高麗時代には土豪として地方に盤踞《ばんきょ》していたが、朝鮮時代になると役務として世襲的に在地役人である胥吏《しょり》（吏胥・衙前）の任を務めさせられた身分である。広い意味では中人身分とみなされる。郷庁の任員は郷任（座首・別監等）と言ったが、これは在地士族の名簿である郷案の中から選ばれた。郷案入録者は郷会の参加資格者であり、郷会は郷庁の上位に位置する在地士族の最高意志決定機関であった。そして邑には官営の郷校が設置され、地方の教化と子弟教育に当たった。また、それとは別に在地士族が独自に設ける書院もあり、ここでは学問・教化が行われただけではなく、政事や時勢も議論された。さらに、国王勅任の密偵である暗行御《あんこうぎょ》史《し》が任命され、王の眼となって地方行政の監視を行った。

儒教的民本主義はこのような地方行政体系を基礎に置いて理念化されていたわけだが、その具体的内容は、著者なりに整理すれば五つほどにまとめられる（参趙景達②）。第一は一君万民である。儒教的民本主義の基本は何よりも王道政治の実現であり、そこでは慈愛深き君主の万民に対する徳治が理想化された。建国の功臣鄭道伝《チョンドジョン》は、君主は広く「賢能の士」を求めて国を共に治めるべきことを主張しながらも、「思うに君は国に依り、国は民に依り、民は国の本にして君の天である」とし、君と民の二項関係を重視した(『朝鮮経国典』上、「官制」「版籍」)。ただ、貴族支配を否定したとはいえ、実際には王権は決して強いものではなく、政治運用的には建国当初より君臣共治が基本とされた。中央には議政府があり、その下に六曹(吏・戸・礼・兵・刑・工)があった。そして、三司と総称される司憲府(時政論議・百官糾察・風紀矯正の官府)・司諫院(国王への諫諍・論駁の官府)・弘文館(古典書籍の管理・文翰の処理・国王の諮問への答申の官府)があり、これらは国王の専制を掣肘して政治を糾正する任を負っていた。

第二は公論直訴である。儒教的民本主義はまずもって公論によって支えられ、異議申し立ての回路が厳然と存在していた。「公論は天下の元気である」(『太祖実録』一・一一・九)というのが朝鮮王朝建国当初からの国是であった。民政書(地方官の指南書)にも守令は「必ず一邑の公論を取ってこれを択ぶ」(「政要抄」内藤吉之助編『朝鮮民政資料』)べきことが奨励されている。

在地社会の公論は、退職朝官や一般士族が郷校や書院を拠点に郷論を主導し、国政や外交、礼制など広範な問題について議論し、上疏を行った。それらは規模に応じて邑儒疏・道儒疏・聯合儒疏(二道以上の儒疏)などと区分され、時に万人疏と称せられる大規模なものがあった。また、士人と民人を問わず一身の生命や身分・分限問題に関することであれば、呈訴も容易に行うことができた。これは邑→道→三法司(刑曹・司憲府・漢城府)という三審制になっていた。それでも不服の場合は、国王への直訴が制度化されていた。越訴は禁止されていたが、王宮の前には申聞鼓《シンムンゴ》があり、それを叩けば直訴がかなった。この制度は暴君の燕山君《ヨンサングン》(一四九四～一五〇六、王号を剝奪された廃王)代に廃止されたが、その後それに替わって、国王行幸の際に訴願文を呈する上言《サンオン》や銅鑼を叩いて訴える撃錚《キョクチェン》などが制度化されるようになった。

第三は勧農教化である。勧農と教化は王政の根本であった。国王は自ら農業の範を垂れるべく宮中で親耕を行い、最高の教化主体として学問にいそしんだ。臣下とともに経書を学ぶ経筵は建国時から制度化されていた。成宗《ソンジョン》(一四六九～九四)代の一四七〇年に公布された『経国大典』(「吏典」考課)には、守令の任務は「守令七事」(農桑を盛んにする・戸口を増やす・学校を興す・軍政を修める・賦役を均しくする・詞訟を簡にする・姦猾を息《や》める)にあるとされ、勧農と教化は第一と第三にあげられている。わけても郷校運営に代表される教化は、民衆の儒教化と関わって重要な守令の任務であった。勧農も遊民化を阻止する農本主義的な教化策という一面を持っていた。守令は赴任早々、倫理風化について邑民に掲榜(触書)するのが一般であった。一八～一九世紀に活躍した実学(朱子学本来の民本的な実事求是を重視する学問)の巨匠丁若鏞《チョンヤギョン》は「民牧の職は教民のみ」とさえ言っている(『牧民心書』「礼典六条」教民)。

民衆の儒教化

実際民衆の儒教化は様々な形で行われた。世宗《セジョン》(一四一八～五〇)代には、中国・朝鮮で世伝される孝子・忠臣・烈女のエピソードを集めた『三綱行実図』を刊行し、儒教道徳の普及を図った。これは歴代何度も補修され、朝鮮王朝を通じて絶えざる民衆教化の基本教本となった。同時に孝子・忠臣・烈女などを表彰する旌表《せいひょう》政策が行われたが、これは壬辰《じんしん》倭乱(豊臣秀吉の朝鮮侵攻)・丙子《へいし》胡乱《こらん》(一六三六年の清の侵攻)以降一層盛んとなった。高宗《コジョン》(一八六三〜一九〇七)代には、生存している者も孝子や烈女と認定し、賦役を減免・免除することがあった。また、朱子の著作である冠婚葬祭の儀礼を定めた『文公(朱子)家礼』は、士大夫層だけが実践するものではなかった。煩雑な『文公家礼』通りでないにせよ、簡素化あるいは土着的に修正されつつ民衆社会にも浸透していった。

書院が発達し、郷約が行われたのも在地社会の儒教化に力があった。郷約は一一世紀北宋代に中国で行われた『呂氏郷約』が始まりだが、朝鮮では一六世紀前半頃から関心がもたれ始め、徐々に普及していった。郷約というのは、「徳業相勧《すすむ》」「過失相規《ただす》」「礼俗相交《かわす》」「患難相恤《あわれむ》」の四綱領を実践することによって郷村社会に儒教的秩序を作り出そうとしたものであるが、朝鮮では在地士族によって邑単位で行われただけではなく、洞・里単位でも洞約・洞契などとして実践された。守令が上から行政的に行うこともあった。

郷校は朝鮮後期になると、一般民とともに学ぶのを良しとしない両班が、家庭教師や書院の下での子弟教育を望むようになったために、校生がほとんど良人出身者となり、実力が低下していくのだが、聖賢の祭祀や郷飲酒礼(酒席での長幼の序を実践してみせる儀式)などの儒教儀礼を実践する場として権威を持ち続け、一貫して民衆教化の中心としてあった。さらに日本の寺子屋に当たる書堂が、一八世紀以降村々の自律的な運営によって全国化し、そこでは朴世茂《パクセム》『童蒙先習』(一五四一)が教材となった。この教本は初級漢字テキストである『千字文』を修了した学童向けに五倫(父子の親・君臣の義・夫婦の別・長幼の序・朋友の信)と中国・朝鮮の歴史を概述したもので、儒教は子どもの頃からその内面化を求められる教学としてあった。儒教化とは民衆の文明化を意味した。

賑恤と平均

第四は賑恤《しんじゅつ》扶助である。民本を標榜する以上、地方官の中に「民病を察せずに国と民を以て二と為し、利を国に専らにしようとし、民生を便ならしめない者が甚だ多い」(『太宗実録』六・九・一八)状況は、嘆かわしい事態であった。民は国よりも重い。国王の最大の職務は勧農と相俟って民の食を確保することであり、そのために凶作時の民衆救済である賑恤は王政にとって大変重要な意味を持っていた。丁若鏞は、「荒政(救荒の策)は先王が心を尽くしたところで、牧民(地方官)の才はここにおいて見ることができ、荒政が善処できれば、牧民の能事は終わる」(『牧民心書』「賑荒六条」備賑恤)とまで述べている。

実際、『経国大典』(「戸典六条」備荒)には、「守令が賑救に心を尽くさずに飢民が出て多くの死者が生じているのに報告しない者は重罰に処す」とあって、賑恤を怠った守令は処罰された。

賑恤には公穀を用いる公賑と、守令が自ら確保する私賑とがあったが、守令の能力がとりわけ問われるのは私賑であった。飢饉が発生した時は、公穀でまかないきれなければ、富民に期待しなければならなくなるのだが、その際行われる行政措置が勧分である。勧分とは、富民に穀物を提供させて窮民を救うように勧奨することである。その見返りとして免役や免税をしたり、賞典を与えたりした。

第五は平均分配である。『論語』(季氏)には「寡《すく》なきことを患《うれ》えずして均《ひと》しからざるを患う」とあるが、儒教的民本主義では平均主義もまた強く標榜された。高麗時代には田制が紊乱し、土地の私田化が進んだが、朝鮮時代には土地に公概念を適用し、私田廃止の方向を模索した。私田廃止の政策は建国初期に行われただけで、私田はむしろ拡大していったが、均田は見果てぬ夢としてあり続けた。のちに実学においても、均田論や限田論が盛んに論じられている。特に丁若鏞の改革構想は有名である。彼は現実にある地主的所有を認めつつ、均田を井田制として実施し、九分の一の公田の創出を考えたが、他方では私田を廃して農業を行う者だけが土地を得て共同耕作によって集団的に農業経営を行うという空想的な閭田《りょでん》制を構想した。

確かに儒教的民本主義は身分制を否定せず、愚民観があるという点においてその普遍性には問題があった。しかし一面、民意や公論を重視したり、平均主義的であったりする点において、近代的であるどころか、ある種社会主義的にさえみえる。事実、植民地期には両班子弟の中から多くの社会主義者が現れるのだが、朝鮮の近代的知識人は儒教的民本主義を受け皿にして西欧の近代思想はもとより、さらに進んでマルクス主義や無政府主義をも理解していった。

2 儒教社会の現実と両班

儒教的民本主義の現実

しかし、儒教的民本主義の現実は理念通りではなく、裏腹のことが多かった。一君万民の理念はあくまでも理想でしかなく、現実には君臣共治であったことはその最たるものである。君臣共治は王権の専制を許さないという点で、かえって優れた政治システムであったとも言えるが、現実には王権の専制を許さないどころか、王権は門閥政治＝臣権の強大性に脅かされ、いわゆる士禍(士林派＝在地儒生の中央進出を阻んだ勲旧派＝功臣の四次にわたる弾圧)や党争(学統・地縁・血縁などに基づいた朋党間の政争)などの熾烈な抗争が長きにわたって中央政治を歪めた。

また地方政治においては、有能な地方官を確保するのは容易なことではなかった。地方官は志願者が数多く存在し、科挙及第者であっても優良地に赴任するには賄賂が必要であり、君子然としてばかりいてはなれるものではなかった。そこでは情実が支配した。儒教国家においては官僚になるのは致富の道であり、科挙官僚には、「聖人の道」である朱子学を修めたにもかかわらず、俗物官僚が少なくなかった。そして地方官に仕える郷吏＝胥吏は、役務であったために俸給がなく、勢い民衆から収奪するしかなかった。守令はたとえ牧民官としての自覚を持ち、そうした胥吏を侮蔑しながらも、自らの手足となる彼らの中間収奪をある程度は容認しなければならず、自らも収奪に与した。

したがって守令は、過ぎたる不正や収奪は取り締まり、自らも慎もうとしたが、その仁政の標榜はある程度の曖昧な許容範囲内の収奪を前提として行うしかなかった。胥吏も民衆から中間収奪するのはある許容範囲内であれば、給与の自己調達＝行政手数料のようなものとして考えていたふしがある。それらは近代的感覚からすれば、収奪や不正以外の何ものでもないが、当時にあっては必ずしもそのようには考えられていなかったと言える。

民衆の側も納得できる範囲であれば、権力の側の収奪を必ずしも不正とは考えなかった。救難時には守令は賑恤を行い、胥吏も徴税を目こぼしして温情を示したからである。そして土豪武断の両班は、教化に名を借りて崇文実践の場である書院を士族朋党の場、民衆収奪の場ともしていたが、守令から賑恤の協力を求められれば、拒否するのは容易でないどころか、郷約を実践して君子たることを自負する以上、自らも徳望を示す必要があった。

要するに、治者と民衆との間には「徳治と誅求の不明瞭な統治空間」が存在し、奇妙な共生関係＝秩序が成り立っていたのである。儒教的民本主義の理念というのは、現実社会に忠実に反映されることはなく、特異な政治文化が醸成され、絵に描いた餅でしかなかった。では何故に、このようなギャップが生じたのであろうか。端的に言ってそれは、朱子学に基礎を置く儒教的民本主義の原理そのものが本来的にはらむ矛盾に起因している。

朝鮮は『経国大典』を始めとする法典を整備した法治主義の国家のはずであったが、現実には教化主義の方が幅をきかせる社会であった。儒教国家というのは、法律があってもその運用は情理によるのを良しとした。性悪説に基づく法家の思想とは到底相容れない。現実にある悪は極悪でない限り刑さずに教すべきであり、為政者は理性的かつ温情的に対処しなければならない。こうした思惟の基底には、仁政＝民本政治の実現は性善説に基づいて現実と妥協しつつ絶えざる教化によって漸次的に達成されるべきものであるという朱子学的オプティミズムが横たわっていた。そしてまた、そうであるがゆえに守令や胥吏、在地士族などの順法精神や規範意識も恣意的なものとなり、権威主義が一面支配する「徳治と誅求の不明瞭な統治空間」が生じる事態となったのである。

両班と科挙

科挙に及第して官僚となった両班は、本来徳望ある者であるはずだが、現実にはそうではなかった。しかも両班は、その定義が法制的に曖昧であった。両班とは本来、東班＝文官と西班＝武官の総称であり、あくまでも文武官僚を意味する語彙でしかなかった。両班官僚になるには、大きく文科・武科の試験に及第する途と、蔭叙《いんじょ》（官員の子や孫が受けられる恩恵的任用)による途とがあった。後者は、高級官僚の推薦による官吏登用=薦挙もあった貴族制的な高麗時代に比べ、格段に制限されて重きを置かれず、栄進には限界があった。高級官僚になるためには、基本的には科挙及第というのが絶対的な条件となった。

だが両班なる語彙はいつしかその意味が拡散し、長く官僚を輩出していない家門の者であっても、在地社会では両班と認知されることがあった。それゆえ、政府では一五二五年、士族の範囲を文科の一階梯である小科及第者(生員・進士の資格を持つ者)、四祖(父・祖・曽祖・外祖)に顕官のいる者、文字通りの文科・武科及第者及びその子孫に限定した(㊜李泰鎮)。科挙及第者を除けば、官僚の子孫は四代を超えて両班と称することができなくなったのである。これは一見両班身分の厳密な定義化のようにみえるが、その実は両班概念の拡大であり、現状追認的な解釈であった。科挙及第が両班になる基本的な手段であったことに変わりはないが、原則的には官僚になれない小科及第者であっても両班として認めたのは、そのことをよく示している。

朝鮮の科挙制度はやや複雑で、文科・武科・雑科からなり、賤人でなければ、良人の男子は誰でも応試することができた。文科には大科と小科(司馬試)があり、三年に一度行う決まりであった。大科には各道で行われる初試(郷試)→首都漢城で行われる覆試(会試)→国王自ら試験官となる殿試という階梯があった。覆試に及第すれば、官僚資格を得ることができ、その員数は三三名と定められていた。殿試はその員数に序列を付けるためのものであった。小科は初試と覆試だけで、大科の予備試験のように位置づけられ、生員科と進士科とに分かれ、及第者は最高学府の成均館《ソンギュングァン》への入学が許可された。文科は位置づけが最も重く、犯罪者や贓吏《ぞうり》(収賄官僚)の子孫、再嫁・品行不正の婦女の子孫、庶孽《しょげつ》(妾腹の子)の子孫には応試の資格が与えられなかった。

日本人が描いた両班 文官（右）と武官（左）．中村金城『朝鮮風俗画譜』(1910)

一方、武科は格付けが文科より格段に低く、朝鮮後期には賤人の受験も認められた。そして、雑科は訳科・医科・陰陽科・律科からなり、実務技術官僚を選抜する試験であり、準両班とも言える中人階層を輩出した。雑科には良人上層のほか両班の庶孽や胥吏なども応試し、胥吏は及第した場合、郷吏身分から脱することができた。

以上からすると、科挙及第者はごく少数で、両班身分は限定的存在であったようにみえる。しかし、朝鮮の科挙は中国とは違って厳格性を欠き、だんだんと問題が生じていく。まず科挙は三年ごとの式年だけに行われたわけではなく、様々な名目による科挙が行われ、及第者の員数も膨らむようになった。とりわけ武科はそうであり、毎年のように行われ、本来及第者は二八名と決められていたのに、時に一万名にも達する及第者を出すこともあった。不正がまかり通ったのは言うまでもない。カンニングや代理受験（特に武術を試験する武科で行われた）、試験官や書吏（中央官庁所属の胥吏）に対する買収（買科）など様々な不正が行われたばかりか、受験者に随行する一門の者や芸人・妓生などが試験場外で喧騒な振る舞いをする光景も珍しくなかった。丁若鏞は「科挙の学は人の心を壊す」（『牧民心書』「礼典六条」課藝）と嘆いているほどである。

及第したとはいえ、文科の大科及第者といえども官職に就くことが絶対的に保証されていたわけではない。しかし小科に及第すれば、生員や進士の称号が与えられて軍役が免除されたし、一五二五年以降は正式に両班身分として認められ、在地社会では尊敬を集め、威権を振りかざすことができた。また、権勢家の後ろ盾があれば、小科合格者でも買官によって下級官僚になることができたし、武科は最も容易な両班への途であった。

民衆の両班志向

しかも、両班のように振る舞うことができる幼学という曖昧な身分さえあった。これは科挙応試前の身分のことであり、軍役を免除された。軍役といいながら、朝鮮後期には実際に徴兵される者はわずかで、多くは軍布（布は銭として通用した）や軍銭という税を代納し、軍役はいわば人頭税化した。

こうした事態は朝鮮後期になって徐々に顕著になっていく。壬辰倭乱によって両班層が没落し、それに替わって戦後復興の中で這い上がっていく力強い農民が増加したのである。移秧法《いおう》（田植）の普及にともなう生産力の増大とも相俟って、一七世紀頃から多くの民衆が安定的な小農（基本的に家族労働によって再生産を行いうる農民）への志向を強めていくばかりか、さらなる身分上昇を果たしていくようになる。その結果、奴婢人口が激減しただけでなく、士族名簿の郷案には一八世紀以降、経済的実力によって富民層や庶孽層などが入録されるような事態も進行していく。儒教的民本主義というのは身分制を否定するものではなかったが、現実社会で形成された政治文化は、皮肉にも身分制解消の方向を目指し始めたのである。

身分上昇の手段には様々あり、他に納粟《のうぞく》（救難時の穀物献納）による職帖（官職辞令証だが、実職には就かない）の取得や郷校・書院の学籍への入録、さらには両班族譜への冒録や科挙合格証書（紅牌《こうはい》）の偽造などがあった。また、良人が郷校に入学すれば、幼学扱いになるし、入学しなくても幼学名義による戸籍登載は、胥吏への賄賂によって可能になるものであった。

一八世紀末頃の民政書には、「職役名を偽って、幼学だとか功臣の後裔だとか璿派《せんは》（李王室に連なる派系）だとかと称する者たちは、軍丁（軍役）や公私の賤役を免れ、ひとえに己の身分から逃れようとする者たち」であるが、功臣の後裔と璿派はその名簿を見ればすぐ分かるし、幼学については「一邑で皆が知っている班戸以外は疑わなければならない」（「先覚」前掲『朝鮮民政資料』）とある。幼学どころか、功臣の後裔だとか王族筋であるとまで冒称する者がいたというのだから驚かされる。さほどの財がなくても多少の学がある者ならば、勝手に両班を冒称する者が少なからずいたのである。いずれにせよ、戸籍や族譜の上では士族であるかのような人々が広範に生み出され、外見上の両班人口が増加するとともに、民衆の両班への憧れも益々強まっていくようになる。

両班文化

しかし真に両班たる者、名誉と権勢を手に入れたなら、それにともなって生じる義務も大変なものであった。似非両班のよくなせる業ではない。家門の中で一人でも高官になれば、門中《ムンジュン》(宗族)の誉れとなるだけでなく、多くの人々がその者に寄生して生きていくことができたからだ。開国前夜、朝鮮布教の任に当たっていたカソリック宣教師たちの報告に基づいて朝鮮社会の研究を行ったフランス人神父のシャルル・ダレは、このことについて「両班が首尾よくなんらかの官職に就くことができると、彼はすべての親戚縁者、最も遠縁の者にさえ扶養義務を負う。彼が守令になったというだけで、この国の普遍的な風俗習慣によって、彼は一族全体を扶養する義務を負う」(金容権訳『朝鮮事情』平凡社、一九七九、以下ダレの記録はすべて本書)と述べている。こうした観察は西欧人や日本人の報告にあきれるほど多く見られる。

とはいえ、そうした門中一族や縁故者の依託に応え、「多数ノ者ヲ養フコトハ彼等ノ名誉」(『韓国土地農産調査報告』慶尚道・全羅道編、一九〇六頃)であったというから、日本人や西欧人の価値観では計りきれないものがあった。アメリカ人ジャーナリストで朝鮮に同情的であったH・B・ハルバートは、朝鮮人は依存癖があるが、自分に金がある場合には嫌がることなく他人を養うから帳消しだと言っている。しかし、漢城に来る者は誰もが下宿する友人を持ち、次々と下宿して二、三年くらいなら無一文でも暮らすことができるということについてはさすがにあきれており、「朝鮮人はケチといわれるのを死ぬほど恐れる」し、そうした風習は「朝鮮にとっての最大の問題の一つ」だと指摘している（岡田丈夫訳『朝鮮亡滅』太平出版社、一九七三）。

勢力家に寄食して出没するのは、いわゆる門客《ムンゲク》である。民衆一般の両班への上昇手段はなかなかにしたたかと言えるものだが、門客にまでなると狡猾にして悪辣である。彼らは義理と人情をわきまえず、巧言令色と詐術の限りを尽くして猟官を図ろうとする、能力も気概も羞恥心もない無為徒食の輩であり、ダレはその有り様を、宣教師の報告をそのまま引用して具体的に語らしめている。彼らは科挙の階梯を最後まで通過できない者たちなのに両班を気取り、勢力家にうまく取り入って官職にありつき、名実ともに両班に成り上がろうとする似非知識人である。怠け者の偽両班は漢城にも地方にも数多くおり、地方では民衆を痛めつけた。外交官の信夫淳平によれば、彼らは「全身を充分後ろに反らせ、顔の方向を正眼に保ち、扇をかざして日光を遮ぎり」ながら、ゆっくりと歩を進めるという両班風の歩き方をしたといい、漢城にはそうした輩が多くいたらしい(『韓半島』一九〇一)。

そうした偽両班と関連して「閑良《ハルリャン》」という語彙がある。これは本来、朝鮮初期には一定の軍田をもらって赴京宿衛する義務を負う者を意味したが、のち武班家系や良人出身で武科に応試しようとする者ないしその落第者などを意味する語彙となった。文科を目指す幼学に対応する語彙であり、その身分でいる限り軍役負担はなく、守令や胥吏への賄賂によってなることができた。この語彙はいつしか、「仕事もせずになぜか不自由なく遊んで暮らす人」といった意味を持つようになって現在に至っているが、ある種羨ましげで揶揄的な意味合いが含意されている。

両班批判と士の精神

かくして一八〜一九世紀になると、安売りが過ぎて外見上の威厳とは裏腹に、その学問も人徳も怪しげで、権勢と財力と虚栄だけを求めるような似非両班が増産されていくことになる。日清戦争の頃朝鮮を旅行したイギリス人の女性旅行家イザベラ・バードは、行く先々で「並の礼儀作法すら示されない」守令や、「学者階級の者どもの、躾の悪い無礼」に出遭い、面喰らっている(朴尚得訳『朝鮮奥地紀行』平凡社、東洋文庫、一九九三)。両班たちは、朝鮮が「東方礼儀の国」であるとして自画自賛してきたが、西欧人から見た現実は真逆であった。

こうした両班は、一般民衆にとっては煙たい存在以外の何ものでもなかった。ダレは、「農村の人びとは、両班を火のように恐れている。子供を驚かすのに「両班が来る」と言ったり」して脅すのだという。各邑には守令の功績を顕彰する善政碑なるものが群立していたが、これには真に守令の功績を顕彰するために邑民が自主的に立てたものもあるが、守令が強いて作らせたものや、邑民が守令の着任早々に建てて、少しでもその悪政を抑制しようとするものなどが少なくなかった。善政碑の建立は粛宗《スクチョン》（一六七四〜一七二〇）代に禁じられたが、一向に守られなかった。

民衆も地方官を手玉に取ろうとした一面があったのだが、民衆は、両班に対しても公然と対峙するようなことが徐々に起こってくる。一八世紀中頃の民政書には、「近頃、主宰（守令）は強きを抑え弱きを扶ける政を行おうとしても、本当に豪頑悍悪な者を抑えることができないでおり、かえって強悍な常漢（良人）が孤弱な両班を凌ぐような事態を招いている。風俗が衰えて上下の分がなくなるというのは、善俗の政ではない」（「治郡要訣」前掲『朝鮮民政資料』）とある。その頃にはすでに、頑強な農民が両班に反抗する姿勢を見せていたのである。

両班の問題性を風刺した小説として有名なのは、一八世紀の後半に活躍した実学者朴趾源《パクチウォン》の『両班伝』である。成り上がりの金持ちが困窮した名士から両班の資格を買得したのを聞いた郡守が、両班譲渡の証文を発行し、両班たる者がいかに禁欲に努めて礼を実践し、読書に励まなければならないかを宣言したところ、金持ちは両班には何の利もないと言って怒ったという話である。この小説では、両班がいかに遊民化、教条化した生活を送っているかが風刺されているとともに、両班に成り上がろうとする庶民の愚も嘲笑されている。朴趾源によれば、両班は士族と同義だが、士とは必ずしも同義ではなく、士とは身分を超越して存在し、「孝悌忠信」を「実」として学び「礼学刑政」を「用」として学んで、実用の学を行う者こそが士＝読書人と言うに相応しいという（「原士」『燕巌集』巻一〇）。そこには士たる者は、天下国家のために尽くすべきであるという認識が働いていた。

この議論を継承し、のちに開化派の祖となる孫の朴珪寿《パクキュス》は士を読書人のみに限定せず、農工商や賤民であっても、「孝悌忠順」の徳をもってさえいれば士というべきであるとした（「范希文請興学校清選挙」『瓛斎集』巻一一）。道徳論的な観点から士族身分の相対化を図ることによって、四民平等の論理的基礎を築いたものであると言える。また丁若鏞は、「士とは仕のことである。士には、公卿大夫から郎官（下級官僚）に至る朝士より、書吏・軍官から皁隷《そうれい》に至る庶士までである。およそ公に仕える者はみな士である」（『牧民心書』「賑荒六条」規模）という公事論的観点から官奴婢さえも士であるという認識を示した。士は朝鮮の固有語で「ソンビ」と言い、本来「身分の高下や階級を超越して、学徳を備えた一つの人格体」を言った（㊀李章熙）。ソンビたる者官職に就くことも潔しとしなかった。こうした士をめぐる思惟の在り方は、朝鮮では一君万民ならぬ一君万士の論理において平等思想が内発的に醸成されたことを物語っている。

第2章

民衆の生活と文化

働く農民と怠惰な両班地主．金弘道《キムホンド》画

1　村と食の文化

朝鮮の村

兵農分離下の近世日本とは違って、朝鮮では支配階級の両班は郷村社会で一般民衆と共生した。しかし村は共同体として存在しており、農村社会学者で歴史家の崔在錫《チェジェソク》によれば、以下のような特徴を備えていたという(㊎崔在錫)。①洞神を崇拝して洞祭(部落祭)を行う。②祈雨祭や安宅《アンテク》(巫覡を呼んで家の厄払いと招福を家神に祈る行事)に参加する。③広範な契(互助的な共同組織)やトゥレ(共同労働)組織が存在している。④村落民の吉凶事を村落全体の吉凶と意識して相互扶助を行う。⑤村落の秩序破壊者に対しては洞里鞭や洞里追放などの共同体制裁を行う。これを要するに、朝鮮の村は共同の祭りと共同の互助組織などを通じて、村落民個々人の吉凶も村落全体の吉凶と意識するような精神的紐帯を培い、自裁権をもって共同体制裁も行使する自治組織であったと言うことができる。村の一体化と帰一性を表象するものには、洞祖神である城隍堂《ソナンダン》(村の入り口や峠などに積み上げられている守護神の石とともにある神堂)やチャンスン(「天下大将軍」「地下女将軍」などと書かれた木彫の神柱)・ソッテ(長い竿の先端に鳥の模型を載せてある神柱)などがあった。

しかし、朝鮮は土地売買が原則自由で、民衆の移動率はきわめて高く、近世日本のようには一定しなかった。戸籍の調査研究では三年の間に二〇～三〇％が移動しているとされ、これは郷村だけではなく漢城でも同じであった(㊜吉田光男①②)。シャルル・ダレによれば、地域的には「住民の半数がちゃんと定住しておらず、貧困から遁れるために一、二年もすると移住し、少しするとまた移住し、同じことをくり返しながら最上のものを探し求め」ているという。一七～一八世紀以降、小農志向が強まり、政府もまた小農を国家の基礎とする社会造りに努めていくようになるとはいえ、身分の流動性だけでなく農民の流動性もまた高かったのである。

移動が多いということは、戸籍による戸口把握の正確性にも問題が波及する。戸籍は職役を把握するためのものであったが、もとよりそうであるがゆえに、職役未負担者である一五歳以下の未成年者や女性の把握は杜撰であった。そして、良役を免れるために賄賂を使って戸籍登録を逃れる、いわゆる漏戸・漏丁が少なくなかった。漏戸・漏丁となれば処罰されることになっていたが、容易に減少することはなかった。対象者をどれだけ真剣に調査して処罰したのか疑わしい。漏戸・漏丁が流民化すると、かえって賑恤を施している。後述するように流民の発生はしばしば起きるやっかいな問題であった。

また、朝鮮には近世日本の五人組に相当する五家統制度があったが、これもどれだけ実効性があったか疑わしい。これは戸籍を補完する性格を持ち、納税者たる小農の安定的確保と教化を目指し、流民統制や相互糾察などを行う機能を持っていた。一六七五年に公布された「五家統事目」(『備辺司謄録』粛宗一・四・二四)では「流民の類」も五家統に組み入れ、「奸偽偸窃《とうせつ》の類や来歴不明の者」がいれば官に即刻通報し、「避役の民」は「即今の大害」だから「どういう理由でどこから来たかなどを調べて官に通報せよ」と規定している。しかし理想だけが追求された面が少なくなく、村民の不協力を招いている。何よりも郷村在住の両班はその威厳を保つために良人と編戸されるのを嫌ったし、統首となる者もそれを忌避して移住する者さえいた。また、朝鮮初期より身分に関わりなく一六歳以上の男子に身分を証明する名札を付けさせる号牌制度もあったが、一七世紀後半に一時厳格に施行されただけで、これも有名無実化した。

村の秩序と共同組織

朝鮮の村は、士族と良人・賤人などが混住するのを一般とする。そこでは士族の力が抜きん出ていたが、わけても一姓ないし二、三姓の士族だけが地主として他の良人や賤人を支配する、いわゆる班村＝同族村では士族は圧倒的な存在感を示した。

村には本来、系統を異にする二つの共同組織があった。一つは士族支配層が組織した結社的性格を持つ洞契・洞約であり、もう一つは民衆の生活共同体的な組織である村契という べき共同組織である。洞契・洞約が、士族が運営する閉鎖的な組織で観念的に村を支配しようとするものであったのに対し、村契は支配―被支配とは関係なく、生活自体を媒介にして村単位で組織される開放的なものであった。村契は村の生業・日常儀礼・共同行事・農作業など、様々な事柄に共同に対処すべく組織されたもので、必ずしも成文化されたものではないが、村落民は自ら定めた規律によって互恵均等の関係を維持した。ところが壬辰倭乱以降、士族支配体制が動揺を始めると、洞契・洞約と村契の関係には変化が表れ始める。在地士族は身分制的な郷村支配を維持しようとするために、良人以下が組織していた生活共同組織である村契を取り込んで、上下合契組織とするものが次第に一般化していく(㊟李海濬)。

こうして民衆は郷村社会にあって日常的に士族支配を受け、士族の側も自らが作った規約に拘束されることによって、確かに個人は共同体に従属した。洞約には「笞罰」などの罰則規定があり、追放を意味する「損徒」という言葉も出てくる。しかし、洞契や洞約の拘束力は絶対的なものではなかった。身分も居住も流動的であるだけに、その従属性は宿命的なものではありなかったからである。損徒などは日本の村八分や追放ほどには、有効な制裁にならなかったと言える。移住が容易な朝鮮では、損徒される成員は、自ら村を捨てて他村で生きる覚悟さえあれば、さほどの恐怖にはならなかったはずである。

しかも、共同納制(村請制)を前提とした租税・洞政運営や高利貸的洞契運営に不満を持つ民衆は、士族主導の上下合契組織に反発して一七〜一八世紀に、漸次この組織から離脱し始め、自前の洞会や各種の契を自律的に組織するようになっていく。契というのは郷約的な洞契のみに限定されたわけではなく、実に様々なものがあった。日本の講に似ているが、それよりはるかに発達しており、同一村内だけでなく、村落単位を超えて多種多様なものが存在していた。洞契以外に社倉契・扶助契・婚葬契・戸布契・井戸契・山祭契・書堂契・老人契・宗親契・山遊契などあらゆる共助に及んでいるが、それは相互平等を原則としつつ自律的に運営され、多分に儒教的な約束・互助観念に支えられていた。

相互扶助の精神

ダレによれば朝鮮は、「よそ者がある村に移ってくれば、人びとは、彼を助けて小さな住まいを建てる。もし誰かに遠くの山へ伐木や炭焼きに行く必要がおこったときも、必ずその近くの村で泊まる処をみつけることができ」、病気になっても村人がただで薬を提供し、農具や牛も自由に借りられるような社会であったという。いわば朝鮮は「開かれた村」社会であり、であればこそ他村で人生を容易にリセットすることができた。村法や五人組、宗門改帳などが厳格に機能し、年貢皆済や相互監視が厳重になされ、相互扶助も村落内的に自己完結するのを基本とした近世日本の「閉ざされた村」社会とはだいぶ違う。

事実、一八世紀中頃の民政書にも「管轄内の村々で道行く人や旅人が食を乞い宿を乞うているのに、その家の主人が会おうともせずに罵って追い払ったりすれば、そのことが分かり次第厳罰に処せ」(「治郡要訣」前掲『朝鮮民政資料』)とある。また、「もし農期を過ぎても牛がなくて耕作できないような貧民がいたなら(中略)面任(村役人)をして村中で牛を所有している者を説諭して借耕せしめよ」ともある(同上)。親族・村内間扶助は、知人のみならず一面識もない人々に対しても行われていたということである。ダレはこうした朝鮮人の扶助精神を「すぐれた美点」だとし、続けて次のように述べている。

客のもてなしは、誰もみな、最も神聖なことと見なしている。知ってにせよ知らずにせよ、食事どきに訪ねてきた人に食事のもてなしをしないことは、慣習によれば、単なる恥であるばかりでなく、大きな過ちである。道端で食物を食べる貧しい人びとでも、往き交う人に、ともに食事しようと声をかけることが多い。誰かの家で小さな祝い事や宴会があるときは、近所の者すべてが、当然のこととして招待される。

以上を要するに、朝鮮全体があたかも巨大な相互扶助社会であったかのような感を覚えるほどである。人々は、もとより村民同士で頻繁に行き交って食を分け合ったが、よそ者に対しても同様であった。それゆえ人々は、見も知らぬ人々の善意と扶助を当てにして住み慣れた村を後にすることができた。旅に出るに際しても、さほど路銀の心配をする必要などなかった。ダレは、「旅に出るための長たらしい準備をする必要はない」し、杖と煙管と衣類を詰めた肩掛けの袋、そして少しばかりの金銭が入った財布があれば十分であると言っている。このようなダレの指摘は西欧人や日本人の観察に多く出てくるものであり、枚挙にいとまがない。

一九世紀の放浪詩人として有名な金笠《キムサッカ》が、無一文で全国を旅しながら詩作を続けられたのもそのおかげである。彼は門客のように媚びることなく、ぼろをまといながらもプライドを持って大家や農家、寺などに食と宿を求めることができた。ただ体よく拒絶されることも時々あり、「三日も食を絶っているのは仙人になるためではない」と嘆きつつ、「あちらが両班ならこちらも両班」という成り上がり者が溢れる世相を嘲笑した(崔碩義訳『金笠詩選』平凡社、二〇〇三)。

「民人は食を以て天となす」

扶助文化に付随して、旺盛な食文化もまたダレを驚かせている。「(朝鮮人の)大きな欠点は、暴食である。この点に関しては、金持ちも、貧乏人も、両班も、常民も、みんな差異はない。多く食べるということは名誉であり、会食者に出される食事の値うちは、その質ではなく、量ではかられる。したがって、食事中にはほとんど話をしない。(中略)多くのものは、可能でさえあれば、三、四人分の食事を平らげてしまう」と言うのだが、信じがたいほどの食欲である。誇張もあるだろうが、ダレは、朝鮮人は「あまりに貧しすぎる」ので、大食の機会がいつもあるわけではない、そうした機会が訪れたときだけに限られると付け加えている。貧しいがゆえの「食いだめ」とでも言いたげである。そしてダレは、「この国では、大酒飲みは大きな名誉とされる。たとえ理性を失うほど米酒を飲んでも、誰も彼を咎めない。守令や高官、大臣でさえも、食事のあとに床の上に寝ころがっても、異とはされない」と述べ、暴飲も過度であるとし、両班の不作法についても指摘している。

朝鮮人の大食についても多くの外国人が記録しているが、少食の日本人にとってはなおさら

の驚きであった。日清戦争期、東学農民軍に接触しようと暗躍した天佑俠の仲間の一人である本間九介という人物は、その大食ぶりを「馬食」だとした上で、「甚だ奇妙なるは、日々の挨拶に「アナタ」朝飯を食ひたりや、夕飯を食ひしかとの問辞を設くることなり」と述べ、食へのこだわりが挨拶化していることについて不思議がっている（如囚居士〈筆名〉『朝鮮雑記』一八九四）。なるほど「お食事は済まされましたか？」（진지《チンジ》 잡수셨어요《チャプスショッソヨ》）／「御飯食べた？」（밥《パム》 먹었어《モゴッソ》）というのは、今でも挨拶言葉として通じる。

そもそも朝鮮人の大食文化は、朝鮮初期からのものであった。一五世紀の末近く、ある地方官の上疏には、「民はこれからのことを心配もせずに、少しばかりの収穫があれば、すぐに清酒や濁酒《マッコリ》を作り、集っては宴会を開くばかりか、その食べっぷりは他国の倍で、一人で数人分を平らげています」（『成宗実録』一七・一二・一四）とある。また一八世紀前半に活躍した実学の巨匠李《イ》瀷《イク》は、「我が国人の多食なること、天下最たり」と述べ、そのことは琉球にも知れ渡っている事実だとし、自身も海辺の人々の食事を見たところ、一人で三人分の食事を摂っており、これでは国が貧しくなっていくばかりだと嘆いている（「食少」『星湖僿説』巻一七）。

「王者は民人を以て天となし、民人は食を以て天となす」というのは、司馬遷の『史記』（酈生陸賈列伝）に由来する言葉だが、朝鮮はそれを地で行くような社会であった。儒教では「酒は量無し、乱に及ばず」（『論語』郷党）とか「飲食の人は則ち人これを賤しむ」（『孟子』告子篇上）として暴飲暴食が戒められ、リゴリスティックな朱子学になるとなおさら過ぎたる人欲に自制が求められた。しかし儒教的規範の真の内面化というのは、民衆はおろか両班であっても相当に困難であり、そこには常に自己欺瞞があった。

流民と盗賊

一般に相互扶助的な村落共同体がなかったと言われる中国では、多くの流民が発生し、それが反乱＝易姓革命を引き起こすようなことがしばしばあった。朝鮮ではさほどのことはなかったが、村落共同体があったとはいえ「開かれた村」であったがゆえに、やはり時に流民が発生した。単なる移住は、蕩産や避役によるものだが、一村丸ごと流民化するというのは、飢饉や疫病、戦乱などによるものである。流民についてもダレは、「江原道の山間地では、群《むれ》をなして村にやってきて、二日、三日と住民に多大の迷惑をかけ、それから他の村へ移り、このようなことをまる数ヵ月も続けるのがみられる」と述べている。

これは江原道に限られるわけではなく、一般的な現象であった。漢城に近ければ、流民は国王の膝下を目指してその賑恤を受け、その後は帰郷もできずにそのまま掘っ立て小屋を建てて乞食をして生活をしのぐ者も少なくなかった。しかし、地方を歩き回る流民はやっかいである。一九世紀前期の民政書には、「荒年に流丐《りゅうかい》(物乞いする流民)が出現する弊害は、語るに尽くせないものがある。徒党を組んで群れをなして村々をうろつき、飯が器を満たさず穀が斗《ます》を満たさなければ、大声でわめいて足で蹴飛ばし、主人を恐喝する。主人は一様にその頑悪なるを畏れて「お前は誰だ」と声をかけることもできない」(「居官大要」前掲『朝鮮民政資料』)とある。富者たちは渋々ながらも救済の手を差し伸べるしかなかった。何しろ郷約の綱領にも「艱難相恤」とあるのだから、拒否するのは困難である。

　こうした流丐の群れは、盗賊団の原初的な形態である。朝鮮の盗賊団は中国ほどではないが、大きなものが少なくなくない。洪吉同《ホンギルドン》(一五〇〇年頃に活躍)・林巨正《イムコッチョン》(一六世紀中頃に活躍)・張吉《チャンギル》山《サン》(一七世紀末に活躍)の三人は義賊視され、三大盗賊として有名である。

　民衆が小農自立への志向を強め、国家も小農社会を構築しようとしたことと、実際に小農経営が安定していたかということとは話が別である。朝鮮では小農は没落と浮上を繰り返し、安定を得るのはそう容易くなかった。厳密な意味においてはもちろん、小農再生産の救済システムを「閉ざされた村」の構築によって実現した近世日本から見れば、朝鮮が小農社会であることに疑問が出てくるのは当然かと思われる。しかし比較史的には、日本とは逆に「開かれた村」を前提に全土的に構築された相互扶助システムによって、没落した小農の救済と再生を図ったのが朝鮮の小農社会だと考える、柔軟な歴史認識が必要なのではないであろうか。

勤倹農民はいたか

　両班のような遊民や流民の多さを見ると、朝鮮に果たして勤倹な民衆がどれほどいたのか疑わしくなる。しかし冷静に考えてみれば、そうした多くの人々が養われてきたのは、紛れもなく勤倹な民衆の存在があったればこそのことである。

そもそも、既述したように勧農教化は儒教的民本主義の具体的内容の一つであった。一八世紀末頃の民政書には、「不農不商・游衣游食」の徒や「牟利乞貸（高利貸し）を業とする者」は「乱民」であるから「厳しく取り締まれ」（「牧民大方」前掲『朝鮮民政資料』）とか、「士農工商文武医卜の八職は民の常事であるが、その他訛言妖説をなして民心を動惑する者、および飲酒博奕や琴歌遊戯をなして農業に従事しない者は乱民である」から「牢に入れて厳しく杖罰を与えて一切許してはならない」（「先覚」同上）などとあり、遊民は処罰対象であった。卜＝占師が遊民扱いされていないのは奇異だ（「先覚」が依拠した中国明代の官箴書『牧民心鑑』でもそうなっている）が、基本的には士農工商以外は遊民・乱民視されていた。

外国人とりわけ日本人の書いた朝鮮論には、朝鮮人一般を怠惰だとするものが際立っているが、勤倹性を指摘するものもある。保護国期に農学者や農商務省の技官が調査した『韓国土地農産調査報告』（前掲、慶尚道・全羅道）では、「韓人中ニモ甚タ勤勉ニシテ銭ノ為ニハ困難ニ耐ユルコト意外ナルモノアリ」とし、朝鮮人には勤勉な者はいるのだが、「禍」を怖れて貧乏なふりをしていると記している。「禍」とは苛斂誅求《かれんちゅうきゅう》＝収奪されることである。両班と認められない富民は、往々にして収奪の対象にされていた。

朝鮮人の勤勉性についてはイザベラ・バードも指摘している。「朝鮮の農夫たちは、他のどの階級よりも勤勉に働いている」が、「その宿命が搾取される事にある、とはっきり判っている階級が、死んだように無関心、無気力、無感動、無頓着に落ち込むのに不思議はない」と言う。朝鮮人が勤勉性を発揮できない理由が苛斂誅求にあるのを、バードはロシア領のシベリアで確認している。そこで見た朝鮮人は事実上の自治を獲得し、租税額も抑えられているために、中国人以上に勤倹に豊かに生活していたという。そしてバードは、「(ロシア人から)勤勉と善行の持ち主だ、という素晴らしい評判を受けた朝鮮人たちは、例外的に勤勉で倹約する質朴な人では無い事を心に留めておかなくてはなるまい」と結論づける。

このような観察はひとり彼女だけのものではない。一九一二年に出されたロシア勅命黒龍踏査隊の報告(村山智順『朝鮮人の思想と性格』一九二七、所収)には、「朝鮮人は、大抵品行正しく、性質温良、露人とよく和合」し、労働者としての能力はロシア人に比べ二五〜三〇パーセントも高いとある。その上、酔っても乱暴はせず、博打も阿片もやらず、騒ぐこともない。また、ロシア人よりも清潔なので罹病率が低く、移動率も低い。さらに中国人のように他人に危害を加えることがないので、彼らより評判もよい。ここには逆に中国人への偏見が介在しているようだが、いずれにせよ朝鮮人はロシア人以上の良質な労働力であった。苛斂誅求がなく労働条件も良好な場合、朝鮮人は十分にその勤倹性を発揮することができたのである。

2 村の賑わい

村祭と二重文化

農民の生活は苦しくとも、祭りは楽しいものであった。祭りは季節ごとに様々なものがあるが、一年で最も重要な祭りは村祭である。村祭には、儒教式の洞神祭と巫俗式の別神(特別神)祭がある。洞神祭は一月一五日、洞神に村の平穏と豊作を祈るものであり、洞神とは村の守護神である。守護神には天神・山神・土地神・城隍神など多様なものがあり、その神体も岩・木・山など様々であるが、松などの大きな古木とされる場合が多かった。妊婦や赤児がおらず、喪中でもない家の徳望ある男性を選んで祭主とし、儒教式の祭文を読んだ。

別神祭は地域によっては堂祭・都堂祭とも呼ばれるが、春か秋のいずれかに毎年ないし隔年で行われ、やはり村の守護神を祀って村の平安と人々の幸運を祈るものである。数名の巫覡が主宰し、厄除けや豊年祈願などのために神に供物を捧げ歌舞を奉じる賽神《さいしん》＝クッを行った。その盛大さと喧騒は洞神祭をはるかに上回り、飲酒や賭博も行われた。邑単位で行われるような邑落祭の場合には、一〇名以上の巫覡を動員して何日にもわたって断続的に行われ、売春婦も横行し、性解放の機会にもなった。

京城帝国大学教授として朝鮮人の協力を得て赤松智城とともに本格的な巫俗調査を行った秋葉隆によれば、洞神祭と別神祭は対立的に併存しているが、洞神という存在を認めること自体が伝統的な巫俗信仰に基づいており、儒教式というのは、実は巫俗信仰の上に打ち立てられた新しい形態であるにすぎないという。朝鮮は儒教国家でありながら、民衆レベルでは二重文化的状況にあったと言うのである(参秋葉隆②)。政府は上から不断に儒教による民衆教化を図り、政治組織や政治文化、公式的な言説空間などをどれほど儒教的に変えたとはいえ、最後まで文化の二重構造を崩すことはできなかったし、またあえて完全に壊そうともしなかった。儒教国家というのは、永続教化の道を歩むものであって、政治・社会・文化などが即時にすべて儒教化することを志向するわけでは決してない。

しかも朱子学は「聖人の道」を誰もが歩めるとしつつ、その実は誰もが邪教を捨ててその道を歩んだならば、士人は少数エリートの支配者として君臨する自らを特権化できなくなるという矛盾を抱えていた。すなわち、儒教は様々な宗教がある中でヘゲモニー教学としての地位を占めたのであって、他宗教の存在を侮蔑、排除しようとしながらも、かえって半ば容認したということである。ヘゲモニーとは社会的文化的合意を前提に支配への同意を調達して行使される強制を意味するが、民衆は伝来の宗教や信仰の上に儒教という優越的教学があることを認めたにすぎない。朝鮮が儒教国家であるというのは、儒教があくまでもヘゲモニー教学としてあったという意味であって、それ以上でもそれ以下でもない。

村の祭りや娯楽は数多くあるが、それを網羅的に紹介するのは到底紙幅が許さない。ここでは主に朝鮮総督府編『朝鮮の年中行事』(一九三一)の中から正月のものに限っていくつか紹介しておこう。まずは元日に行われる地神踏みである。これは特に慶尚道で行われた行事が有名で、士大夫や猟師など様々な人物に仮装した農民が農楽を奏でながら家々を回り、地の神を鎮めて悪鬼と雑神を祓い、村や家々の平安と豊作、豊漁を祈願する行事である。富豪の家では彼らに対して金銭や米穀を給したが、それは村の共有財産となる。

正月の祭りと娯楽

同じような行事は一五日に東海岸地方でも行われていたが、農民が総出で獅子を先頭に虎や狼の仮面を被って村中を練り歩き、穀物や金銭を出させる獅子戯である。集まった金穀はやはり村の共有財産となり、婚葬道具の購入やインフラ整備に使われた。新羅時代から続く行事だと言われる。同日は迎月も行われたが、これは広い地域で見られる行事である。夕刻になると、人々は山に登って月を礼拝した。一番先に月を見た者に福がもたらされるというのだが、農民ならば豊作、幼学なら科挙及第、官僚ならば昇進が期待されるという具合である。

正月の行事には勇壮なものもあり、綱引き(索戦)と石合戦(便戦・辺戦)が有名である。前者は村と村、ないしは一邑を二つにわけて争われ、勝った方が豊作になるというものである。一村だけで争われるものもあり、この場合は雄綱(男側)と雌綱(女側)とに分かれて行われ、大体雌綱が勝つようになっている。後者はより勇壮で、五月や八月に行われる地域もあったが、歓声を上げながら投石し合うもので、血を流し死者まで出たというから驚きである。官庁ではこれを禁じたが、一向に改められることはなかった。慶尚道の金海では毎年四月八日に子どもたちが群れをなして石合戦を学び、五月五日になると成年たちが左右に分かれて旗を立て太鼓を鳴らして雨のごとくに投石し合い、「死傷者が出ようとも悔いはないと言って守令も禁じることができなかった」という。これは一五三〇年に刊行された『新増東国輿地勝覧』(巻三二「金海都護府」)にある記録で、金海ではのちに一月に行われるようになった。

石合戦は漢城でも行われ、やはり官庁が禁じても一向に改まらなかった。これを目撃したある日本人は、「平素は口論ばかりで滅多に手出しもせぬ怯懦と見たる韓人が、此の時の勇敢無鉄砲と来ては凄まじい」と語り、棒で殴り合って死ぬ者までいるので警官が干渉すると、逆にその警官を縛り上げた光景を見て驚嘆している(鳥越静岐ほか『朝鮮漫画』一九〇九)。石合戦は植民地化されてすぐに総督府が禁じてようやくなくなった。

石合戦ほどではないが、青少年が二手に分かれて夕刻から炬火を持って山上に上り、炬火で殴り合って勝者を決める炬火戦というものもあった。これは負傷者も出なかったらしいが、やはり勇壮である。また、女子の遊びとしては板飛び《ノルティギ》が有名である。これはシーソーだが、板に座ってやるのではなく、立って飛び跳ねる勇ましい遊びである。女性は内にいるべきだとする儒教的規範から逸脱しているのだが、未成年であるがゆえに容認されていた。五月の端午にも異常に長い紐を木につるして行う鞦韆《クネ》というブランコの遊びが、やはり女子の間で行われたが、着飾った乙女が天空を舞う姿は、ノルティギ同様まことに艶やかであったという。

これらの行事は、遠く新羅の武士道とも言える花郎道《ファランド》や勇猛な高句麗の尚武の遺風を伝える行事かも知れない。朝鮮は儒教化を民衆に迫ったが、民衆の民俗伝統はそうたやすく消し去ることはできず、残存し続けたのである。

労働と農楽

純粋な祭りではないが、各村にある農庁が主宰する共同労働トゥレは、農楽とともに行われた祭り的要素を持った特異な行事である。これは移秧法が普及する一七世紀後半に成立し、南朝鮮の米作地帯で広く行われた。共同体規制をかけて強制的に組織されるもので、短時日のうちに多くの労働力を必要とする田植や除草において有効な労働形態であった。特に除草はそうであり、徐々にそれのみに特化されていった。トゥレの参加者は一六、七歳〜五五、六歳の成人男子に限られ、一戸につき一人の参加が原則であり、不参加者(戸)に対しては、杜門・絶交・笞刑等の共同体制裁が加えられた。成年男子が不在か病気・事故の場合は、トゥレ本部である農庁の査定を受けたのちに金銭で相殺し、寡婦や老人戸は無償であった。また地主や富農は、雇工＝モスム(作男)を参加させた。

トゥレは本来無償の共同労働であったが、階層分化の進展にともなって、一定量以上の労働に対して金銭相殺が行われるようになった。すなわち、各自の土地の大小と労働量を較べ、自身の土地に対するより少ない労働量しか提供しない地主や富農によって金銭が支払われる。貧農層に賃金として支払われる地域もあったが、原則としては農庁の経費に充当され、残った分は洞有財産に組み入れられた。農庁の経費とは、主に農楽の維持と饗宴の費用などからなっていた（姜鋌澤「朝鮮における共同労働の組織とその史的変遷」『農学経済研究』一七-四、一九四一）。

除草は陰暦七月に入って行われたが、作業隊は農庁にいったん集合し、農旗と農楽隊に先導されて作業場に向かう。農旗には「農者天下之大本」とか「神農遺業」と書かれ、神聖視された。農旗の前を通過する際は、どれほど高貴な両班であっても必ず下馬して敬意を表した。農旗は畦道などに立てられ、行首（農庁の統率者）の合図で作業が始まる。作業は歌のうまい農夫が先唱者となり、和唱しながら行われ、時に一人が長鼓や太鼓などを打って伴奏する。知る限りの民謡を歌い尽くせば、先唱者が即興で歌を作った。

作業は日の出間もなくから日没近くまで続くが、休息時間も長い。朝は一時間ほど作業してから朝食である。その後、間食→昼食→間食→終了となるが、間食には簡単なつまみにマッコリを飲み、昼食には必ず魚肉が出て酒盛りとなった。食後にも農楽と歌舞が行われ、昼寝する者もいた。食事は女性たちが組を設けて輪番で用意した。作業の最終日が近づく頃ともなると祝祭気分となり、酔いでふらふらしながら作業して適当に切り上げ、壮元礼（登豊宴）という饗宴が数日間夜遅くまで行われるようになる。これは大農のモスムを「一番働いた」と褒めあげて「トゥレ壮元」に選び、彼を押し立てて大農の屋敷に繰り出し、酒宴を設けさせるものである。壮元とは科挙の首席及第者のことを言う。貧農にとってトゥレは、たらふく食べられる絶好の機会であった。共同作業がすべて終了すると、洗鋤宴(ホミシシ＝草取り鎌洗いの意)という祝祭が催されるが、その日が陰暦七月一五日(中元)である。これはトゥレ成員だけでなく、老若男女の村人が全員参加するもので、農楽はもとより相撲や綱引きなどが行われ、饗宴は盛大を極める。またこの日には、社堂・寺堂などと呼ばれる旅芸人もやって来て村中は喧噪に包まれる。トゥレは労働と娯楽と饗宴が三位一体となった朝鮮独特の共同労働であり、朝鮮の牧歌的風景を象徴するものであった。そこには本来、何らの労働疎外もなかった(参慎鏞廈)。

ちなみに、農事がほぼ終わり収穫だけを待つ頃に当たる八月一五日に行われる秋夕《チュソク》という節句がある。祖先に感謝する祭祀であるが、家族で墓参りをして楽しんだ後、男女老少が着飾って野原に集まり、飲食や遊戯に興じる日である。

酒幕に集う人々

日常的に農民が楽しめる場は、小さな草屋造りの酒幕《チュマク》であった。酒幕とは居酒屋兼食堂のことである。酒幕の主人は、大抵は妾や引退した妓生《キーセン》で酒母《チュモ》と言った。「男女席を同じゅうせず」の慣習から一般女性は酒幕での接客が憚られたからである。酒母の中には客を取って売春する者もいた。酒幕の数は多く、一九〇〇年頃には相当な数に上っている。一九〇六年に刊行された朝鮮移住案内書によると、「村落でも一、二里の間に一ヶ所以上は大抵ある。少しの《ママ》市場や駅場などになると沢山ある。如何《いか》な田舎でも酒幕の無い処は無い」(荒川五郎『朝鮮事情』一九〇六)とある。

酒幕の酒母と客．申潤福《シンユンボク》画

酒幕では飲食だけではなく、宿泊もできた。宿泊所には官員が泊まる駅舎や、商人が泊まる旅閣などがあったが、一般人は酒幕に多く泊まった。何か食事を摂れば、宿泊料は無料である。寝具などはなく、小さな部屋に一〇人ほどで宿泊することもあるが、文句が言える筋合いではない。冬には無料で温突《オンドル》も焚いてくれるので、粗末でやや不潔なのを我慢しさえすれば、快適であったらしい。酒幕では貧富の格差なく平等に扱われ、様々な人々が行き交い、多様な情報が交換された。日清戦争の前年一一月朝鮮に渡り、以来通信員を務め最大の朝鮮通の一人となった菊池謙譲は、こうした点に注目し、「酒幕は一種の社会主義を実行せしもの」と評し、「村邑の民は茲《ここ》に集りて雑言、交談、踊舞し、歌奏し」たりすると語っている(『朝鮮王国』一八九六)。

しかし、酒幕は危険渦巻く場所でもあった。丁若鏞は、「およそ盗賊の窩主《かしゅ》(元締)は皆、城邑内の邸店(酒幕)の中にいる」(『牧民心書』「刑典六条」除害)と言っている。宿泊所も兼ねて人の往来の要所となっていた酒幕は、盗賊の情報伝達や物品取引の場とされることが往々にしてあり、酒幕の常連客あるいは酒母自らが盗賊の協力者であることが珍しくなかった。菊池も上記の文に続けて「卑野なる馬夫、来り流浪せる悪徒、集り賭博せるあり、諠《ママ》譁(けんか)せるあり、時として旅客を苦しめるあり、悪俗の中心なり」と述べている。酒母が協力者である場合、その夫が窩主であることも珍しくなかったであろう。

場市の概況

人々が酒幕以上に集まる場所は、五日市として開かれる場市《チャンシ》(市場より場市というのが一般)である。朱子学と農本主義を教条主義的に掲げた朝鮮は、抑末(商)政策を取ったため商業が盛んにならなかった。都市は漢城のほか平壌・開城・大邱・義州・全州などが有名だが、殷盛を極めた都市はさほどなく、地方には常設店舗がほとんどなかった。代わりに発展したのが、地方民が自由に生産物を売買する場市である。朝鮮前期には、場市には盗賊がうごめくとして開場に反対する意見が根強くあったが、凶年には救済活動に有益だという意見が次第に優勢となり、後期には全国に拡大していった。一八世紀後半には一〇〇〇ヵ所を超え、ほぼそのままの趨勢で韓国併合を迎えた。徒歩一日往復行程を半径とする円内に一ヵ所あるのが、一般的な配置状況であった。

朝鮮総督府嘱託で、朝鮮民俗について膨大な調査をした村山智順によれば、場市には都監考・都掌・市場別将・場監などと呼ばれる監督者がいた。これらは官吏ではなく、請負業者というべき人々である。場市の管理、取締のほか、市場税を徴収し、その報酬として市場税が一定額に達すれば、残額をすべて収得したが、達しなかった場合は、逆に不足分を負担した。市場税は百一税と呼ばれ、出入り商人は売り上げの一%を納税した(『朝鮮場市の研究』一九三〇年代初執筆の遺稿、国書刊行会、一九九九)。場市では買い惜しみや売り惜しみをして商品を独占する都賈《とこ》行為をする者がおり、こうした「無頼牟利の輩」の活動は原則的に厳しく禁止されていた(前掲「居官大要」)。また、度量衡を検査して不法行為を取り締まる監考がいて監査手数料を徴収した。その他場市には、居間(仲介業者)、客主(問屋業)、都売(卸売商)、散売(生産業者を含む小売商)、褓負商《ポブサン》(行商人)、そして酒幕主人などがいた。

場市の喧噪　場市は何よりも商行為を行う場所であったが、地方民の語らいと享楽の場所でもあり、その喧噪は相当なものであった。『韓国土地農産調査報告』(前掲、慶尚道・全羅道)によれば、人々は「嚢中銭アレハ其底ヲ払ヒテ飲ミ且ツ食フノ習ヒナルカ故ニ、市日ニ於テ飲食店ノ繁昌ナル道傍ニ飴、菓子、餅等ノ売店ノ多キ」状況であったという。

大体場市には酒幕がいくつもあり、場市は酒幕に囲まれる広場のような観を呈していた。場市の酒幕は一般の酒幕よりも規模が大きく、厨房(土間)・大庁(広間)・内房(温突部屋)からなっており、女主人と二~三人の雇女がいた。人の出入りの激しい酒幕の前通りは人気があったた

1900年頃の慶尚南道蔚山の場市

め、露天商はその前に店を開きたがった。その場合、露天商はその酒幕での食事を義務づけられ、二〜三割増しの飲食代を支払う商人もいた。その代わり、飲食をすれば宿泊もできるというのが酒幕の原則なので、場市の日には宿泊費を気にする必要がなかった（前掲『朝鮮場市の研究』）。酒幕は場市管理人との関係も良好であり、酒幕が倒産した場合には、市場管理人が支援金を供出する所もあった（善生永助『朝鮮の市場』一九二四）。

場市は商業だけで成立し、他に酒幕さえあれば十分に盛況を呈したが、占卜者や賭博好きの者たちも集まり、一喜一憂した。しかも、運営者は場市の一層の発展のために様々な客寄せ策も講じた。巫覡を呼んでクッ公演を行ったり、広大《クァンデ》や才人《チェイン》などの芸人たちの公演も行った。定期的に相撲を興業し、優勝者には牛一頭を献じる所もあった。その費用は酒幕主人や商人が供出した。さらに、場市閑散期などには官許を得て、数日間限定で「乱場」という賭博会が催された（前掲『朝鮮場市の研究』）。

このような喧噪を極める場市に、様々な人々が行き交ったのは当然である。女性たちも買い物の必要から多く来たし、女性の方が多い場市もあった。そこはまさに、政治や信仰、迷信、

日常の雑事などを語り合い、また風聞を広め親睦を深める社交の場であった。国王の綸音（お言葉）が知らされる所も場市であった。場市は実に好奇と享楽の空間であった。しかしであればこそ、酒幕もまた危険や誘惑が多かった。喧嘩や売春、窃盗、詐欺などが横行し、盗品が出回り、盗賊が歩き回る場所であった。そのため、民政書には「場市の日には将校を派遣し、酔って暴れる者を厳しく取り締まれ」（前掲「居官大要」）とあるのだが、官憲の目を逃れて行われる犯罪が数多くあった。今でも韓国では、思いがけないことに出遭うことを「行ったのが市日だ（가《カ》는《ヌン》 날이《ナリ》 장날이《チャンナリ》다《ダ》）」と表現するが、喧騒や危険がともなう場市の魅力をよく表している。

3　民衆の精神世界

正統と異端

すでに述べたように、朝鮮は現実には儒教一色の社会ではなかった。儒教はあくまでもヘゲモニー教学なのであって、劣位的存在であったにせよ巫俗や仏教など他の宗教や信仰と併存していた。むしろ他の宗教や信仰が異端的な存在としてあったればこそ、正統教学＝朱子学に仕える士大夫の支配的、特権的地位が保証された。正統と異端の峻別が一面厳しかったようにみえて、その実は朱子学の脅威とならない限り、異端は渋々に容認されたのである。

朱子学の脅威はかえって儒教内部にこそあり、陽明学などは「斯文乱賊」の異端の学とされ、許容し得ないものとしてあった。正統朱子学の内部にあっても、党争では王室の服喪問題をめぐる礼論や政策の異同などで、朱子学解釈をめぐる激しい対立が生じた。またキリスト教は、国家的危機を招来するという問題以前に、朱子学的世界を破壊するものとして異端視され、厳しく弾圧された。朝鮮における正統と異端の対立は、ヨーロッパのキリスト教世界ほどの峻厳性は帯びなかったが、仏教・儒教・神道が問題なく対等に併存し、さらには蘭学さえもが並び立つ近世日本のような不可思議な寛容性も持たなかったと言える。

いずれにせよ、民衆世界は儒教的統治原理を受け入れ、朱子学をヘゲモニー教学として認めた。そうであるがゆえに朝鮮は五〇〇年以上の命脈を保つことができた。しかしもとより、民衆の精神世界や生活世界では必ずしも儒教が優位していたわけではない。そこで次に、儒教とは異なる民衆の精神世界を知るために、民衆の心を捉えた宗教や信仰の歴史的位相とその内容についてみてみたい。

巫俗の位相

まずは巫俗である。巫俗というのは、人間は様々な自然神や人格神などによってその吉凶禍福を左右されるが、巫は神々に憑依して神々の言葉を語り、告祀や巫歌・歌舞などの儀礼である賽神＝クッを行えば福を招来できるとするスピリチュアルな土俗信仰である。巫俗では天神・地神・山神・龍神・産神など、ありとあらゆる自然や動植物、怪異現象に神が存在すると信じる。それゆえ、様々な信仰の習合がみられるのだが、とりわけ三仏帝釈・五方神将・七星神・関羽などを重視する巫俗は、仏教と道教を習合させていることに大きな特徴がある。

こうした万神を祀る神観の一つに鬼神信仰がある。鬼神とは、既述の個性ある神々とは違い、物が化成して生じる無形で超自然的な神一般を言い、人間が死んだ後に残る霊魂も鬼神となる。鬼神には善なるものと悪なるものがあり、前者は子孫によって供養され守護神となるが、後者は無念のうちに死んだり供養する子孫がいなかったりしたために悪鬼となったものであり、生きている人々に祟って病に陥れたり様々な災難をもたらすとされる。そこには死してもなお鎮まらないという情念の世界が前提にされている。それゆえ、病人や災害を治癒、鎮静するには供物を捧げて鄭重に鬼神を饗応したり、クッを行って鬼神を慰めなければならない。クッでは、巫覡は身を震わせるような激しい跳舞によって恍惚とした降神状態となり、神託や死者の声を伝える。古来宗教というのは医療行為から始まることが多いが、巫俗はとりわけそうした性格を強く帯びている。

こうした巫俗は、朝鮮で最も古い伝統宗教である。博覧強記の朝鮮学・民俗学の先駆者李能《イヌン》和《ファ》によれば、天降して神市を開いた天王桓雄《ファンウン》と、その子で朝鮮を建国した檀君王倹《タングンウァンゴム》こそは「巫祝神事」の起源を作った「神格の人」であり、「巫というのは古代神教の主祭で、神を降ろすに舞をもってし、神に献じるに歌をもってした」という(『朝鮮巫俗考』一九二七)。檀君説話はあくまでも神話でしかないが、朝鮮では古来祭天行事が行われ、それには歌舞が付随していた。そして、歌舞するというのは鬼神に仕えることを意味した(李能和『朝鮮宗教史』一九三七)。その後、巫俗は三国時代から高麗まで連綿と保護され、祈禱占卜や王族の病気治癒には巫俗の力を借りた。高麗時代には国立の巫堂も建てられた(前掲『朝鮮巫俗考』)。

このような巫俗信仰は、朱子学革命を起こした朝鮮になってからも変わらない。政府は国家の祈恩(祈晴・祈雨などを行う神祀)を掌る星宿庁を設け、国巫を置いた。都城の病人の救済に当たる活人署にも巫女が置かれ、治療に当たった。巫女は巫医でもあった。地方でも熱病が広まれば、守令が近在の医者と巫女を派遣して救護に当たらせた。救護できなければ罰せられたが、多くの者を救えば、医者は賦役、巫女は巫税を免除された。巫は徴税対象者であった。酒池肉林の限りを尽くした燕山君《ヨンサングン》(一四九四〜一五〇六)などは、ことのほか巫俗を信じ、愛する妓生が死んだときには野祭を行って巫語を聴き、自らも巫の歌舞を演じた。また、成均館から学生を追い出し、巫覡を集めて淫祠＝クッを行った(同上)。

理を重んじる朱子学をヘゲモニー教学とする朝鮮が、星宿庁を置いて情を重んじる巫俗を保護するなどというのは、にわかには信じがたいことである。民衆世界における巫俗信仰の執拗な残存という現実だけではなく、王や官僚もなお巫俗の呪縛から自由でなかったことを物語っているが、巫俗を信仰する王妃や両班婦人たちの意向も無視できなかったことも大きかったであろう。しかし本来的に儒教では鬼神の存在が否定されているわけではない。孔子の母親も巫女であったとされる。孔子は「鬼神を敬して之を遠ざく」（『論語』雍也）という立場であって、むしろ鬼神を信じないどころか敬意を表している。ただ、その現実主義的姿勢から人に仕えることを優先し、見たことのない鬼神に仕える方法を論じなかっただけである。朱子学も現実世界の在り方を説明できても、吉凶禍福や死後の世界については十分に説明できない。『文公家礼』にも「降神」についての記述があり、孔子より踏み込んでいる。

儒教国家としては明らかに矛盾した政策である。それゆえ一方で、やはり巫俗は朝鮮初期から抑圧の対象でもあった。世宗代には、みだりに巫俗を信じて淫祠や避病を図る者を罰し、妖言を吐いて衆を惑わす巫覡も罰するという淫祠禁止条例が出された。次いで成宗《ソンジョン》（一四六九～九四）代になると、「京城内での巫覡の居住は論罪」されることになった（『経国大典』「刑典」禁制）。

とはいえ、巫俗の需要は絶えることがなかった。星宿庁は批判が高まる中でようやく一六世紀になって廃止されたが、巫覡はその後も、しばしば王妃や富豪の婦人の求めに応じて漢城はおろか宮中に出没した。巫俗を撲滅しようとした南原府使（大邑の守令）が真巫と仮巫があることを知り、真巫の降神術によって自身の亡き親友と会えたことで巫俗を信じるようになったという話もある（前掲『朝鮮巫俗考』）。

また、巫税徴収は当初巫俗の抑圧策であったが、かえって地方財政を支える一助となっていった。一七四六年刊行の『続大典』(「刑典」禁制)には、「京城内外で大小の淫祀は城外一〇里に限り」許し、「官に申告して祭を行うのであれば禁じない」とある。巫覡の都城居住と都城内での淫祀は依然として禁止だが、都城から一〇里(四キロメートル、朝鮮里で一里は四〇〇メートル)外なら官庁の管理下にその活動を公認するということである。これは都城内での淫祠を禁じるということに意味があるのではなく、むしろ窮余の策として淫祠を公式に追認し、巫税も安定的に確保しようとすることにねらいを置いた法令ではないかと推測される。

朝野にわたって信仰されている巫俗は、到底廃絶などできるものではなかった。何しろ巫覡が主宰する別神祭や邑落祭などは、地位ある謹厳な両班や学徳ある高邁なソンビたちは別にしても、男女関係なく村人たちが総出で楽しむものであった。実は、巫俗にある情念的でスピリチュアルな観念こそは精神風土化し、現代においても通奏低音として生き続ける朝鮮社会の最古層にある精神文化なのではないであろうか。朱子学国家だからといって、その現実は必ずしも理が情に優位していたわけではない。朝鮮の儒教は巫俗や淫祠を否定しつつ、そのスピリチュアルな精神性だけは完全否定できずに、それはかえって儒教の内実にひそかに紛れ込んでいたように思える。魂魄観念に見える儒教の死生観は、もとより巫俗の鬼神観念と同じではないが、死せる霊に仕えようとする精神性においては通底している。風土化された精神であれば、どれほど巫俗を排撃しようとも、その精神文化から容易に逃れることはできない。観念的には理を追求しながらも、現実の朝鮮社会はどろどろとした情念的文化に絡みつかれていた。それは政治の世界にあっても同じである。士禍や党争などの苛烈な政治抗争はまさに理より情が優先されて引き起こされた一面があったし、世嗣問題などはもとより、王妃たちの意向もからんだ王家の人々の情念によって決せられることが少なくなかった。

仏教の位相

遠く三国時代の四世紀末に伝来した仏教は、高麗時代に全盛を迎えた。朝鮮では本来、仏教は護国信仰的な性格を持ち、高麗時代には高級僧侶が貴族階級化した。朱子学革命を起こした朝鮮王朝が仏教を排撃するのは当然であった。しかし前期においては、実は排仏政策は一貫したものではなかった。何よりも仏教は、朱子学とは距離が遠い王家や士族の女性たちに強く支持されたばかりか、初代国王の太祖からして篤く仏教を信仰した。

ところが太祖の仏教保護政策は長続きせず、太宗《テジョン》(一四〇〇～一八)代になると、にわかに排仏政策に転じた。太宗は寺領を取り上げたり、陵墓への寺刹建立を廃止したりしたばかりか、王師・国師などの高僧制度を廃し、積極的に僧侶の社会的地位の低下を図った。世宗(一四一八～五〇)はこの排仏政策を継承したが、治世後期には篤く仏教を信じて保護政策に転じた。世祖《セジョ》(一四五五～六八)もまたそれを継承した。

だがこれも長続きせず、儒教の振興に力を入れた成宗代になるに及んで、また排仏政策に回帰する。従来は、両班でも良人・賤人でも、ある程度経文が読め一定の丁銭（納付金）を納めれば、度牒という証明書が発給されて僧侶の資格が与えられた。そのため、実は高麗時代より徭役を逃れようとする者や賤人が僧侶になるのは珍しくなく、僧侶の地位低下が進み、私的に剃髪して僧徒となる者も少なくなかった。僧徒は土木・建設工事にたびたび動員されたが、しかしこれに応じるだけでも度牒が発給され、正式な僧侶になることができた。

成宗はこれを禁止し、僧科及第の者しか僧侶になれないようにした。僧科というのは高麗時代からあり、科挙同様のものである。成宗の仏教弾圧の意志は固く、多くの僧侶が還俗させられた。その結果、王意を憚って中流以上の家門出身者で僧侶になろうとする者がいなくなった。代わって役務逃れの良人や賤人が違法に寺門に入って僧徒となる者が益々多くなり、僧侶の地位は目を覆うほどに一層低下し、賤人のように扱われるようになった。それどころか乞糧《こつりょう》(托鉢)や父母兄弟への面会、斎物(僧食)の購入などを除いて「閭閻《りょえん》(村里)内での僧尼の留宿は論罪」され(『経国大典』「刑典」禁制)、僧侶は深山幽谷に追われて一般人との接触も制限された。

次いで燕山君代になると、成均館で淫祠が行われたばかりか、世祖が創建した円覚寺が妓坊として宴会の場となった。また僧科が停止され、都城内の寺院がすべて廃されて官庁となり、成宗の時以上に多くの僧侶が還俗させられ、僧侶の都城出入が禁じられた。続く中宗《チュンジョン》(一五〇六〜四四)代には僧科は正式に廃止され、かろうじて残っていた寺院の建物も破壊されて家屋の建材として民間に下賜された。中宗は「王者中尤モ厳ニ斥仏施設《ママ》ヲ実行セル王」（高橋亨『李朝仏教』一九二九）と評せられ、土木工事に僧徒を最も苛酷に使役した国王である。その結果、役務逃れで僧侶になろうとする良人もいなくなり、無頼化する僧侶がなお一層多くなった。

仏教が再度復興をみようとしたのは明宗《ミョンジョン》（一五四五〜六七）代になってからである。年少で即位した明宗に替わって垂簾の政を行ったのは生母の文定王后《ムンジョンワンフ》であったが、彼女は敬虔な仏教徒で、仏教の復興を目指す普雨《ボウ》を「生仏」として尊崇し、僧科を復活させた。しかし普雨は一五六五年、王后の死とともに粛清され、僧科も再廃止された。普雨は才学ともに優れた「傑僧」であったが、儒臣の嫉視を受けて「妖僧」とされ、済州島に流配されたのちに処刑された。李能和は、その死を「どうして惜しまずにおれようか」と慨嘆している（『朝鮮仏教通史』下編、一九一八）が、普雨は野心家で権勢を恣《ほしいまま》にし、驕慢に振る舞う面もあったようだ。

その後、壬辰倭乱においては休静《ヒュジョン》・惟政《ウィジョン》などの義僧が現れて活躍したが、仏教の再復興までには至らなかった。時に高僧が現れることもあったが、大勢としては以後衰退の道をたどった。仁祖《インジョ》（一六二三〜四九）代には、解除されていた僧侶の都城出入禁止が復活し、僧侶への賤人視は益々強まっていく。

朝鮮仏教の特徴は、一般に護国信仰的な性格を持つだけではなく、あらゆる教学を一つにした総合仏教的な性格を併せ持ち、道教や巫俗とも習合した点にあると言われる。寺院では七星神や山神などが祀ってあるのが普通であり、習合の特徴は巫俗の専売特許ではなかった。また、国家的な抑圧を受けつつも、巫俗同様に民衆の間で強靱に支持され続けた点も特異な点であろう。たとえば、海と陸でさまよう霊魂と餓鬼をなだめるために行われた水陸斎は、国家的な儀礼が中宗代で廃止されたものの、民間では以後も重要な死者儀礼として執拗に行われ続けた。死者儀礼は『文公家礼』的にのみ行われていたわけではない。毎年四月八日の燈夕(釈迦生誕日の夕べ)や七月一五日の盂蘭盆斎には、山寺は人々の参拝で賑わった。

また、未来仏＝救世主の出現を信じる終末思想の弥勒下生信仰が民衆の間で執拗に信仰され続けたことも特筆すべきことである。儒生らによって破壊された弥勒仏は少なくないが、民間では破壊された仏像の頭部を新造し、破壊仏として跪拝する信仰形態があったことが、今日広く確認されている。儒生たちの仏教弾圧は、かえって民衆の間に弥勒下生信仰を堅固に根付かせたのである。

道教の位相

道教は後漢末に誕生した太平道と五斗米道がその起源であるとされ、中国の伝統文化に深く根ざした民族宗教である。教義的には、無為自然を説く道家思想の道概念を基礎にして、不老長生を得て神仙となり、その道を我がものとすることが目指される。

道教の朝鮮への伝来は六二四年、高句麗に遣わされた唐の道士によるものとされ、高句麗では国家的にも大いに関心を示した。その後新羅になると国家的保護は受けなかったが、信仰は上下を隔てることなく広まったとされる。そして高麗では、本来仏教行事としてあった八関会にも道教的色彩が取り入れられ、国家的保護を受けるようになる。国家的保護は、巫俗や仏教同様に、朝鮮になってからも続く。昭格署という官庁が設置され、道教的儀式を掌《つかさど》らせ、道流(道士)を置いた。昭格署は巫俗を掌った星宿庁と並び立つ官庁であったが、やはり廃止論が根強くあり、壬辰倭乱後に廃止された。

朝鮮では、中国のように高名な道士が出て教団を作ったり、王朝国家と結びついて政治権力を行使したりするようなことはなかった。しかし朝鮮には、道教渡来以前すでにそれを受容しうる精神的土壌があった。李能和が天王桓雄と朝鮮始祖の檀君を巫俗の始まりとしたことについては既述したが、彼にあっては「神人とも仙人とも言われ、その寿命はきわめて長く山に入って神となった」と伝えられる檀君は、いわば朝鮮道教の始祖とも捉えられていた(『朝鮮道教史』植民地期執筆の遺稿、普成文化社、一九七七)。

いずれにせよ道教は、昭格署廃止によって道流が失業し、その後宣教の師も現れなかった。この点は巫俗や仏教と大きく違う。しかし、不老長生の神仙となるべき修煉法が研究され、朝鮮医学にも影響を与えている。また、様々な民間信仰の中にも断片的にその片鱗が垣間見える。庚申の夜に集まって飲酒などしながら語り明かすという庚申守夜行事や、地上のすべてを支配するという北極星信仰などが民間信仰としてあるが、これは道教信仰の一つである。

前者は、庚申の夜に人体にいる三尸《さんし》という虫が天帝にその人の罪を告げるのでその夜眠らなければ長生できるというものだが、道教がほとんどみられない日本では仏教と結びついて庚申信仰となった。後者は、朝鮮では巫俗に大きな影響を与えている。また道教は、後述する『鄭鑑録《チョンガムノク》』や東学《トンハク》にも大きな影響を与えている。

迷信と占卜

朝鮮の支配層は、普遍的な教学である朱子学が説く理によって森羅万象を認識できると考えたが、しかしそれは実験と実証に確固とした基礎を置く近代科学には到底及ばない。そして、理によって解明できなければ、勢い迷信や占卜から自由になることはできない。それゆえ、朱子学者といえどもそれらに無関心ではいられず、官僚も一般儒生もそれを気にかけることがしばしばであった。

それどころか、占卜も朝鮮国初より国家的に保護されていた。朝鮮は高麗時代の書雲観という官庁をそのまま継承し、世祖代に観象監と改め高宗代まで存続した。観象監は天文・地理を掌り、測雨器や輪図(方位をはかる器具)を製造したり、気象観測や時間計測などを行う、今で言えば気象庁のような官庁であったが、不思議なことに他方で命課を掌る官庁でもあった。命課とは占筮《せんぜい》のことである。理によって認識し得ない未知の領域を包摂していた観象監にこそは、朱子学を信奉しながら、実はその限界性も知る儒教国家の複雑な面貌が示されている。朱子学にあっては、理によって説明できない以上、気で充満している森羅万象に超自然的な現象があることを認めざるを得ず、鬼神や怪異現象、占卜などは信を置くべき余地があったのである。

命課に携わる教授以下の任員は視覚障害者で、王族の治病や祈雨などの占卜や祈禱を行った。「盲人は目あきの如く普通のものは視えないが、その代《かわ》りに普通人に見えない神秘幽玄なものが見える心眼を有する」（村上智順『朝鮮の占卜と予言』一九三三）と信じられていたためである。占卜をするには『玉枢経』という道教の典籍を用いたが、これは代々口伝によって伝授された。朝鮮前期、彼らは明通寺という寺に居住する頭を丸めた「国設の盲僧」であり、同時に道僧でもあった（前掲『朝鮮道教史』）。ここでも仏教と道教は習合していた。

こうした国家の保護を受けた占卜が、一般民衆の間にも広まっていくのは当然の成り行きというものである。民間には様々な占卜があったが、最も人気を博したのはやはり視覚障害の盲占者であった。民衆は朱子学の理には疎かったが、政府の排仏政策にもかかわらず仏教にはなお親しみを感じていた。また迷信や占卜から自由ではなく、天変地異や動物、植物、身体、住居、家屋、夢などにまつわる、ありとあらゆる現象に関する迷信を信じた。

民間における専業の盲占者はパンスというが、漢字では判数と書く。これは本来パクスという語が転訛し、のちに漢語化されたもので、男性巫を意味する女真語やツングース語などに由来する語彙である（㊜秋葉隆①）。朝鮮前期には民間のパンスも明通寺に出入し、そこを中心に活動していた模様だが、都城から寺院が駆逐されて以降は、国設の盲僧も官職を失い、一般の占卜者になっていったものと思われる。パンスは、杖と占卜の小道具を除いては一般人と変わらない服装で占卜業を営んだが、郡守になれるか、金持ちになれるか、商売はうまくいくか、天気はどうなるか等々、ありとあらゆる事を占った。王朝時代ばかりか、植民地期に至っても人気であった。迷信は植民地期を通じて総督府やマスメディアなどによって一貫して撲滅の対象となっていたが、パンスの人気は一向に衰えなかった。

墓地風水と山訟

様々な迷信・占卜の中でも、身分を越えて「国民」的な最大関心を集めたのは墓地風水である。これも中国から伝来したもので、風水には住居風水もあった。しかし、朝鮮には祖先の骨骸が子孫と交渉をもつという信仰がもとよりあり、それが風水と結びついたことによって、墓相の如何によって子孫の盛衰が運命づけられるという墓地風水にのみ極端に関心が寄せられ、上下をあげて盛んに行われるようになった。王族はもとより両班、庶民に至るまでである(村山智順『朝鮮の風水』一九三一)。それは儒教の魂魄観念とも両立することができた。

墓地を選定する者は風水師とか地師と呼ばれた。磁石を持って山や川の方位などを勘案して明堂を探し当てる専門家である。明堂とは将来吉事が生じる場所のことであるが、王族は王家の一層の繁栄を、両班は大官の輩出を、庶民は両班となって富貴を手にすることを、それぞれ祈願した。しかし吉地というのは限られるため、すでに他家の墳墓であることが多い。また今までの墓所が凶地と分かれば、ただちに墓所を変えようとした。そのため、他人の墓にひそかに埋葬する暗葬や巧みに奪い取る偸葬、ないしは力ずくで奪い取る勒葬などが行われることがしばしばあった。その結果、各地で墓争いが生じるようになり、その訴訟を山訟と言った。この訴訟は家産を傾けて行われることが往々にしてあり、勝利を収める者は勢力家の両班や富者であった。利を得るのは、地師と守令だけであった。

こうした墓地風水は、近代になって「愚俗」として当然批判にさらされた。地師の中には文字も読めない者が「風水先生」づらをして金銭をだまし取る者もいた（『皇城新聞』一八九九・四・七）。しかし、巫俗やパンス同様、容易になくなることはなく、様々な悲喜劇を呼び起こした。それは、やはり植民地期に入ってからも同じである。植民地期には、暴力的に近代性を迫られる民衆は、かえって退行を余儀なくされ、そうした迷信や占卜に救いを求めるしかなくなっていくという植民地性の問題が新たに生じるようになっていく。

第3章

周縁的民衆の世界

ムーダンの神舞．申潤福《シンユンボク》画

1　賤民社会の諸相

賤民とは何か

冒頭、賤人というのは法制的には奴婢のみを指すと述べたが、社会慣習的には様々な賤人がいた。賤人というのは歴史用語で、一般には賤民と言うし、当時賤民という語が使われることもあったので、ここでは以下多く賤民とするが、朝鮮駐箚《ちゅうさつ》軍憲兵隊司令部『朝鮮社会考』(一九一二)によれば、奴婢を除く賤民には「七般公賤」と「八般私賤」があったという。前者は妓生・内人(宮女)・吏族・駅卒(駅吏)・牢令(胥吏に隷属する官隷)・官婢・有罪逃亡者であり、後者は僧侶・令人《ママ》(伶人、楽工と広大のこと)・才人・巫女・捨堂《ママ》(社堂・寺堂)・挙史《ママ》(居士、在家で法名を持つ者)・白丁《ペクチョン》・鞋《あい》匠(靴職人)である。

七般公賤の内、吏族は郷吏のことで中人にも匹敵するが、賤民とされたのは『経国大典』(「刑典」)に「元悪郷吏」の条があるように悪事を働く輩というイメージが一般化され、社会的に広く憎悪、軽侮されていたからであろう。実際には吏族の実力は一般民人を組み敷くものであり、両班にも対抗し得た。妓生については後で詳述するが、本来官婢であったため公賤に入れられている。女官たる内人は地位的には高いものの、やはり本来官婢から選抜されたために公賤扱いである。駅卒は軍事・交通の要所に設けられた駅に服務する者で郷吏同様である。官婢があって官奴がないのは奇異だが、ここでは官婢は広い意味で使われており、良人でありながら、ゆえあって官の雑役を担う女性を賤しんだものと解釈される。また八般私賤の内、白丁は最も蔑まれた賤民で奴婢以下的な扱いをされた身分だが、これも後で詳しく述べる。

奴婢以外の賤民は身分的には良人であったが、その役を賤しんで身良役賤と言われたり、あるいはその職を卑しめられて賤民視されたりした周縁的民衆である。だが、七般公賤や八般私賤の内容も固定化していなかったようだ。丁若鏞は「八般雑流」として、優婆(舎堂・社堂・寺堂)・娼妓・酒婆(酒屋の女主人)・花郎(巫夫・広大)・楽工・儡子《らいし》(道化人)・馬弔(仲介屋)・屠肆《とし》(白丁)をあげている(『牧民心書』「戸典六条」税法下)。社会慣習的に賤民視されていた者たちを、恣意的に七般や八般として範疇化しただけで、人々によって地方によって賤民視される身分や職種には多少の偏差があったものと思われる。ここでは、奴婢を含めその内のいくつかについてみていきたい。

奴婢という身分

奴婢には公奴婢と私奴婢がいたが、公奴婢は基本的に独立世帯を営んでおり、納貢奴婢と選上奴婢がいた。前者は農民で身貢として綿布を隷属する官庁に納めた。後者は官庁や宮中に居住して雑役に従事する者もいたが、その多くは地方に在住した。工匠を職とする者が多く、地方官庁に隷属しつつ、一定期間選抜されて立役し、中央官庁で様々な物品を生産したり雑役に従事したりした。立役する時は身貢が免除されたが、一八世紀後半から役価を納付する代わりに立役が免除されるようになった。私奴婢には率居奴婢と外居奴婢がいたが、率居奴婢は主に所有者である上典の家内労働に従事し、中には上典の指示で商行為に携わる者もいた。外居奴婢は上典の土地を耕作したり、自らの土地を耕作して上典に身貢を納めた。

奴婢は、朝鮮が理念として持つ儒教的民本主義からすれば、あってはならない存在であった。それゆえ国初には、「天が民を生んだとき、良賤はなかった」(『太宗実録』一五・一・二〇)と言われたのであるが、『経国大典』体制下では良賤制は明確なものとして規定された。賤民は一君万民の埒外にある者として認識されたということである。とはいえ、世宗は「奴婢は賤民だが、天民でない者はいない」とし、上典が奴婢をみだりに殺すことを禁じた(『世宗実録』二六・閏七・二四)。さすがはハングルを創製し、朝鮮王朝随一の名君とされる世宗の言である。これに感化され、君臣関係や父子関係になぞらえて奴婢に慈恵を施し、免貢・放良(解放)する両班もいないではなかった。そうした慈愛ある上典に仕えた奴婢の中には主従関係を内面化して上典のために命をかける「忠奴」もいた。

朝鮮の奴婢というのは、一般にイメージされる生殺与奪を握られた奴隷とはだいぶ違う。特に公奴婢は農奴ないし隷農のような存在であり、財産も所有していた。売買の対象にもならなかった。それは私奴婢の外居奴婢も同じで、奴婢の中には自らも奴婢でありながら奴婢を所有する者もいたし、救難時の穀物献納である納粟《のうぞく》によって免賤(解放)される者も少なくなかった。成宗代に三〇〇〇石を納粟した林福《イムボク》という私奴の子ども四人が免賤されたのがその嚆矢である。良賤の名分が壊れるとか、商機をつかんで民から巻き上げた穀物を献納して免賤を請うのは詐術だなどとする反対論があったが、成宗は「その情は称えられるべきものだ」として免賤を許した(『成宗実録』一六・七・二四、八・一、八・一七)。外居奴婢は婚姻も自由に行い、血縁集団や地域住民に祝福され、盛大な結婚式を行うこともできた。そうなると、良人＝自由民とほとんど変わらない。

しかし率居奴婢の場合は、自由度が格段に落ちた。自由に婚姻することは難しく、上典が勝手に配偶者を決めることがしばしばであった。財産がないために生涯独身を通すしかない者も少なくなかった。また結婚は、主家との関係で同村内の者同士で行うことが多く、婚姻したとて率居奴婢は公奴婢や外居奴婢のように良人並みの結婚式を挙げることなどできなかったし、夫婦別居を強いられることも少なくなかった。ただ婢の場合は、奴より婚姻圏がはるかに広がり、容姿や気立て次第で両班の妾になったり、良人の妻になったりすることができた。

悪徳の両班が上典の場合は、率居奴婢に限らず私奴婢一般の境遇は苛酷なものとなった。些細なことで私刑を加えられたり、飢饉や戦乱ともなれば、ろくな食事も与えられない奴婢が少なくなかった。両班の主人が罪を犯して笞刑を受けることになったときには、奴婢が代わって笞打たれることも認められていた。それゆえ上典に怨みを抱いて、上典のみならずその妻や家族にも暴力を振るったり、果ては妻を犯したりする「逆奴」も出現した。甚だしい場合は上典殺しということになるのだが、時々起きる事件であった。事件が起きた場合、政府は儒教的大義名分論の立場から尊属殺人のように厳しく処分し、その邑の守令の責任も問うた。しかし上典殺しを除けば、両班は自身の体面のため訴えずに、私刑で処分することが多かった。

消え行く奴婢

しかし、こうした非人間的な奴婢制は朝鮮社会の自浄力で徐々に解体していく。『経国大典』体制下では父と母のどちらかが賤であれば、子も賤になるという従賤法の原則があった。その結果、良人の血を引く子が奴婢になるという事態が深刻になり、良役を負担する者が減少してしまった。そこで一六六九年、良人と賤民の間に生まれた子は母親の身分に属するという奴婢従母法が施行された。母が良人であれば、父が賤人であろうと、その子は良人になるということである。これは奴婢制解体の契機になる重要な法令であったが、奴婢所有者である両班勢力の反対によって改廃が繰り返され、一七三一年に至ってついに確定した。

しかし実は、それ以前すでに壬辰倭乱の際に奴婢制の瓦解は始まっていた。この時、無役の良人と賤奴による束伍軍《そくご》が組織されたのだが、賤奴はそれまで軍役を負担することがなかったのに、それを負担するようになったというのは奴婢解放の第一歩を印すものであった。実際、武功を収めた者には免賤措置が採られた。奴婢の納粟による免賤や良人の官職授与はこの時以降、一般化する。しかも、壬辰倭乱は朝鮮社会全体が大混乱に陥ったことによって、両班の没落とともに行方知れずの奴婢や逃亡奴婢を増大させた。公奴婢の場合は、朝鮮前期より逃亡奴婢を捜索する推刷官が任命されて探索したが、実効は芳しくなかった。逃亡する奴婢は跡を絶たず、「天民」思想と相容れない奴婢制の問題が表出していく。民間では、奴婢の減少とともに、致し方なくそれに代わって良人である雇工＝モスムが増加していくようになる。

こうして英祖《ヨンジョ》（一七二四～七六）代になると、王も官僚も奴婢制の非人間性を批判するようになり、解放への議論が進展する。そして、一七五五年には身貢額が減額され、七四年には婢貢制が廃止された。英祖を継いだ正祖《チョンジョ》（一七七六～一八〇〇）は公奴婢の廃止を悲願としたが、生前には果たせなかった。正祖の悲願は死の翌一八〇一年、幼君純祖《スンジョ》（一八〇〇～三四）によって達成された。全国の内寺奴婢六万六〇六七人が免賤され、良人となったのである。

内寺奴婢とは、王室諸官庁に所属する内奴婢と、中央の政府諸官庁に所属する寺奴婢（寺は役所の意）のことである。すべての公奴婢が免賤されたわけではなく、工曹・兵曹所属の奴婢、駅奴婢など一部の奴婢は除外されたが、しかし大半の公奴婢が自由の身となった。左議政（副首相格）の李時秀《イシス》は、「殿下（純祖）がご即位されてすぐに先志を仰いで体され、この盛徳をお示

表　身分別人口構成比

	両班戸		常民戸		奴婢戸	
	戸数比	人口比	戸数比	人口比	戸数比	人口比
Ⅰ 1690年	9.2	7.4	53.7	49.5	37.1	43.1
Ⅱ 1729/32年	18.7	14.8	54.6	52.8	26.6	32.4
Ⅲ 1783/86/89年	37.5	31.9	57.5	52.2	5.0	15.9
Ⅳ 1858年	70.3	48.6	28.2	20.1	1.5	31.3

出典：四方博「李朝人口に関する身分階級別的考察」(『朝鮮社会経済史研究』中，国書刊行会，1976)126，145頁.

しになり、八方の庶民で誰がこの恵沢に歓喜鼓舞しない者がおりましょうか」と言って、感泣にむせんだという(『承政院日記』純祖一・二・一)。

ところが、戸籍上では不思議な現象が起きている。京城帝国大学教授であった四方博の古典的な研究によれば、朝鮮後期における慶尚道大邱地方の身分別人口比は**表**のようになっている。すでに述べたように両班人口が増加し、奴婢や良人が減少していくのは王朝後期の特徴だが、そのことはおよそ一七〇年間の身分変動を示したこの表を見れば歴然としている。途方もない変動状況だが、両班戸が九・二%から七〇・三%に激増したというのは、もちろん戸籍上のことで、そのほとんどは良役逃れの無学な良人である。成り上がりの富民や知識階層も少なからずいたが、その過半は普通の農民であった。

注目すべきは独立世帯を営む奴婢戸数が激減どころかほとんど消滅に近い状態になり、奴婢人口もⅢ期になると、Ⅰ期のほぼ三分の一にまで減っているのに、Ⅳ期になると、奴婢人口だけがかえって逆に倍増している点である。これは純祖代以降一九世紀半ばまで続いた、国王の外戚安東金《アンドンキム》氏(安東は祖先発祥の地を示す本貫《ほんがん》)による勢道《セド》政治(国王の外戚による権威主義的な政治)によって苛斂誅求《かれんちゅうきゅう》が強まり、その対応策として多くの良人が勢力家の両班家に率居奴婢として偽録＝投托したということを物語っている。実際には奴婢になったわけではないが、何ほどかの代価の見返りとして両班家の名目上の奴婢となることによって保護を受け、避役や地方官の誅求を免れようとする良人が多く存在したということである。シャルル・ダレは、「少なくとも、中部地方の有力な両班の家以外では、もう奴婢をほとんど見かけることはない」し、「奴婢の運命はしばしば田舎の貧しい者よりもましな場合があって、常民が両班や守令の搾取や横暴から脱するために、ときには有力者のもとに避難してそこにいる女の奴婢と結婚し、みずから進んで奴婢になることを望む」者がいると述べている。

これは明らかに公奴婢解放後、私奴婢であっても待遇が改善され、それとも相俟って投托が増えた状況を説明したものと解釈することができる。そして、「もう奴婢をほとんど見かけることはない」と言うのだから、地域社会では投托した者は奴婢と扱われなかったことも意味している。とはいえ、依然として上典に虐待される奴婢が存在し続けたことも無視できない。そうした悲惨な奴婢の怒りは、のち甲午《こうご》農民戦争において爆発することになる。

賤民の中で僧侶以上に民衆世界に影響力を持ったのは巫覡であろう。巫覡は僧侶とは違って村人と一緒に生活することができた。巫覡の社会については、やはり村山智順が先駆的で大部な調査を行っており、秋葉隆に先んじている。ここでは両者の研究を参照しながら、巫覡の社会についてみていきたい。

万神に仕える者たち

植民地期の警察調査によれば、一九三〇年段階で全国に少なくとも一万二三八〇人の巫覡が存在した。巫覡の呼称は、女性巫も男性巫も地方によってかなり偏差があった（村山智順『朝鮮の巫覡』一九三二）。一般に巫と言えば巫女のことで、覡は男性巫＝男覡のことだが、巫女のほうが圧倒的に多い。今日では前者はムーダン、後者はパクスと呼ぶのが普通である。ムーダンを漢字で巫堂と表記することが多いが、秋葉によれば巫女そのものを巫堂と記した史料はなく、巫堂は当て字で女巫のことを一般にムーダンと呼んだのだという。男覡は視覚障害者が多く、クッを行うときは女装した。また巫家にあって、単なる巫楽を奏するしかない巫夫《サニ》は従属的立場にあり、ムーダンの宗教的地位は高く、母権的傾向が顕著であった。したがって巫夫は経済的に隷属して遊惰な「巫女の亭主」（ムーダン書房《ソバン》）と見られていた。日本で言えば、「髪結いの亭主」である（㊂秋葉隆①）。

巫女は大きく①降神巫（真巫）、②世襲巫（仮巫）、③世俗巫（仮巫）の三つに分類される。降神巫はある種の精神障害である巫病を患って神憑りし、クッを受けて治癒したことによってムーダンになることが多い。治病を行った者が神母《シンモ》となる。結婚して姑に仕え、数年辛苦をなめたような気弱な若妻が突然神憑りし、「俺には神様がついているぞ。俺は神様だぞ」と言い出して巫病になるケースが一般的である(㊇秋葉隆②)。

世襲巫は巫家に生まれた子女であるがゆえに巫覡になるだけで、神憑りの能力はないのが普通である。世襲巫は幼少時から巫歌巫舞の訓練を受けるためにクッの技巧は素晴らしいが、悽愴な顔色と爛々とした眼光を見せる降神の瞬間になると、降神巫のような迫力を見せることはできず、信託の語りもつじつまが合わなくなる。世俗巫は経済的な功利主義的動機によってなる者で、貧困や不遇の寡婦、世俗的労働意欲のない者などが多い。農業の傍ら副業として巫業を行う者もいた。村山の調査によれば、①が一番少なく、③が一番多いという状況であった(前掲『朝鮮の巫覡』)。

巫覡には、神庁とか師巫庁などと呼ばれる互助組織があった。神庁は先輩巫覡の霊を祀る場であったが、艱難時には官に救済要請を出したり、相互の経済的互助活動を行った。そして、同族と同じような情義をもって先輩巫覡を祀った(㊇秋葉隆①)。それは賤視されていたがゆえの道徳的矜持であると同時に、周縁的な存在であったがゆえの団結心の表れである。と同時に、そこには郷約や洞契に由来する儒教的な約束・互助観念が機能しており、賤民視された存在とはいえ、儒教へゲモニーが伏流している様相を見て取ることができる。彼女たちの規約のような決議事項は完議として文章化されているが、それは漢文で書かれており、両班が作る文章作法や理念と何ら変わるところがないのは、そのことをよく示している。

ムーダンと信徒との関係はタンゴル(丹骨)制度という特殊な関係で結ばれていた。これは世襲巫の多い朝鮮南部に広く認められ、多数の家が特定のムーダンに専属的に賽神行事を依頼するという制度で、一部落一団という地縁的結合や一姓族一団という血縁的結合があった。信者宅をタンゴル家、タンゴル家を抱える巫女をタンゴルムーダンないしは単にタンゴルと言った。タンゴル家との関係性の維持はムーダンの一種の特権であり、その権利を売買することも可能であった(前掲『朝鮮の巫覡』)。一般には今日、タンゴルという語は御得意先、常連の意味で使われている。

往々にして信者は子どもを神岩や神堂に売ったり神の子として捧げたが、その橋渡しをするのが神に仕える巫女であり、ムーダンは神の妻とも言える。したがってムーダンはタンゴル家の子どもの寿永母《スヨンオモニ》となり、ムーダンとタンゴル家は固い絆で結ばれる。ある意味、ムーダンの家系は神聖家族である。しかしタンゴル家といえどもムーダンを賤視するのは例外ではなく、サニの系統と言われたムーダンは、一般人とは結婚できない。階層内婚姻が普通であり、巫夫には芸人の広大や才人が多く、サニというのは本来彼らの蔑称であった。霊界と世俗を自由に往来するムーダンは、確かに神秘的で聖的な存在ではあるが、鬼神や死者に憑依するのは気味悪いと考えられていた。しかも、降神巫の場合は容貌が怪異で、狂気を感じさせる者が多く、歌舞をもっぱらとする世襲巫の場合は、美麗だが巫祭などでは売娼することもあり、賤民性が付随していた。聖性と賤性が混淆しているのが巫俗の世界であった(㊟秋葉隆①②)。

とはいえ菊池謙譲などは、「彼等は概して容貌艶美にして才弁巧慧なり。彼等は能く社会の実情を探知し、人情の弱点を識弁し、土地の尊敬と人民の帰信によりて隠然社会下層の間に神聖視せらる」(前掲『朝鮮王国』)と記し、才色兼備したムーダン観を披瀝している。

賤民化する僧侶

僧侶の貧窮化と低劣化は、すでに仏教保護政策を採っていた世祖代に問題化していた。世祖は、「僧徒で偽の勧進文を持って閭里や官家(邑庁)を横行し、金銭を無理強いして奪い取る者や、深夜人家に出入して妻を娶る破戒の者、賊党と結託して財物を強奪する者」などを取り締まれと厳命している(『世祖実録』四・一二・一八)。太宗代に行われた排仏政策の厳しさの余波である。そして、成宗以降深刻化していった僧侶の賤民化、低劣化は中宗代に頂点に達する。中宗代には賊徒化した破戒僧が非情な死の掟で結ばれた秘密結社を作り、各地で犯罪行為を働くようになった(前掲『李朝仏教』)。仏教はその後、一時的な復興があったにせよ、壬辰倭乱を経て僧侶の賤民化、窮乏化は強まっていくばかりとなった。

しかし守令などは、彼らから搾り取ることを何とも思わなかった。守令は山寺に行くことを物見遊山のごとく見なし、胥吏や官奴はもとより、公私混同して妓生や広大などを同伴して出かけることがしばしばあったが、これは寺院にとって大変な禍となった。妓生や広大などが来ると、その歌舞演劇を見ようと上下を問わず近在の女性たちが集まり、大変な賑わいとなるのだが、寺院としては守令ら一行だけではなく、雲集した女性たちの接待もせざるを得ない。その接待はほとんど無料奉仕で、丁若鏞は「県令(守令)がひとたび僧寺に遊べば、僧が支出する費用はほとんど半年分の経費になる」(『牧民心書』「律己六条」飭躬)とさえ述べている。

実際、両班や中人、上層良人などの子弟は僧侶になろうなどとは思わなかった。僧侶は信徒からの布施や喜捨、農業、書画仏像の販売などで糧を得ており、富める僧侶など出てこようはずがなかった。僧侶になるのはほとんどが困窮した家の子か孤児で、やむなく小僧となるのであって、ただ意味なく読経を覚えさせられ、日々の雑役を行って生涯を送る者が少なくなかった。教養とてなく、信仰心そのものが怪しい僧侶も珍しくなかった。

初期のプロテスタント布教に尽くしたH・G・アンダーウッドが同様の観察をしている。ある由緒ある寺院に滞在して十戒について説いたところ、関心を示した住職が「自分たちはほんとうに仏教を信じているからではなく、生活の手段として僧侶になっている」にすぎないと語ったという(韓晳曦訳『朝鮮の呼び声』未来社、一九七六)。僧侶が賤民とされたのは、国家が賤民視したからではなく、国家的な弾圧によって無教養で乞食のような僧侶や破戒僧が激増したからである。しかし、尊敬されるべき一面を持つ僧侶も少なくなかった。旧韓末に浄土宗の朝鮮布教に従事した鶴谷誠隆は、朝鮮の僧侶を「非人乞食同様」だとする一方で、「僧尼無学なりと雖も制欲の行は我国の僧侶の遠く及ばざるところ」とし、妻帯せずに肉も食べず禁酒・禁煙するその禁欲生活に感心している(『朝鮮の宗教』一九〇八)。

しかも僧侶と人々の間には、親しみある交流が途切れることがなかった。僧侶は参詣者を受け入れる一方で、時に山を下りて一般民と接触した。法鼓の行事が有名である。これは正月元旦に下山してきた僧侶が、念仏を唱え小鼓や銅鑼を叩きながら各戸を回ると、家々では布施として銭を投げたり米穀を給したりする風習である。僧侶はその代わりに仏との前縁を結ぶという募縁文を与え、痘瘡を和らげるという福餅を配ったりした。仏教は弾圧され、僧侶は一般民から蔑まれながらも奇妙に共生し、民衆世界では巫俗同様に執拗に生き続けたのである。

芸能民の諸相

朝鮮の芸能民と言えば、一般に広大か才人として総称される。広大は倡優で、才人は特に曲芸に才を持つ芸能民のようにみられているが、元は未分化で高麗から朝鮮初期までは才人として一括され、舞踊・歌唱・人形劇・曲芸などの芸能を行う流浪の民であった。定住せずに一般民と隔絶した集団生活をし、時には生活苦ゆえに窃盗や物乞い、売娼なども行ったために賤視された。

しかし高麗から朝鮮前期までは、朝廷主催で行われる山台雑戯(大がかりな舞台装置を作って行われる諸芸)や儺礼《ナレ》(疫鬼祓いの行事)などに呼ばれ、安定した生活をする者も少なくなかった。山台雑戯は明使を歓待する際には必須のものであった。彼らは各地に才人庁を設け、地方官庁の要請に応じて演芸を行い、漢城にも上って公演を行った。その際には戸曹から発給される図書という証明書を持参し、官庁や寺院で乞糧(物乞い)しながら旅をした。

ところが、彼らの中に乞糧と言いながら、民家にも寄生して強盗まがいの行為をする者たちが目立つようになったために、社会的に益々賤視されるようになった。しかも朝鮮後期になって儒教化が一層進展し、明清交代によって内心夷狄とみなす清使が来朝するようになると、政府では歓待の情熱が減退し、山台雑戯や儺礼も徐々に行わなくなった。

こうして彼らの生計の道はか細くなってしまった。そこで、芸だけで生きるべく、芸を磨いて自立する芸人も出てくる。彼らは徐々に、歌舞・仮面劇・人形劇・唱劇などを専門とする芸人と、綱渡り・宙返りなどの曲芸をもっぱらに行う芸人に分化し、主に前者が広大、後者が才人と言われるようになった。しかし、必ずしも芸種が違っていたわけではなく、広大と才人の区別は最後まで曖昧であった。そして彼らは徐々に定住化し、比較的に安定した生活をする者が増えていく。両班宅の様々な慶事や村祭、場市などに招聘されたり、科挙及第者が漢城で行う三日遊街(三日間続く祝賀行事)に呼ばれたり、行下《ヘンハ》(祝儀)をもらうことで生計を立てられるようになった。才人村が作られ、集住する者たちもいた。

しかし、安定を得ない広大や才人はやはり多く存在し続け、そうした者たちは旅芸人として暮らしていくしかなかった。彼らは地方官にとっては治安対象であり、「他邑からやって来た才人輩が妻子を引き連れて各面(村)に居座っているなら、それらは乞糧をしているようでいながら、その実はみな盗賊である」と断じられた(前掲「治郡要訣」)。丁若鏞も「演技をする俳優、技芸を見せる傀儡《ケレ》、儺楽《ナアク》(疫鬼祓いで行う演奏)を行って(仏や神と)縁を結ぼうとする者、妖言を吐いて術を売る者、これらはみな禁止」すべきだとしている(『牧民心書』「刑典六条」禁暴)。彼らの芸が卑猥で、「男女を問わず奔放となって荒淫になり、節度がなくなる」という理由からである。旅芸人は特に才人と呼ばれる者たちの中に多くいたようだ。

旅芸人は各種存在したが、中でも有名なのが男寺堂《ナムサダン》と女寺堂《ヨサダン》である。李能和によれば、俗説では彼らは元寺奴婢で、僧侶に対しては恭敬の態度を示すと言われているが、歴史的には無業の男女信徒が僧と醜行に及んで集団化し、演芸や売春をするようになった者たちだという(『朝鮮解語花史』一九二七)。しかしそれは、壬辰倭乱後僧の貧窮化が一層進行し、還俗する者が多く出てきたことと無関係ではない。元寺奴婢や無業の男女信徒、破戒僧などが才人の社会と合流し、ともに旅芸人として組織化されていったのでは

広大と童舞．金弘道画

ないであろうか。

一七世紀初の司憲府の国王へのある報告には、「男は居士、女は社堂と言い、仕事もせずに僧服を着たまま乞食をし、互いに誘い合う者たちが大変多くなっております。州県では禁止することができず、平民は半ば遊蕩にふけり、道端で物見をする者たちが山谷に満ちあふれ、自然と集まって百人、千人と群れをなしているのには、ただ驚愕するばかりであります」(『宣祖実録』四〇・五・四)とある。司憲府には、彼らが中国の白蓮教のような反乱集団になるのではないかという危惧があった。やがて彼らは、居士が男寺堂、社堂が女寺堂と呼ばれるようになり、一九二〇年代頃まで活動を続けていく。

幼い頃彼らの演芸を観覧したことがある李能和は、その時の記憶も書き留めている。彼が観たのは男寺堂と女寺堂混成で、男子が八、九人と女子が一、二人の演芸団であった。舞台の前で女子が歌うと、男子は小鼓を叩いて踊りながら声を合わせ、観客の喝采を浴びていたという。そして、最後には観客からの投げ銭を女子が口で受け、接吻をした観客と夜は床をともにしたのだという(前掲『朝鮮解語花史』)。李が観たのは男女混成の寺堂であったが、男寺堂は男子だけで芸活動や曲芸を行い、男色社会であったことでも知られる。

仮面劇と唱劇

諸芸の中で仮面劇と唱劇はとりわけ有名である。仮面劇はタルチュムと言うが、登場人物は学識自慢のソンビやプライドばかり高い両班、破戒僧、そしてうら若き女性(閣氏《カッシ》)や道化回しのような両班の奴僕などである。ユーモアに加えて卑猥な台詞と踊りで両班たちを小馬鹿にして笑い飛ばし、その偽善と不道徳を辛辣に暴露した。そこでは学徳あるはずのソンビさえからかいの対象である。これは民衆の日常的な鬱憤を晴らす絶好の見世物であった。ただ、破戒僧を揶揄するのは仏教それ自体に対する批判ではなく、あくまでも不謹慎な僧侶への批判であり、むしろ民衆の仏教信仰の証であった(金在喆『朝鮮演劇史』一九三九)。

仮面劇は最初、農村仮面劇として出発したが、小規模で社会的基盤も弱かったために、開国後は廃れていった。今日台本が伝わるのは河回《ハフェ》別神仮面劇くらいしかない。それに対してそれをベースにしながらも、大規模な興業として発展したのは都市仮面劇である。都市はさほど多くなかったものの、一七六〇年代に始められ、慶尚道を中心に発展し、一八九〇年代に本格化した。都市仮面劇は、主催者が商人や郷吏であることが多く、両班への批判はより強烈であった。しかも、彼ら自らが広大となって演じることが多かった。賤民視される広大にまでなって民衆を喜ばせようとするというのは、一体どういうことであろうか。

商人からすれば、仮面劇は集客効果が極めて高かったことが大きな理由であろう。観客は二万人にも及ぶことがあった。また郷吏の場合は、反両班感情を一般民衆と共有しており、日常的に民衆収奪の最前線に身を置きながらも、非日常的な演劇の世界では民衆に寄り添うことで、民衆の不満をガス抜きして懐柔し、共生を図るという効果があったものと思われる。しかし、批判の対象である両班もまた、仮面劇支援の姿勢を取ったという事実があった。これはどのように解釈すればいいのであろうか。

　実は河回別神仮面劇は、壬辰倭乱時の名宰相である柳成龍《ユソンニョン》以降、豊山柳《プンサンユ》氏の同族村として繁栄した慶尚北道安東郡豊川面河回洞村で代々演じられてきたものである。柳氏は広大を招聘して物品や食事を提供するなど支援を惜しまなかった。儒教的規範を堅苦しく思い両班を侮辱する心性を持つ村人に対して、名門両班としてかえって寛容で徳望ある地域支配者の風格を示し、民衆との共生を図ろうとしたものと推測される。また仮面劇に卑猥な台詞が多いのは、儒教的倫理に対する反発があることを思わせるが、それを共同体外から来る下賤の広大が語るのは、村人としては安心し得たのかも知れない。そうした文化の在り方は、共同体の縛りがきつくよそ者を入れない日本の村とは大きく違っている(㊜野村伸一)。

　一方唱劇はパンソリと言われ、独特な声質の歌い手である広大と鼓手の二人だけで行う講談に似た演芸である。一六世紀後半に忠清・全羅道地方で誕生して一七世紀末〜一八世紀初に確立し、一九世紀に全国に広まった。ムーダンのクッの音調とパンソリの音調は似ており、パンソリ演者には巫俗家系の男子が少なくなかった(鄭魯湜『朝鮮唱劇史』一九四〇)。

パンソリの演目では『興夫歌《フンブカ》』『春香歌《チュニャンガ》』『沈静歌《シムチョンガ》』などが有名である。『興夫歌』は貪欲無情な兄ノルブに対するに無能だが心優しい弟フンブを描いた勧善懲悪的な作品である。『春香歌』は両班の息子李夢龍《イモンニョン》と妓生の娘春香との身分を越えた愛の成就を、横恋慕する地方官を悪者に仕立てて描いた作品である。また『沈静歌』は、心優しい孝行娘沈静が人身御供となって海に身を投げ、視覚障害で頼りない父の目を治そうとしたところ、上帝に救われて生き返り、国王の妻となって父と再会し、ついに父の目に光が戻るという筋立てである。

これらは皆、儒教社会の不条理な一面を批判している。しかしパンソリの鑑賞者もまた、民衆だけではなかった。両班は仮面劇以上に好んでパンソリ広大を招いた。憲宗《ホンジョン》(一八三四～四九)・哲宗《チョルジョン》(一八四九～六三)・高宗《コジョン》(一八六三～一九〇七)の前で演唱する名唱も現れた。特に全羅道高敞出身の一九世紀中葉に活躍した申在孝《シンジェヒョ》が有名だが、彼はパンソリの様式や内容を大成するとともに、多くの広大を後援、指導した人物であり、郷吏出身であった。当時の王侯や名門両班は自らの足下をすくいかねないパンソリに何を見たのであろうか。

仮面劇やパンソリは現実社会への批判や風刺はしても、儒教そのものを批判しているわけではなく、両班一般を批判しているわけでもない。真に教養と徳望を備えた両班は尊崇の対象であることが前提とされている。そうである限り、儒教ヘゲモニーに拠って立つ朝鮮王朝の脅威とはならない。むしろ民衆から支持されている演芸を保護することは、国家最高教学としての儒教の優位性と両班支配の正当性を担保するものでもあった。

2　最下賤民白丁の悲哀

起源と由来

白丁とは本来、高麗〜朝鮮初期において特定の職役を持たず、土地の支給も受けない良人身分の人々を言った。それに対して、禾尺《ファチョク》・才人と呼ばれる流浪民がいたが、禾尺は川辺の水草を追って狩猟や皮革匠・柳器(柳行李)匠を生業としていた人々であり、才人はすでに述べたように曲芸・舞踊・歌唱などの芸能民である。彼らは白丁同様に良人であったが、単に流浪民というだけではなく、定住農耕民がやらない屠牛馬を業としたり、特殊な工匠・芸能集団であったために賤視され、一般民と隔絶して集団的に生活していた。時には生活苦ゆえに窃盗や物乞い、売娼なども行った。

しかし朝鮮時代に入ると、彼らは救済されるべき良民として認知されるようになる。世宗は哀れむべき彼らの名称を白丁と改めて賤視をほどき、斉民＝定住民化を進めることにしたのである。そこにはやはり、現実にはどうであれ一君万民の理念があった(㊜趙景達)。

以後、斉民化政策が進められていく。政府は白丁に土地を与え、軍役を負担する白丁を徐々に増加させていこうとした。才人系統の民は、斉民化政策の当初から流浪の芸能民として白丁とは分離していったようであり、禾尺系統の民が多く白丁として把握されていったものと思われる。具体的には、政府は監視と管理を強化しながら、三代にわたって法禁を犯さない者は一般の戸籍に編入するという政策を取っていったのだが、一四世紀末の国初には五％ほどであった白丁人口は、一五世紀後半にもとより白丁と呼ばれた流浪的な農民と合わせて一時かえって三〇％ほどに激増してしまった。しかし、一六世紀前半には一二％ほどに減少し、中頃には斉民化政策をほぼ終えた。そして壬辰倭乱で、奴婢や一般賤民も従軍して身分上昇の機会をつかみ、武科に限って科挙応試が許可されるようになると、益々減少していった（㊜金東珍）。

また、白丁は少なくとも一六世紀初期までは戸籍に「新白丁」と記されていたが、遅くとも一七世紀後半以降は「柳器匠」とか「皮匠」（屠獣業をも意味する）と記されるようになった。「新白丁」とは本来の白丁とは違うという、蔑視のこもった表現であるが、蔑視を解消すべく身分的表記をやめて職役的表記に切り替えたのである。以後白丁という表記は戸籍には一切出てこない。このことはまた、白丁を身良役賤の公民として把握しようとしたことを意味する。白丁の中には官僚や胥吏になる者が現れ、富裕化する者も増えていった。こうして白丁は、ついに一八世紀中頃には〇・五％にまで減縮された。

しかし、斉民化政策の後に少数集団として取り残された白丁の運命は過酷であった。一般民は白丁を賤視し続け、彼らと婚姻することを拒否し、その結果白丁は一般村から離れたところで屯住するしかなく、同族内結婚が多く、移動も激しかった。そして、もはや斉民化を放棄した守令の収奪も、本来役負担を負わない弱年層にまで及び、白丁の職役を柳器匠・皮匠として固定化して離脱を許さず、白丁は特異な賤民身分となっていく。それゆえ、そうした過酷な運命から逃れるべく再び流浪する白丁も出てきて、消滅する村も現れるようになる。

白丁と一般民衆

一般民にはこうした白丁は異類だという思い込みがあった。建国初期の朝鮮は北方騎馬民族の襲来に悩まされていたが、屠牛や窃盗などの罪を犯す白丁はそうした異民族イメージと重なり、次第に白丁＝異民族観が社会的に真実であるかのように認知されていった。そして、斉民化政策をやめた政府の側もそうした異類イメージの上に立って白丁に対する取り締まりを強化し、彼らを排除差別する社会的機制を構築した(㊂金仲燮①)。

白丁に対する差別は法的に規定されたものではなく社会慣習的なものであった。まず白丁は一般民が被る黒笠(漆笠)の使用を禁じられ、竹で編んだ帽子ペレンイを被ることを強いられた。外套の周衣《トゥルマギ》や礼服の道袍《トポ》は着ることができなかった。婚礼では馬に乗るのも輿に乗るのも禁じられた。葬儀でも葬服や葬笠はおろか葬礼用の輿を使うことさえできなかった。墓地は一般民との混在を許されなかった。男子は結婚すれば、結髪するのが当然だが、子どもができない限りかなわなかった。また、一般民の前では喫煙や飲酒ができず、子どもに対してさえ敬語を使わなくてはならなかった。村祭や各種祭礼への参加は認められず、子どもを書堂に入れることも許されなかった。そして、些細なことで各村の農庁から受ける私刑も絶えなかった。

もしこうした禁を破った場合、大騒動になることもあった。一八〇九年に開城府で起きた事件がよく知られている。ある白丁が結婚式で冠服に身を包んで日傘を差したところ、一般民が騒いで冠服を貸した者を殴打して白丁の家を打ち毀しただけでなく、その者たちを厳罰に処せと官庁に投石した事件である(『純祖実録』九・六・五)。また、奴婢人口が一八世紀以降激減していくにつれて、奴婢への賤視観は白丁に代替され、白丁は奴婢からさえも賤待され、奴婢の子どもに対してさえ、自らを「小人」とへりくだって称さなくてはならない状況となった。

白丁の生活

しかし、そうしたむごい差別とは裏腹に、白丁にはむしろ一般民より豊かな者が多かった。賤良役賤の民として柳器製造や斃牛馬の処理を行わされたが、その代わりに柳器販売を独占し、牛馬も無償で入手して独占的に処理・加工・販売し、それへの徴税もない上に、良人が負担する軍役も免れていたからである。しかも贅沢を禁じられ、一般民との交渉、交際もないのだから、勤倹貯蓄するのは必然だった。そのため、両班や良人で貧窮した者が借金を頼み込むこともあった。韓国併合直前より朝鮮の警察行政に携わりながら朝鮮民俗を先駆的に研究した今村鞆によれば、一般民は借りるときには多少の敬語を使っても、返すときにはやはり白丁扱いしたという(『朝鮮風俗集』一九一四)。

非日常的、半強制的な役務としては、死刑執行人である劊子手《ファジャス》に指名されることもあった。執行人は獄鎖匠という刑務役人の仕事だが、辛いものである。それゆえ、自願の死刑囚に代行させ、その代わりに久囚として死刑免除されることがあったほどである。死刑は王命によるものであり、刑吏の代行をするというのは一面王事に尽くすことになるが、その本質は非公式な不浄役人＝賤役を強いられるものでしかない。一方、白丁は王や王妃などの国葬の際に棺や車馬を引く轝士《ヨサックン》軍の役務も与えられた。これは漢城内の男子の中から身分を越えて数百、数千人を選抜するのだが、白丁は化外の民のように見なされながら、この時ばかりは晴れて王事に参加することができ、恩賞にも与った。このことは、朝鮮がやはり一君万民を標榜する国家であったことをよく示している。

白丁は一般民との通婚ができなかったので、仲間内で婚姻するしかなかったが、虐げられた者同士は、かえって大きな団結力を生み出す。白丁の全国的な組合が設けられ、漢城に承洞都家と称する本部が設置されていたという（車賤者〈車相瓚《チャサンチャン》〉「白丁社会の暗澹たる生活状況を論じ、衡平戦線の統一を促す」『開闢』四九、一九二四）。現在の仁寺洞にあったらしいが、都城内の屠業を管理して狗肉料理店を経営し、白丁内部の紛争を処理した。そのため領位という頭目以下五種の任員を置き、総支配、公役裁判、営業などの自治的な業務を行った。こうした組織は平壌にもあり、於可庁ないし都中と言った。また各地の白丁村にも領位という責任者がおり、承洞都家との連絡網ができていたという。

こうしたネットワークの形成は、勢い彼らの自尊意識を呼び起こさないではおかない。今村によれば、墓地風水で白丁の山林に手を出した者がいれば、両班といえども容赦することなく、団結して各自屠刀を持って対抗したという。実際、白丁は独自の起源譚をもっていた。朝鮮建国に与せず李成桂に反対した高麗の忠臣七二名が、京畿道の杜門洞に入って自給自足の生活を送っていたところ、李成桂の軍に襲われて全国にちりぢりになり、最下層の身分に落とされたのだという。賤性の聖性への昇華である。いつできた由緒譚かは分からないが、僻村の貴種譚である日本の平家落人伝説と似た説話構造を持っている。

身分と宿命

白丁差別は一君万民理念を持つ王朝権力が上から一方的に構築したものではない。一般社会における根拠希薄な偏見に基づく差別蔑視観が容易に解消しないなかで斉民化政策に取り残され、白丁は柳器匠・皮匠以外の職役への転換を阻止されたのである。地域における社会的差別こそが、まずもって差別の根源としてあった。このことは日本でも同じで、近世史家の朝尾直弘は身分というのは上から一方的に作られるのではなく、まず狭い地域における差別があって身分化が始まり、それを権力側が上から社会的に編成、序列化していくという経緯があることを明らかにしている(㊀朝尾直弘)。その契機は太閤検地であったというが、白丁の賤視化とその特殊な差別化の過程と軌を一にしている。

しかし、朝鮮賤民史と日本賤民史の間に違いがないわけではなく、大きく二つの差異が認められる。第一には、儒教国家の朝鮮では、現実はどうであれ一君万民理念の下、国家の側は民本主義的に極力無差別の斉民化を図ろうとしたことが、日本との大きな違いである。国家の統治理念としては、本来なら白丁のような存在はあるべきものではなかった。国家の側は斉民化政策を一〇〇年以上にもわたって執拗に行ったにもかかわらず、地域での社会的差別を切り崩し得ずに取り残された存在が白丁であったのである。それに対して日本の場合は、近世社会の成立とともに「穢多・非人」差別が地域社会に存在することをひとたび公認した幕藩権力は、近世を通じてかえって体制的にそれを利用、強化したのではなかったか。近世日本は一君万民の理念を持たなかっただけではなく、心底民本主義を標榜する儒教国家でもなかったということである。近世日本では、仏教も神道も時に儒教以上の権威を持って並列していた。

第二に指摘できるのは、日本の賤民差別には浄穢《じょうえ》観念が強くつきまとっているが、朝鮮ではあくまでも貴賤(尊卑)観念に基づくものでしかなかったということである。白丁を賤視するのはその出自に対する偏見とその職役を卑しんでのことであって、その身体そのものにまつわる穢れ意識からではない。民俗学者の沖浦和光によれば、古代に天皇を頂点としてあった律令制的な貴賤観念は、中世になると仏教(密教)を通じて入ってきたヒンドゥー教的な浄穢観念に取って代わり、近世になるとさらに強化されたという(㊟沖浦和光)。もとより禊祓《みそぎはらい》によって穢れや罪を除去できるとする神道的な浄穢観念があったにもかかわらず、近世の賤民観では、血の穢れは消えないとする観念が一般化していくのだが、賤民差別としてはより深刻である。

要するに朝鮮の身分制というのは、宿命的、固定的なものではなく、可変的、流動的なものであった。奴婢の良人化、良人の両班化は比較的容易で、社会は総両班化とも言える方向に進んでいった。ひとり白丁だけは取り残されたが、白丁人口は「穢多・非人」に比べればはるかに少ない。植民地期の人口調査では四万人以下である。支配のためにあえて不断に存続させておく必要などなかった。近年では近世日本の身分も可変的、流動的であったという見解が定説化しつつあるが、しかし朝鮮と比較するなら、やはり固定度合いは強かったし、賤民の存在理由やその様態も表面上の類似とは裏腹に、その内実はかなり違ったものであったと言える。

3　褓負商の社会

褓負商とは何か

褓負商《ボブサン》は行商人のことであるが、八般私賤には入っておらず、賤民ではない。しかしその零細性と流浪性のゆえに賤民視されていた。ここで扱う所以である。商人には様々な種類があったが、大きく分けて六矣廛《ろくいてん》(漢城の特権商人)、市廛(平壌・開城・全州などの都市の常設店商)、客主・旅閣(受託販売・受託購買・問屋・両替・旅館業)、居間(仲介業)、

夫婦で行商する褓負商．金弘道画

座賈（零細小売業者で露天商も含む）、都売（卸売商）、散売（生産業者を含む小売商）、船商（水運を使った商人で大小規模があり零細な行商人もいた）、そして褓負商があった。客主と旅閣は、客主がもっぱら漢城とその周辺に存在したのに対して、旅閣は地方に存在したということと、取り扱う商品が、客主はほぼ全般の商品を扱うのに対して、旅閣は米穀・海産物・果物・煙草など限定された商品を扱う点が違っていた。資本・営業規模はほとんど同じであったようだ。客主と旅閣が旅館業を行っているのは、褓負商などの客商を宿泊させる必要があったからである。

褓負商は褓商と負商に区別される。褓商は比較的高価な品物を扱い、風呂敷に包んで持ったり、縄で縛って担いだりしながら運んだ。具体的には呉服・反物・小間物・冠具・装飾品・巾着などを扱ったが、場市でも家々でも風呂敷を広げて品物を見せたので、座賈と見られる一面もあった。負商は主に魚・塩・鋳鉄《ちゅうてつ》・陶器・木物など五つの品物を扱ったが、鍋釜や器、草履など比較的安い日用生活雑貨品である。チゲという背負子《しょいこ》で運び、褓商より零細で立商とも言われた。褓商は多く場市を回ったが、負商は褓商以上に村々も回ったので、その起源は負商の方がはるかに古く、場市誕生以前から存在していたと推測される（車相瓚「朝鮮の褓負商」『朝光』

四‐九、一九三八)。褓負商は客主を介して物品購入や委託販売をし、客主が経営する旅館にも泊まるので、客主を上任とか主人と呼んだ。

褓負商は、固有語ではチャンドルベンイ(市回り者)と多少蔑称的な言い方で呼ばれた。松都(開城)商人が有名だが、近在を短い期間で定期的に行商する者や年四回ほど行商する者、不定期に行商する者などのタイプがあった。一番多いのは正月に家を出て年末に帰るという一年中行商するタイプであった(善生永助『朝鮮人の商業』一九二五)。褓商は資本があり、家族もあって自宅もあったが、負商は独身者が多く、妻子がいる場合にはともに行商を行うことも稀ではなかった。病気になれば世話する者もなく、旅に生き旅に死する運命を覚悟しなければならなかった。また、久しぶりに家に帰れば、妻は他の男と逃げてしまった後だったという話も珍しくない。「富民負商」と言われる存在もまれにあったようだが、褓負商特に負商の行商稼業は哀感漂うものであった。

起源と歴史

褓負商の起源には諸説あるが、太祖が咸鏡道安辺に釈王寺を建てる際、五百羅漢の仏像を運搬するのに白達《ペクタ》元《ロン》を頭目とする者たちが協力し、その功績への褒賞として魚・塩・鋳鉄・陶器・木物の専売権が付与されたというのが、有力な伝承である。しかし、これは褓負商が全国的組織を作り出した頃に自ら創作した由緒譚だと考えられる。白達元という人物の実在も確認できない。周縁的存在である褓負商の屈折した自尊意識が生み出したものにすぎず、白丁のそれと似ている。

それでも、この逸話は褓負商の出で立ちにも込められていた。褓負商のトレードマークは、白丁と同じくペレンイを被るというものであったが、笠のつばの両横に綿の実を載せるのが違っていた。白達元の部下に綿商がいて、太祖が負傷したとき綿花で包帯したからだという。また、褓負商が手に持つ龍を描いた勿尾杖《ムルミジャン》(チゲを支える長い杖)については、太祖を担いで救ったとき勿尾杖が役に立ち、その後太祖から龍の彫り物を許可されたのだと伝えられる。ペレンイ自体、白丁同然であるのに、あえてそれを脱ごうともせず、むしろ若干の差違を施して被り続けたということについては、屈折した自尊意識を感じないではいられない。

褓負商は、場市の発達とともに開城を中心にして緩やかなネットワークを形成していった。大商人の横暴や地方官庁の収奪から身を守るために自然と団結するようになったものらしい。開城には首任房、道と邑には道任房、郡任房が置かれていた。それが契のような形態で全国的に組織化されるようになるのが確認されるのは、一八三〇年代になってからである。本来褓負商は、政府とは疎遠な関係にあった。ところが褓負商は、ある国難を契機に突如、国家的な庇護を受けるという思いがけない僥倖に恵まれる。一八六六年、朝鮮政府によるフランス人宣教師の処刑と天主教徒《カソリック》迫害を問罪するために、フランス艦隊が江華島に侵攻した丙寅洋擾《へいいんようじょう》の時のことである。この時、高宗の父で最高権力者であった大院君《テウォングン》は、かねて聞いていた褓負商独特の義侠心や組織性、偵探力に着目し、次のような伝令を発した（「巡撫営謄録」高宗三・九・一○『史料 高宗時代史』）。

　義を発して身を忘れ国のために尽くすのは、尊卑貴賤の別に関係なく人たる者のなすべき道である。伝え聞くところによれば、汝ら負商は意気軒昂で魁傑な者が多く、ぬかるんだ道で荷を背負うときには、老少長上の分によって諸僚を統率し、有事の際に果敢に決断を下すこと、さながらいかなる困難も避けないという風があり、常々感心していた。そのような気概を以て国のために尽くすならば、火刑を受けようが刀を踏もうが、かまうことなくこの有事に難なく当たることができよう。一人の頭目の下に千人が声を同じくし、皆軍門に赴いて王事に力を尽くし、期して勲功をなせ。

大院君が特に期待したのは負商の方であったようだが、彼は褓負商指導者の王敏悦《ワンミニョル》と姜仁学《カンイナク》という者をそれぞれ都班首、都接長に任命し、褓負商を「義兵」として正式に召募した。大院君は褓負商の活躍に満足し、洋擾後褓負庁の設立を許した（七〇年に行商庁と改称）。これに全国の褓負商が帰属するようになったが、彼らはここに準軍事組織＝商兵団として承認されると同時に政府の保護を受けるに至ったのである。しかし褓負庁が政府の一機関であったかどうかは不明である。この組織はまだ褓負商固有の自律的な性格の強い組織であったようだ。

その後大院君は高宗の親政が始まると失脚し、閔《ミン》氏政権が誕生するが、閔氏政権下でも褓負商は政府の保護を受け、一八七九年、褓商と負商は別々に政府機関(備辺司と漢城府)の傘下に帰属するようになった。この頃の褓負商固有の自律的な組織は、邑任房→道任房→京任房というように、漢城を中央本部として全国を統率する、整然とした組織になっていたが、その頂点には都尊位・副尊位・三尊位(以上最高責任者)・都接長(事務責任者か?)という官僚政治家が君臨するようになった。この段階に至って、褓負商は正式に政府の一機関となったと言うことができる。

しかし一八八二年六月、漢城兵士の反閔騒乱である壬午《じんご》軍乱が起きると、準正規軍のような存在として政府から優遇される褓負商は、正規軍兵士たちと反目していたので、頭目たちが数名殺害されるなど若干の犠牲者が出た。閔氏政権への忠誠を誓った褓負商が、軍乱鎮圧のため漢城に向かうなかでの犠牲者であった。こうした褓負商の忠義と犠牲に対する行賞という意味もあったのか、軍乱後褓負商は場市で商業税を徴収する権限を与えられる。

そして翌八三年三月には、褓商と負商が合体して三軍府(最高軍令機関)に帰属し、すぐに統理軍国事務衙門(内衙門)に所属変更され、同年八月に恵商公局が設立された。この時、高宗は王室費から二万両《ヤン》の補助金を出した。また、道任房は八道都接長に改められ、官僚が監務官として八道に置かれ、八道都接長以下の褓負商を統率した。中央には二名の勾管堂上・公司堂上(最高責任者)と複数の摠弁(事務責任者)が置かれた。いずれも権勢ある官僚政治家が就任したが、閔氏政権の大物閔泳翊《ミンヨンイク》は以前から褓負商を統率し、この時も摠弁の一人になっている。

さらに一八八五年八月には、褓負商を内務部(軍国・宮内事務管掌の官庁)に直属させて商理局としたが、ここに褓負商は自律的団体であると同時に、官製的団体であることが内外に明示されるに至った。保護と特権を獲得した褓負商の準軍事組織としての役割には相当な覚悟が求められることになった。しかし、褓負商が客主などの巨商に頭が上がらないのは、相変わらずであった。

忠誠・団結・規律

褓負商の商業特権は、験標・信標などと呼ばれる行商許可証兼身分証明書を商標価を支払って所持すれば、他の雑税や商業税を免除されるだけではなく、場市での専売特権を保障されるというものである。褓商以上に零細な負商の場合は、一八八一年から魚・塩・鋳鉄・陶器・木物の専売権を得て、場市で他の商人が販売するのを禁じることができた。そして壬午軍乱後、褓負商は場市での商業税徴収権を獲得したのであるが、これには当然、胥吏が行ったような、非公式に徴税手数料を取るという役得がともなっていたのは間違いない。

このような特権を付与された褓負商の国家への忠誠意識はいやが上にも上がった。恵商公局が設置されたときに出された『恵商公局序』では、新羅以来の起源を記しつつ、壬辰倭乱や丙子胡乱でも輸送部隊としていかに活躍したかが述べられている。これは作られた逸話だが、大院君の景福宮《キョンボックン》再建工事には、それなりの貢献をしたのは事実である。また、全国的に巨大なネットワークを持つ褓負商の情報収集力や偵探力は、官憲以上に強力なものがあったし、その軍事力も丙寅洋擾で証明済みであった。

そして、何よりも注目すべきはその図抜けた通信能力であった。駅を利用した公設の逓信よりも、任房や場市を利用した褓負商による通信の方が早かったと言われるほどである。大韓帝国期に宮内府内蔵院卿(皇室財政管掌の最高官)や警務使などを務めて権勢を振るった李容翊《イヨンイク》は元褓負商で、壬午軍乱の際、閔妃《ミンビ》(明成皇后《ミョンソンファンフ》)が避身した忠清道忠州と漢城の間を何度も迅速に往復して閔妃を助けたことで知られるが、単に足が速かったというのではなく、こうした褓負商団の通信手段も利用したものと思われる。

褓負商はまた、皇帝や高官の身辺警護にも動員された。国家緊急の際には円形に姓名を記した沙鉢通文《サバルトンムン》という回状が全国に伝達され、瞬時に招集されたという(前掲『朝鮮人の商業』)。米国公使館付武官のある海軍大尉が深夜公使館に帰還しようとした際、閔泳翊が動員した褓負商三〇名によって無事に山峡を越えると、さらに二〇〇名の褓負商が食事を用意して歓待したという事実がある(露国大蔵省〈農商務省山林局訳〉『韓国誌』一九〇五)。

こうしたことが可能であったのは、大院君が見込んだだけのことはある褓負商の団結力の賜物である。褓負商は、団員の艱難救恤のために義務として春と秋に上納金を納めた。苦楽と生死を共にする「皆兄弟」という同志愛をもって信義と義理を重視したのだが、一八七〇年に出された『行商庁節目』には一八条からなる様々な心得や規範が定められている。そのうち五、六、九、一三〜一八条は賻儀(弔慰金)に関するものであり、任員ごとの金額が決められ、賻儀を出さない者は罰せられた。いつ行き倒れになるか分からない褓負商の相身互いの精神である。実際、身寄りのない者のために紅桃源という共同墓地が忠清南道保寧に作られている(㊂趙宰坤②)。

また、貧富や強弱に頼んで同僚に傲慢に接する者は除名され、雑伎や酒乱が戒められ、法令に違反する者は罰せられた。その罰を杖門という。一方、同僚が官憲に不当に捕らえられたときには、集会を開いて雪辱することが誓われた。沙鉢通文はこの時にも発せられた。そして、「人の最も慎むべきことは男女の別である」として、同僚で「嫂叔《そうしゅく》の誼(兄嫁と弟の関係)」にある女性と関係を持つことが厳禁された。その掟は、「男の負商たちは女の負商のチプシン(草鞋《わらじ》)さえ跨いではならない」という俗談があったほどに厳しいものであった(㊂朴元善)。

さらに面白いのは、同僚同士が会ったときには「敬謹」の礼を取ることを定めている点である。李能和によれば、見知らぬ者同士が路上で偶然出逢ったときには、「同輩でいらっしゃいますか」という言葉を互いに投げ合って出身地を褒め合った後、姓名を名乗るまでの決まり挨拶があったのだが、姓名は名字の後に出身地名を名乗り、「李《イ》ソウル」とか「金高陽《キムコヤン》」などと称したという(「朝鮮の負褓商と其の変遷」『朝鮮』二七一、一九三七)。

そのほか、褓負商には秘密結社的に彼らにしか通じない隠語が数多くあり、他の社会に大きな影響を与えた語彙もあった。彼らは互いに「同務《トンム》」と言い合ったが、これは植民地期、社会主義者の同志愛に刺激を与えている。同務というのは、ソ連や中国から伝わった「同志」の朝鮮語訳ではない(前掲「朝鮮の褓負商」)。朝鮮社会主義者が褓負商の同志愛の強さに感銘を受け、自分たちの言語文化にしたのである。同務というのは敬称であると同時に、二人称、三人称にも使われる特異な語彙だが、現在でも北朝鮮では普通に使われているし、在日社会の民族学校出身者の間でも普通に使われている。

褓負商と一般民衆

ダレは、「彼らは正直で誠実な者として知られており、非常に遠くへ送ろうとする小包や荷物でも、彼らに頼みさえすれば間違いなく届けられる」と述べ、褓負商は一般社会で評判が高かったとしている。実際、村山智順が「地方民の耳目を喜ばせるに充分な物珍しい貨物とニュースとを豊富にもっているので、単調な生活に飽きている地方民にとっては、自分たちに各種の欲望を満足せしむる、なくてはならぬ人達」であった(前掲『朝鮮場市の研究』)と言うように、褓負商は村人たちにとっては待ち遠しい存在であった。

ただ褓負商は、「遊衣遊食、無頼の漢が挙《こぞ》ってこれに加わって弊をなすことが多かったので、一般社会では彼らを賤視、敵視するようになった」(前掲「朝鮮の褓負商」)と言われ、そうした無頼の輩を常に抱え込んでいたようだ。それゆえ、長老たちはその対処に苦しみ、掟も一層厳しく定めなければならなかった。だが二面的な褓負商の評判は、近代に入って国家的な庇護を受けるようになると、徐々に芳しくない方により重しがかかっていくようになる。早くも褓負庁が設立されるや、一部の褓負商が増長し、地方官と結託して民間に横暴を働くような事案が頻繁に発生し出していく。こうした犯罪的事案は、褓負商に紛れ込んで来た仮商(ニセの商人)や無頼輩の仕業がほとんどなのだが、そこで危機感を感じた褓負商たちが考案したのが、先述した験標制度である。

これは当初、七九年褓負商が政府機関に正式に帰属するようになったときに初めて発行されたものだが、この時はまだ、各種の商業特権は付与されていなかった。もっぱら験標所持の有無で原商(真正の商人)と仮商を区別し、無頼輩を排除することにその目的があったようだ。しかし、徐々に褓負商の特権が拡大していくにつれ、かえって仮商たちの犯罪的行為が増加、拡散していった。民間の農地や墓地・民財を奪ったり、両班を捕らえて陵辱を加えたりする事案が増えていったのである。しかも験標の濫発や捏造が行われ、仮商や無頼輩の参入は後を絶たなくなっていく。八五年の恵商公局から商理局への改組は、政府の褓負商への保護と管理をより強化し、験標の濫発や捏造も防止しようというところに狙いがあった。にもかかわらず、不良な褓負商の活動はなお続き、褓負商の評判は悪化していく。

第４章

女性のフォークロア

妓生の剣舞．申潤福画

1 宮女と妓生

囚われの宮女

数ある賤民の中で内人＝宮女は特異である。先に述べたように、内人は本来官婢から選抜されたために、地位は高いものの公賤扱いであった。宮女は良人の娘から選ばれることもあったが、国法では内婢(官婢)から選ぶことになっていた。往々にしてそれが守られなかったので、一七四六年刊行の『続大典』(「刑典」公賤)では「宮女は各司の下典(官婢)から選び、(中略)決して良人の娘から選んではならない」と定められた。

しかし金用淑《キムヨンスク》によれば、宮女の出自は一族に罪人や疫病罹患者がいないことが条件となっており、実際には良人や中人からも採用し、特に至密という王のそばに仕える宮女は、そうであったという(㊂金用淑①)。だとすれば、巷間ではその出自以上に、宮女が自由民ではないということをより問題とし、賤視したのかも知れない。普通の父母の感覚では自分の娘を宮女に出すことは堪えがたいことである。国法で「決して良人の娘から選んではならない」と規定したのも、自由民たる良人を宮女にすることは、将来宮女がどれほど高い身分に就こうが、自由を失った者は賤民に等しいという認識が政府や王家にあったからであろう。

実際、宮女は原則的に生涯宮中に囚われの身となる運命であり、例外的な賤民であった。宮女は、大体七、八歳で入宮し、一五年ほどで冠礼を行った。冠礼は成人式であるとともに、「花婿のいない結婚式」である。花婿とはもちろん王であり、冠礼は生涯を王に奉仕する宿命を受け入れることを意味した。宮女は冠礼と同時に正式な内人となり、さらに一五年経過すると、尚宮《サングン》の官職を与えられる。尚宮は正五品の官職であるが、王の手が付かない限りそれ以上に生涯官位が上ることなく老いていく。しかし宮女は終身制なのに、王宮で死ぬことは許されない。死期が近づけば実家に帰ることが許されるが、両親はもう死んでいる場合がほとんどで、甥か姪の家にやっかいになり、そこで独身のまま生涯を終える。実家や親族に金銭的な支援をしたり、何らかの口利きをしたりすることのみが宮女の生きがいであった。宮女はまさに「奢侈奴隷」であった(同上)。

こうした宮女制度は朝鮮独特のものである。近世日本では大奥の女中(女官)は賤視などされず、上級女中は原則的に一生奉公であったが、それは仕える主人(将軍ないし御台所《みだいどころ》)一生の間のことである。明治になってからのある上級女中の回顧によれば、将軍の死後すぐに「御暇《おいとま》」の許しを得て「縁付き(結婚)」するのは何ら妨げなかったという(『旧事諮問録』第四回、岩波書店、一九八六)。下級女中の場合は当初から花嫁修業と心得、中途で「御暇」をもらうのは普通のことであった。

中国では宋代から清代にかけては、女官や宮女は結婚歴を問わずにそれなりの教養ある者が採用され、宋代には皇帝秘書官的な役割を果たす女官もいた。また一定期間の就労を務めれば、結婚するのも残留するのも自由であった。そもそも女官を官婢同然に考える朝鮮の女性観は、朱子学と関係がない。朝鮮は朱子学を原理にしたにもかかわらず、女官制度についてはそれを逸脱しており、中国以上に家父長的な論理が幅をきかす国家であったと言えるかも知れない。

妓生の由来

宮女ほどではないが、国家的拘束を受け、男に奉仕することだけを生涯の職役とした点で、妓生《キーセン》は賤しめられた。セクシャリティに関わることを職役とする女性は、儒教の「夫(男)は外、婦(女)は内」という内外法も適用されないのだから、良民たり得ないわけである。

朝鮮は高麗時代にあった女楽の制度を継承して掌楽院を設置し、全国から選抜された官婢などに楽器や舞踊の指南をして官妓とし、女楽を行わせた。当初は国家的な祝宴の際に演技を行ったが、世宗代に北辺に領土を広げて六鎮を設置したとき、その防衛に当たる軍士を慰労するために官妓を派遣した。やがてこれは列邑にも拡大されたが、官妓の役割は単に女楽を行うだけではなく、官員や軍士への個別的接待も重視された。中央の官妓が掌楽院に所属したのに対して、地方は各地の教坊に属し、営門(八道監営)妓生とか本郡(各邑)妓生などと呼ばれた。平壌教坊が最も名高い。中央の妓生は、女楽が主たる業務であったが、地方の妓生には女楽のほかに守庁《スチョン》という義務があった。本来、守庁とは位の高い者のそばに仕えることを言うが、官妓の場合には寝室に入って侍ることを意味した。

官妓制度を語るには、一見全く関係が見出せない医女制度にも触れておかなければならない。医女制度は、宮中の婦女子が男医の診断を嫌って死ぬ者もいたために、医女の必要性に迫られて創設されたものである。太宗（一四〇〇～一八）代のことであり、まず宮女の童女の中から選抜して養成した。しかし落第者が多く、人員が足りないので、世宗代に三南地方（忠清・全羅・慶尚の三道）の一〇～一五歳の官婢の中から優秀な人材を選抜した。『経国大典』（「礼典」選上）では毎年「諸邑にいる年少の婢」の中から七〇人を選抜養成し、課程修了後には中央・地方の本属に返すことになっている。養成は厳しく行われ、診脈や鍼灸・投薬の医術を学んだ。中央の医女は内医院に属した。ところが医女はあくまでも官婢であるのに、時に妓生として女楽も行わされた。医女の妓生を薬房妓生といった。針線（裁縫）婢も存在し、彼女たちも妓生を兼職させられたが、こちらは尚房妓生といった。彼女たちがいつから妓生を兼職させられるようになったのかはよく分からないが、暴君燕山君の時には兼職させられていた。薬房妓生と尚房妓生は妓生の中でも第一流とされ、わけても薬房妓生は別格とされた。歌舞を行うとき頭に付ける黒の被り物は、薬房妓生だけは絹地で、その他の妓生は普通の布地であったという（柳得恭《ユドゥッコン》「京都雑志」姜在彦訳注『朝鮮歳時記』平凡社、一九七一、所収）。

妓生の社会

『経国大典』(「礼典」選上)では、中央の官妓は「諸邑にいる年少の婢」の中から三年ごとに一五〇名を選抜することになっていた。地方は、先に述べたように独自に教坊で妓生の養成が行われた。彼女たちは大体一五歳ほどで妓案(妓女名簿)に載り、掌楽院や教坊で厳しい教育を受けた。歌舞・音曲のほか読書・書画・詩作・礼節・所作に至るまで教授され、教養ある妓生は少なくなかった。数年の修行を経て正式な官妓になると、間もなくして官員から守庁の命を受け、初めて男性経験をするというのが、一般的な妓生誕生の道筋であった。五、六歳で教坊に入り、一二、三歳で妓生になるというのも珍しくなかった。

中央の官妓の場合は妓夫がおり、制度化されていた。李能和によれば、王宮の賤職である別監・捕盗軍官・政院使令・禁府羅卒・王族や外戚の傔人(従者)・武士(王宮警備兵)だけが妓夫になることができたが、別監が最も多かったという(前掲『朝鮮解語花史』)。彼らは、往々にして地方で少女を物色して漢城に連れ帰り、衣食住を与えて官妓として養育した者たちである。三年ごとに行われる官妓候補生一五〇名の選抜は、一部彼らによって行われていたのであろう。

妓夫がいるのは薬房妓生と尚房妓生の場合も同様である。妓生たちは、宮中や朝廷で公役がない時には自宅で妓生業を自由に営むことができた。妓夫は必ずしも夫というわけではなく、抱え主・マネージャーのような存在であり、妓夫には別に妻がいるのが普通であった。漢城の妓生を呼ぶときは「朴武卿《パクムギョン》の妓梅月《メウォル》」とか「金春秋《キムチュンチュ》の妓杏雲《ヘンウン》」などと妓夫の姓名を付けて妓名を称するのが普通で、姓は無視した。李能和は、同姓の女性とは交わらないという儒教倫理の原則上、妓生が同姓であった場合のことを、両班が恐れたせいではないかと推測している。

妓生は良人でもなることができた。地方の妓生の場合は官婢だけでなく、良人の娘が自願して教坊や妓家に入って修行する者が少なくなかった。良人となった退妓の娘や孤児、妓家に売られた娘、寡婦の私生児などである(吉川文太郎『裏から覗いた朝鮮妓生物語』一九三二)。中には家の困窮とは関係なく、芸事への興味から自ら教坊や妓家に入る者もいた。あるいは、朝鮮史家の今西龍が行った韓国併合当時の調査によれば、大官の妾となるのは「一家の栄《さかえ》」と考えて妓生になる者もいたし、閉鎖的な家庭生活を強いられるよりは、妓生の自由を良しとする者もいたという(「朝鮮事情傍聴筆記」『高麗及李朝史研究』国書刊行会、一九七四)。

妓女になったあとは、彼女たちも妓案に載せられ公役に従事するほか、自宅を妓房として客を接待する妓業を行った。李能和によれば、郷妓の場合、妓夫がいないのが普通で、その母が妓夫の代わりを務めたという。公宴などで漢城に呼ばれ、帰郷せずにそのまま妓業を営む者がいたが、その場合は出身地名を付けて「平壌妓の李《イ》錦仙《クムソン》」「慶州妓の権《クォン》錦玉《クモク》」などと呼ばれ、郷妓出身で妓夫がいないことが明示され姓も付けた。

妓生は公役以外で妓業を行った場合、滅多なことでは純愛の心情を抱かなかったようだ。間抜けな男を手玉に取る妓生が多くいたのであろうが、その心情は計り知れない。顧客と真に相れ、それが自由恋愛や相思相愛になったとしても、両班の正妻には決してなれない。あくまでも妾に止まったが、それも思い通りになるものではなかった。国禁によって官妓は、自由に妾にすることができないとされていたからである。強いて妾にしようと思うなら、「贖婢《しょくひ》代口」の規定によって官婢になる娘を買って官府に差し出さなければならなかった(『牧民心書』「吏典六条」馭衆)。しかも妓夫がいる京妓(漢城の妓生)の場合には、妓夫に贖銭(身請け金)を支払う慣行があった。

官妓存廃論　朱子学は「天理と人欲の戦い」を説き、天理に則って人欲に打ち克つことを修養の要としている。官妓制度はそれと全く矛盾している。したがって官妓制度は当初、廃止論が根強くあり、太祖が「行列の前で女楽が行われるのは、儀衛の威厳を損ねる」(『太祖実録』四・四・二五)という上疏を受けて禁止したのが嚆矢である。しかし公宴では女楽が行われ続け、太宗代には明の使臣から二度にわたって「夷風」だと批判された。朝鮮の散楽百戯(雑多な戯芸)は、中国の漢代から南北朝時代にかけて盛行した西域楽が高句麗文化に影響を与え、以後高麗や朝鮮にも連綿として受け継がれ、今日にも至っているというのが、朝鮮芸能史の認識である(参李杜絃)。太宗はこれに恥じ入り、女楽が男楽に替わった。女楽はもっぱら内宴(王妃たちの宴会)で行われ、外宴(外賓を招いた宴会)は男楽になった。

しかし、女楽が全面廃止されることはなかった。何よりも、官妓は非公式な宴会や守庁のためにも必要であった。北辺六鎮の軍士のために官妓を派遣したのは世宗であるが、その後それが列邑に拡大すると、またその廃止論が出てきた。世宗がその賛否を下問すると、政府大臣のほとんどはそれに賛成した。ところが、礼制と法典編纂に功績があった許稠《ホジョ》という堅物の大物官僚が、「男女(の色事)は人の大欲であって禁ずべきものではない。州邑の娼妓は皆公有のもので無くしても構わないが、もしこれを禁ずれば、若い使臣や朝官は皆民家の女子を犯す不義を行うようになるであろう」と述べたことによって、沙汰止みになったという(成俔《ソンヒョン》『慵斎叢話』巻九)。名君らしからぬ世宗の迷走振りである。

こうして女楽は燕山君代に至って淫欲的に消費され、隆盛を迎える。次の中宗代に女楽はもう一度男楽に替わったが、壬辰倭乱後の光海君《クァンヘグン》(一六〇八〜二三)代にはまた復活した。その後も女楽廃止の議論が執拗になされ、ついに仁祖《インジョ》(一六二三〜四九)代になって女楽は廃されるに至る(李能和「朝鮮官妓の起源」『朝鮮』一八〇、一九三〇)。

しかし官妓制度自体がなくなったわけではない。薬房妓生と尚房妓生は存続し、その比重が高まった。世間では、妓生とは薬房妓生と尚房妓生のことだという思い込みさえ生まれた。掌楽院に専属する官妓はいなくなりはしたが、祭典や宴会行事の際には地方の官妓が呼び出され、身役として女楽を務めた。また、官妓の民間での妓業が許されるようになったのはこの時期からで、以後妓房が漢城の各所に設けられていった。官から命があれば、ただちに掌楽院の監督下で女楽の役を担ったのはもちろんのことである。こうして官妓は旧韓末まで存在し続けることになる。その間、官員の官妓遊びには甚だしいものがあり、公私混同の極みが続いた。李能和はこのことについて多くの事例を挙げ、次のように述べている(前掲『朝鮮解語花史』)。

李朝以来、一般の朝官は太平に慣れ、遊逸に安んじ、公宴や私事で妓と楽しまないことがなかった。舎人の官(議政府の高級官僚)は妓を連れて風流を楽しみ、宿直の郎官(六曹の下級官僚)は妓を連れて光化門《クァンファムン》外で宴会し、年老いた宰相は掌楽院内で妓と宴会し、礼曹の堂郎(高中級官僚)はみな京妓を私し、楽院の官吏は江のほとりに妓を誘った。

にわかには信じ難い官僚天国のような状態だが、これは中央官僚に止まるものではなかった。八道の監営には四〇〇～五〇〇名ほどの妓生がいたが、観察使が着任するときには、彼女たちは化粧と盛装をして道左(東側)に整列して歓迎した。特に名高い平壌妓生を抱える平安監営の場合は盛大であった。このことは規模こそ違えど、各邑で守令が着任するときも同様であった。また、一人の官妓をめぐって互いに侮辱し合いながら争う官僚もいた。英祖(一七二四～七六)代には中央、地方を問わず、国禁を犯して官妓を妾とし、同居する官僚が増えて問題化した。「贖婢代口」の措置も取らずに勝手に自邸に連れ込んで同棲したのであろう。特に監営の官僚の間で多かったようだが、英祖は官妓を元の部署に戻すことを厳命した。

このような官僚の習いは一般儒生にも伝播し、郷校に学ぶ儒生の中にさえ、妓生を文廟(聖人や儒賢を祀った祠堂)に連れ込んで風流を楽しむ不届き者がいた。官妓を弄ぶ風は高潔な学者官僚の中にさえいた。士たる者の資格を論じて『両班伝』で両班を揶揄した朴趾源《パクチウォン》は、慶尚道の小さな県の守令であった頃、妻を失って傷心状態にあった弟子の朴斉家《パクチェガ》が訪ねて来ると、一三歳（満一二歳）の童妓をあてがおうとした（㊮安大会）。さすがに朴斉家は気乗りがせず断ったのだが、人間味溢れる朴趾源にして時代的拘束は免れず、今日的視点からするとその女性観は相当に歪んでいた。

官僚が官婢を妓生に育て上げ、いわば官費によってその妓生と女色にふけるというのは、どう考えても朱子学においては本来許すべからざることである。女性に貞節を求める一方で、貞節ではない女性を欲して官営で公式的に再生産したのは、朝鮮儒教社会の大きな矛盾である。こうした在り方は近世日本における公許私営の遊郭制度とはおよそ違っているばかりか、そもそも女楽・官妓制度を真似た中国のそれとも違っている。中国では、公的な娼妓制度は春秋時代の斉国で桓公の時代に設けられたのが最初で、女楽は隋唐代に設けられた教坊楽舞制度が嚆矢とされる。妓女には宮妓・官妓・営妓（軍営所属の妓女）・家妓（権勢家所有の妓女）・私妓（私娼）などの別があったが、前三者が朝鮮の官妓に相当する。しかし、官妓などの公的妓女が盛行したのは唐代までで、道学＝宋学が行われるようになる宋代からは漸減し、明代には官吏が官妓と遊ぶのが厳禁された。代わって私妓が盛行するようになるが、官妓の方は清代になると禁止化の方向に向かい、ついに一八世紀前半、雍正帝（一七二二〜三五）の時に発せられた賤民解放令によって廃された。ところが、朝鮮はこれに倣うことはなかったのである。官妓制度を維持し続けたことは、リゴリズムを追求したはずの朝鮮朱子学の歴史的な一大汚点である。

妓生の格式

こうした中、真に民本主義を追求しようとした丁若鏞はさすが違っていた。なかなかに厳しく、路上で売春する者は行娼であり、妓生と遊びほうける官吏は処罰すべきであり、退妓や優婆(寺堂)、酒幕の娼女がこっそり客を取って淫事をなす場合も、窩主(盗賊や博徒の元締)のように処罰せよと言っている(『牧民心書』「刑典六条」禁暴)。また、官婢には妓生と婢子とがいるが、妓生は貧しく哀れではあっても、助ける必要はないという。助けるべきは水仕事や炊事に携わり、働きづめで容貌も醜くなる婢子の方で、守令はこれに同情し衣服や穀物を支給しなければならないと述べている(同上「吏典六条」馭衆)。朱子学に背馳する妓生という存在が、朝鮮社会の家父長的な論理が生み出した非道な愛玩物であるという認識がなお欠けているようにみえるが、当時としては真っ当な賤民観であった。

しかし不思議なことに、妓生は賤民でありながら、脱賤民化していくような錯覚を覚える存在になっていく。着飾ってそれなりに教養もある妓生は、官婢でありながら風雅も兼ね備え、徐々にその地位と格式が高まっていったのである。妓房を構えて妓業もできる妓生は、自由度も高かった。その結果、板輿《いたごし》に乗り眼鏡をかけて外出するような妓生が現れ出す。眼鏡は一八世紀初から使われていたようだが、シャルル・ダレによれば、一八四〇年頃から両班の間で流行するようになったという。眼鏡は上層階級や知識人であることを示す象徴的なツールであった。妓生のプライドが高まった証である。

しかし、そうなると妓生の間に階層格差が生じるのは不可避となった。次第に官妓と娼妓に分化し、その区別も外形的には付かなくなっていく。大院君の時代には、娼妓も官妓に倣って板輿に乗って眼鏡をかけるようになっていた。そこで、大院君は官妓と娼妓の名分が一致しないことを嫌い、娼妓が板輿に乗ったり眼鏡をかけたりすることを禁じた。また、妓夫についてては妓夫資格のある身分の中で、より賤職の政院使令と禁府羅卒がなるのを禁じ、両者は娼妓の妓夫にしかなれないようにした。そして、富豪の士が妓生を帯同して郊外で遊ぶのを「士の名を汚すものだ」として捕らえ獄に入れた(朴齊炯《パクチェヒョン》『近世朝鮮政鑑』)。

大院君自身は決して妓生を排除したわけではなかった。むしろ妓生をこよなく愛し、自邸に輪番で美麗な官妓を呼んでいたほどである。大院君は朝鮮には三つの大弊があるとし、湖西(忠清道)の士族と全州の吏族に並んで関西(平安道)の妓生=平壌妓生をあげた(黄玹《ファンヒョン》『梅泉野録』)が、いずれも傲慢で御しがたいという意味である。大院君でも、最も美しく気品があって教養もある平壌妓生だけは意の通りにならなかったらしい。「売唱はしても売淫はしない」というのは、妓生が語り継いできた言葉であり、官妓はいつしか気が添わなければ、官員が命じる守庁さえ拒否する存在になっていたのである。

本来なら官妓は一八〇一年、公奴婢解放の際に、解放されるのが筋であったが、解放されなかった。しかし、もとより公奴婢は売買の対象にならなかったし、解放されなかった奴婢であっても、一般には自由度は増していった。官妓であれば、より一層のことであったであろう。官妓と娼妓の区別を厳格にしたという大院君の措置は、こうした妓生の誇りある姿勢を反映したものであったように思われる。

とはいえ官妓は、出世して妓生の最高位である行首妓生になったり、両班の妾になったりすることができたにせよ、それは一部の者にすぎない。官妓の定年は満五〇歳であり、その歳になると晴れて自由になりはしたが、その多くは華やかな生活とは無縁になる。ほとんどの官妓は一般民の妻になるか、王婆(媒酌人)になるか、酒屋を開くかした(前掲『朝鮮解語花史』)。あるいは自分の娘や養女を妓生とし、その収入を当てにして隠居する者もいたが、もはや華やかな生活は今は昔となる。それでも妓生は、貧窮化した一般民衆よりはましな生活を送れた。良人でも妓生になりたがる者がいた所以である。

2 女性と婚姻

婚姻の風俗

儒教国家の朝鮮では、継嗣を作ることは最大の孝道であることから、前漢の官僚王吉が言った「夫婦は人倫の大綱である」(『小学』嘉言)という言葉が重んじられ、一般に「人倫は婚姻に始まる」とされた。そのため、婚姻は国家的な支援対象であった。『経国大典』(「礼典」恵恤)には、「士族の女《むすめ》で三〇近くになっても貧困のために嫁ぐことができない者がいれば、本曹(礼曹)は上奏して資金を支援する」とある。のちにこれは男子や一般民人にも拡大されたようで、守令たる者は責任をもって士族庶人の区別なく調査して実行すべきこととされた(前掲「牧民大方」)。しかし、朝鮮時代に自由恋愛などあろうはずがなく、韓流時代劇や『春香歌』に見るような、ロマンティックな恋愛や結婚などそうあるものではなかった。結婚相手は、家格や地位によって親同士が決めた。良人の場合は、財産があれば両班と結婚することもできたし、財産がなければ奴婢や賤民と結婚することもあった。

そもそも家父長的な朝鮮社会にあって、男性からすれば妻や娘は一種の所有物で、賤民のように扱われる側面があった。何しろ朝鮮では、女性は名前さえ満足に付けられなかった。女性の名は、十中八九「順」字をベースに生年の干支や宝字、徳性字などと組み合わせて付けられたという(李能和『朝鮮女俗考』一九二六)。「甲順」「乙順」「金順」「銀順」「吉順」「福順」「貞順」「孝順」などの類である。だが、家庭では単に「阿只《アギ》」(幼児の意)とか、「大きい娘」「小さい娘」などと呼ばれた。

結婚すると、夫の姓を付けて金室、李室とか、あるいは金書房《ソバン》（官職のない既婚男性）室、李書房室などと呼ばれた。夫も妻の名を言わず、「ヨボ」（女甫）と言った。これは、今日では夫婦間どちらに対しても使われるが、本来は夫から妻に対して「こちらを見よ」という意味で使った。「タンシン」（当身）も今日、夫婦間どちらに対しても使われるが、こちらの方は、本来尊敬する人に対する敬称であり、妻から夫に対して使われたものであろう。女甫と当身ではあまりに非対称である。戸籍には、両班は「～妻某氏」、庶孼と良人は「～妻某召史《ソサ》」と記された。やはり名前は書かれず実家の姓氏を名乗るだけである。召史は吏読《イドゥ》（漢字の音訓を借りた表記法）ではチョイとも読み、良人の妻や寡婦を意味する。女性の名前は史料にもほとんど現れない。女性は固有の人格を認められず、何かに付属した人格があるだけであった。

朝鮮時代、女性の地位は、時代が下っていくにつれて低くなっていった。婚姻の形式は、高麗時代には夫が妻の実家で式を挙げ、子女が生まれるまでそこで生活する男帰女家婚が一般的であった。母系制社会の名残である。新郎が新婦の実家に出向き、自宅に連れて来て婚姻の儀を行う、『文公家礼』にある親迎とはまるで違う。儒教化を推進する政府は親迎を奨励したが、官僚や士族層にあっても親迎は容易に一般化せず、民衆世界ではなおさらであった。やがて新婦の実家で式を挙げ、二～三日後に新郎の家に連れてくるという半親迎が行われるようになったが、親迎が一般化するのは朝鮮後期になってからのことである。

女性の地位低下は、祖先祭祀の主宰権を剝奪された過程にも表れている。高麗時代には祖先祭祀は、兄弟姉妹が寺院において交代で主宰する輪回奉祀で行われてきたが、朝鮮時代になると寺院での祭祀が禁止され、各家々で行われるようになった。しかし朝鮮前期においては、財産は兄弟姉妹が均分に相続するのが原則であったため、祭祀は依然として輪回奉祀で行われた。これが否定されるようになるのは、子女均分相続が長子相続に変わっていく一七世紀になってからのことである。もとより女性は『文公家礼』通りの儒教式に無頓着であったが、祭祀では女性は供物を準備して提供するだけで、衣冠を正して儒礼を行うのは男性だけとなる。女性の地位低下は儒教化の進展と軌を一にしていた。

儒教と女性

儒教では女性は人に従うものとされ、「嫁ぐ前は父に従い、嫁いでからは夫に従い、夫が死してからは子に従う」という「三従の義(道)」(『儀礼』喪服)が説かれたが、「七去」というのも結婚後の女性を拘束した(『大戴礼記』本命)。「父母に従わず、子を産めず、淫行し、人を妬み、悪疾があり、多言癖があり、窃盗癖がある」妻は離縁されても仕方がないという離婚要件である。しかし「七去」には、「帰るところがない、舅姑《きゅうこ》の喪を果たしている、貧賤だったときに娶り今は富貴である」などの場合は離縁できないとする「三不去」の留保条件が付随している。実質的には離婚はなかなかに難しいものであった。

そもそも「人倫は婚姻に始まる」と考える朝鮮には離婚に関する法律が存在しなかった。ただ庶民には、日本の三行半《みくだりはん》のような簡単な離婚慣行がなかったわけではない。夫婦が対面して決別の言葉を述べて離別する「事情罷議」と、夫婦が互いの上着を切ってそれを相手にあげ離婚の証とする「割給休書」なるものがあった。あるいは、離縁せずに相手を無視する「疎薄《ソバク》」というものがあった。生きながらにして死別したに等しいものである。夫が妻を無視するのは外疎薄、妻が夫を無視するのは内疎薄と言った(前掲『朝鮮女俗考』)。

しかし、普通の夫婦生活というのも味気なく、疎薄に近いものがあった。内外法によって、特に両班の場合には夫婦は日常的に隔たった空間で生活することが一般化していた。夫は舎廊《サラン》房《バン》(客間を兼ねた書斎)、妻は内房《ネバン》(閨房、アンバン)で起居し、夫は性生活をする時のみ夜半から夜明けにかけて内房に入った。内房は女性だけの空間で、男性は入ることができなかった。夫の友人が訪ねて来ても、妻は顔を見せてはいけないので、下女を介して会話するか、第三者であるかのように装って声だけで応対した。そのため友人であっても生涯その妻の顔を知らないということもあり得た。「七年にして、男女席を同じゅうせず、食を共にせず」(『礼記』内則)という規範があることから、成長すれば息子と娘はともに遊ぶことも食事を摂ることもなかった。それは夫婦でも同じで、夫は妻に外向きの話をせず、まともな話し相手としないのが普通であった。女性は社会でも家庭でも疎遠にされる習いであった。

このように内房は不可侵であり、官憲も近づけない。そして、女性は夫の許可なく外出することはできず、外出の際には、両班なら昼は外を見えないようにした屋轎《オッキョ》に乗り、夜なら頭巾や衣服で顔を覆った。乗馬の際も同様である。良人の妻であっても長衣で顔を覆う者がいた。また、文字を学べば女性の道である閨範(閨房の規範)を踏み外すと考えられ、学問などしてはならないとされた。さらに朝鮮は公式には一夫一婦制だが、男性が妾を持つことは合法であった。しかし、多くの両班女性はそうしたことを内面化し、夫に対して誠実に従順に仕えた。

女性は夫の暴力にも苦しめられた。士大夫たる両班は暴力を振るうことがそう簡単にできなかったが、庶民の場合は少なくなかった。時に殺害にまで至ってしまうこともあったが、ほとんどの場合、故意性が認められないとして死刑が避けられた。また、子を産めない女性は七去の対象であるので、暴力と同じくらい女性を苦しめたことは想像に難くない。そのような場合、両班や富豪の家ではひそかに、代理出産婦であるシバジを雇うことがあった。男児の出産が望まれたが、もし女児が誕生した場合には、それなりの代価を払ってシバジに育てさせた。儒教社会というのは、女性にとって実に生きづらいストレスに満ちあふれた社会であった。

働く女性

しかし、閨房の奥に閉じ込められるというのは両班社会でのことである。庶民は、妻が働かなければ、生活が成り立たない。李能和は「我が朝鮮は古来、女子が力役に勤しむのは男子に引けを取らない。朝鮮で作られる繭《まゆ》糸及び絹・麻・苧《からむし》・綿などの布は、一つとして女子の手に依らないものはない。市井の商売や田畑の野良仕事は婦女子の助力が大半

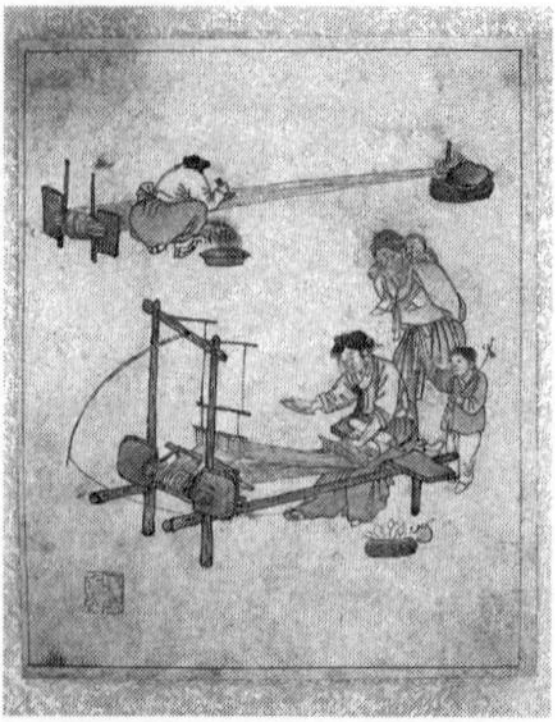
働く女性．金弘道画

を占め、衣装の裁縫と飲食の準備もまた、女子が携わらないものはない」と述べている。また「およそ米・麦・黍《きび》・稷《あわ》などの脱穀は、婦女がしないものはない。朝は炊飯して弁当を作って田畑に運び、昼は麦を陽に当てながら脱穀し、日々仕事に明け暮れ、少しも休む暇がない」とも言っている（前掲『朝鮮女俗考』）。ただ野良仕事については、女性はもっぱら畑作の方しかやらず、稲作は基本的に男性の仕事であった。

とはいえ、女性が「少しも休む暇がない」というのはまさにその通りであった。女性は外での労働を行った上に、家事全般を行ったのだから、その労働量は大変なものになった。このことは多くの外国人も指摘しており、ダレは、男たちは冬の農閑期は休み、薪取り程度の仕事をするだけで、あとは煙草を吸いながら親戚や友人を訪ね歩くが、「女たちは決して休むことがなく、事実上奴隷のように働きづめである」と述べている。男性がどれほど勤倹だろうが、家内労働をほとんど行わなかった分、女性の勤倹には及ばなかった。

わけても洗濯は辛く、その労働量も多大であった。川まで行って洗うのだが、冬は手がちぎれそうになるような冷たさである。しかも、「白衣の民族」と言われるだけに朝鮮人の服装はいつもほとんど白地である。すぐに汚れるから洗濯は頻繁に行わなければならない。植民地期には総督府は女性労働を稲作にも向かわせようとして色服を奨励し、一九三〇年代の農村振興運動期には路上で強制的に白衣を着ている者に墨付けをやったほどである。

ちなみに、機織りについては両班家の女性でも行う者が少なくなかった。織布は両班家でも重要な収入源であり、肉体労働をやらない夫と好対照をなしている。

早婚の悲劇

女性にとって結婚生活は、家族団欒の幸福感に浸れるようなものではなかった。わけても無視できないのは早婚の弊である。国法では結婚年齢は男子一五歳、女子一四歳と定められていた(『経国大典』「礼典」婚嫁)が、一向に守られなかった。いつ死ぬかも知れない祖父母や父母が望むからである。

崔在錫の調査によれば、良人では夫が年長である場合がほとんどであり、普通の両班でも夫年長型が過半を占めていたが、上層両班の場合は妻年長型が過半であった。妻年長型が圧倒していたわけではないが、妻年長型が上層階層に目立っていたのは明らかである(㊂崔在錫)。韓国併合後の調査だが、一九一二年段階で、二〇歳未満で結婚する男女比は、男子四二・六%、女子五〇・四%となっている。女子の場合はこの内、一五歳未満が一七・二%である(善生永助『朝鮮の人口現象』一九二七)。早婚問題は、男子が幼いというだけではなく、女子が幼すぎるという場合もあった。

男性が年少であった場合の悲劇は、いろいろ伝えられている。今村鞆が直接本人に会って採取した身上譚は興味深い（『歴史民俗朝鮮漫談』一九三〇）。一七歳で富豪の七歳の息子に嫁いだ女性の話である。新婚生活というのはまるで「腕白盛りのぼっちゃんの保姆《ほぼ》」であり、堪えきれずに実家に戻り、さらに家出した。そして、どんな男でもよい、最初に出逢った男の妻にしてもらおうと思ったところが、道の向こうから最初に声をかけてきたのは、何と妻を探しに来た、「おばさん」と呼びかける夫であった。どうすることもできない運命とあきらめがつき、結局は男子をもうけ、今日まで幸せに暮らしているという話である。

これは、結局はうまくいった女性の話である。幼い夫に嫁いだ女性の場合、夫が成人するまで生活的にも生理的にも辛苦が絶えなかったのに、いざ夫が成人すると、歳の離れた妻を嫌って妾を寵愛し、生涯不幸な人生を送らざるを得ないというのがありふれた話である。一方、女性が初潮を迎えてすぐに結婚させられた場合には、売られたようなものであり、三〇歳以上の男と結婚することもまれではなかった。そうなると性行為は強姦のようなものであり、そうした女性にはトラウマが長く残ったことであろう。

こうした事情から、夫殺しが生じるのも必然的なことであったが、それが「本夫殺人」として社会問題になるのは植民地期に入ってからである。日本人精神医学者や総督府だけではなく、朝鮮知識人やメディアも盛んに喧伝した。特に京城婦人病院長工藤武城の研究は説得力を持った(「朝鮮特有犯罪の医学観」『朝鮮』三-一、一九二九)。一九二四年の調査では日本における女性殺人犯は六四人であるのに対して朝鮮の女性殺人犯は六六人であったが、朝鮮は人口が日本の三分の一である。しかも朝鮮の女性殺人犯の六三%は夫殺しであった。工藤は夫殺しの主たる要因を早婚に帰しているが、植民地化による絶対的貧窮化や社会的ストレスの蓄積がもたらしたであろう家庭内暴力の増幅という問題を度外視している。しかも、犯罪の絶対数が極端に少なく、この問題をことさらに喧伝するのは、ある種の日本的なオリエンタリズム(蔑視的な東洋趣味)を思わせる。だが工藤は台湾とも比較しており、台湾では女性殺人犯自体が何とわずか一人であった。台湾の人口は朝鮮の四分の一ではあるが、この差は大きい。植民地化以前の夫殺しの統計がないため、植民地化以後との比較ができないのが残念だが、伝統的な早婚の弊習と夫殺しの相関性を完全に否定することはできないであろう。植民地主義が早婚の問題をより深刻にさせたということを考慮する必要があるにせよ、伝統的な早婚慣習がどれほど女性を苦しめたのかを考えないではいられない。

女性の再婚

もとより男性の再婚は問題なかったが、女性の再婚は、少なくとも両班社会では許されなかった。そのことは、『経国大典』(「吏典」京官職)に「失行の婦女と再嫁した女子が産んだ子は、東西の班職に叙任してはならない」と規定されたことによって決定的となった。「再嫁女」はそのことによって法的に罰せられるわけではないが、その息子は科挙に応試することができなくなるからである。以来、両班家では寡婦に対する一族の監視が厳しくなり、閨房からの外出が難しくなった。それは実家に戻ろうが、夫家にそのまま残ろうが同じであり、幼妻が婚姻後すぐに夫に死なれた場合であっても変わらない。

これは、宋学の先駆者の一人である程頤《ていい》が、女性の再婚に反対していたというのが理由だとされている。しかし、程頤も朱子も必ずしも原則論的に反対していたわけではなく、朱子の場合は、女性の再婚は好ましくはないが、聖人であっても禁ずることができないという立場であった(㊜佐々木愛)。朝鮮は朱子学を曲解したのである。中国でも程頤の言を誤解し、女性の再婚を好ましく思わなかったのは同じだが、しかし朝鮮ほど厳格に忌避されていたわけではなく、「再嫁女」や「失行婦女」の子が科挙に応試できないということもなかった。

死んだ夫への貞操の証として自殺する寡婦が現れると、烈女として国家的旌表の対象になった。両班寡婦だけでなく、良人・賤人の寡婦もいたが、後者は時代が下るごとに減少し、一九世紀にはほとんどいなくなる(㊜朴珠)。遺族にはそれぞれの身分に応じて贈職・免税・免賤などの褒賞が与えられ、旌閭門や烈女碑が建てられることもあり、邑誌(地方誌)でも顕彰された。寡婦殉死はインドのサティーに似ているが、実際にはこれもサティーと同じく、夫への愛ゆえの純粋な殉死などほとんどなかった。一族の監視と疑惑の対象になる寡婦の苦悶は計り知れない。時にあらぬ噂が立てられることもあり、良人・賤人の場合は過酷な生活苦の問題もある。

それならばと死を選ぶ寡婦が少なからずいたということである。

実は世間ではその死を冤死と考え、冤鬼となって祟るのではないかと恐れたのだが、守令や観察使が死んだ場合にはそのことが疑われた。それゆえ、不測の事態への憂慮からその冤鬼の祟りを鎮めるため、地方官と地方民が協力して烈女旌門を建てることが多く行われた(前掲『朝鮮風俗集』)。だが実際には、両班寡婦であっても妾となって生きていく者が少なくなかった。

良人・賤人寡婦は、原則上再婚は問題なかった。良人や賤人の寡婦はもとより妾となる者が少なくなかったが、褓負商のような貧困男性の妻になる者も多かった。その場合、寡婦の親族と独身の貧困男性とが共謀して略奪婚を装う民俗慣行があった。ある時寡婦を連れ出して一夜をともにし、既成事実を作ってから婚姻するという手法である(前掲『朝鮮女俗考』)。事後、親族は村中に騒ぎ立てて体面を保とうとするのだが、往々にして村人たちは皆事情を知っていてクスクスと笑うばかりで、官でもこれを不問に付した。

また夫に捨てられた疎薄女の場合は、望みさえすれば外に飛び出して最初に出会った男性の妻か妾になることができた。「捨妾《スプチョプ》」と呼ばれる民俗慣行である。行き場のない疎薄女は、自らの運命を見も知らぬ男性に預けるしかなかったのだが、両班などの富者に保護されるのは稀で、多くはやはり貧困独身者の妻となった。今村が採取した前述の女性の身上譚はこの慣行にまつわるものである。

3　女性の自由と宗教

大らかな女性たち

朝鮮女性の生はあまりに束縛、労苦多いものであった。しかしであればこそ、自由への欲求も高まろうというものである。両班女性の場合は、それはまず知への欲求として表れた。一五世紀におけるハングルの誕生はそれを後押しした。ハングルに翻訳した教本が出版されたが、『三綱行実図』はその代表的なものである。また、一七世紀清代で儒教の四書に倣って作られた女訓書『女四書』が翻訳されて普及した。それらは女性にとって息苦しい倫理書でしかなかったが、文字を読める喜びは閨房生活に潤いを与えたであろう。歴史書や詩文集なども翻訳されている。同時に文字を書ける喜びもひとしおで、日記を書いたり手紙を出したりする女性もいた。しかもハングル小説も普及し、一〇〇〇種類以上のものがあった(前掲『朝鮮女俗考』)。漢城には貰冊家《セチェッカ》という貸本屋があり、良人女性も読んだ。

とはいえ、閨房生活は寂しいもので、外出への欲求は抑えがたい。閨範を内面化した両班女性が多くいたのは間違いないが、ひそかに自由を得ようとする女性も少なくなかった。内房は男子入るべからざる領域である以上、そこでのことを夫は知るよしもなかったが、女性が内房を相互訪問することは許されていた。時に夫や親族に隠れて外出を楽しむ妻たちがいたのもうなずける。女性たちは王の行幸や中国使臣の来京行列などをひそかに観覧したし、広大や才人の興行があれば見物にも行った。山遊びや温泉にも行き、酒も嗜んだ。様々な口実で夫に外出許可をもらったのだろうが、一年中閨房に閉じ込めるということ自体が不健康で、まるで牢囚である。夫も寛大に処してこそ夫婦円満に事が運ぼうというもので、人情においても妻の自由をある程度は黙認せざるを得なかった。

李能和は子どもだった一八八〇年頃、漢城の鍾路《チョンノ》で国王の行幸を観覧している。その場にはきれいな衣装を着て化粧をした両班の婦女子や妾婦たちが轎に乗ってやって来て、戸締まりした店の前に用意された席に飲食物を広げて座り、その前を不良少年や浮浪遊蕩の輩がその女性たちを品定めをするかのようににじろじろ眺めながら行ったり来たりしていたのを記憶している（同上）。両班女性の外出は危険が伴うものであったが、彼女たちはお構いなしであったようだ。その頃のことについて菊池謙譲は、「貴族の婦人」は幽囚された尼に似ているが、「一旦監督を逸せば、淫醜私行至らざるはなし。其の厳格なる状態を見て直ちに朝鮮婦人の清白を証せんとするは愚の至なり」（前掲『朝鮮王国』）と述べている。大陸浪人の本間九介も、許されている女性同士の相互訪問を利用して、女装した奸夫が内房を訪ねて「姦淫」するのが、「近時京城の紳士間に行はるゝ悪風」（前掲『朝鮮雑記』）だと言っている。これもオリエンタリズム的な記述で誇張されているのは間違いないが、無視するわけにもいかない。

何しろ漢城は不思議な都市であった。城門は鍾路の普信閣の鐘を合図に夜明け前（三時頃）に開けられ（罷漏）、夕刻過ぎ（八時頃）に閉ざされた（人定）が、いつしか昼は男性だけの通行を許し、夜は公務や救急、葬礼などのほかは女性だけの通行を許すようになった。そのことに驚きを示す外国人の記録は少なくない。実際は李能和の回顧から分かるように、白昼国王の行列を男女ともに観覧しているのだから、それはあくまでも原則にすぎない。しかし漢城の夜は、女性が安全に歩けたにせよ、一面ではある種の淫靡さを漂わせる空間でもあった。

菊池や本間が言っていることは、良人や奴婢の場合はなおさらである。奴婢の場合は亡夫のために葬儀を立派に行う婢もいたが、上典の意のままに結婚させられた率居奴婢などは、夫婦の同居も自由ではなかったために姦通率が高かったようだ。上典や不良輩に強姦されることもままあったであろう。良人の場合は、先に述べたように夫の暴力という現実があった。しかし、意外に妻の方が夫より強いということも指摘されている。菊池は、「男逸して婦人は労す。常民一家の生活を為すもの婦人の力にあり。故に常民の婦人は権力あり、実勢あり、男には婦人の悪行不親切に対して腕力を以て制するの権能なし」（前掲『朝鮮王国』）と述べている。朝鮮女性のたくましさが彷彿とさせられる。「韓国には男女夫婦の喧嘩多し。而してその喧嘩には男が女に負くるを常とす。女の権強きが如し」（前掲「朝鮮事情傍聴筆記」）という観察もある。暴力を振るう男が無視できないほどに多くいたのは事実だろうが、過大視することもできない。実際、女性の逞しさはその服装にも表れていた。民衆世界では丈の短いチョゴリ(上着)を着て乳房をさらして出歩く女性がよく見かけられた。男児を産んだ女性が自慢げにする風俗だという説があるが、年の行った女性の絵や写真が少なからず残されている。エロティシズムを醸し出しているようなものでもない。姿格好など構う余裕なく生活主義に徹した底辺的女性の姿だとみるのが自然であろう。と同時にそうした振る舞いは、儒教が全く内面化されていないどころか、当人の意図に関わりなくそれへの反抗とも捉えられかねない行為である。猥褻の罪で拘束されることもなかった。そもそもそうした底辺女性は教化の対象にさえされていなかったということである。

また、儒教国家だから朝鮮の女性は貞操観念が強かったというのも、少なくとも庶民レベルでは必ずしも妥当しない。ダレは、「朝鮮人は、男女とも、生まれつき非常に熱情的で」「貧しい人びと、すなわち人口の半分がしばしば貞操観念を忘れる」ような状態に置かれているとさえ述べている。割と大らかな性倫理観を持っていたことも否定し得ないのではないであろうか。既述したように老若男女が観る仮面劇などはずいぶんと卑猥である。

植民地期に言論人・朝鮮学者として活躍した文一平《ムンイルピョン》は、「姦通の弊」がなくならないのは、内部からわき出る愛の泉を儒教的論理で外部から押さえようとするからであり、表面的には儒教の礼節が守られているように見えても、その実は「男女間の淫奔・姦通・嫉殺」はなくならないと指摘している(「朝鮮女性の社会的地位」『湖岸全集』第二巻)。同様のことは中国の女性革命家何震《かしん》も言っている。すなわち、女性を幽閉する目的は淫乱を防止することにあったのに、事態は「逆にすべての女性の心に淫乱の念を抱かせ、名は禁淫だが実は淫を教えることになった」と述べている(「女性解放問題」『原典中国近代思想史』三、岩波書店、一九七七)。儒教国家では、政治社会的には確かに儒教へゲモニーが浸透していたが、しかしそうであるがゆえに、かえって民衆の生活文化は反儒教的になるという逆説も生じさせていたのである。

アジールとしての寺院

「三従の義」を内面化して儒教規範に従順であるかに見えて、女性たちが精神的な平安を求めたのは仏教であった。王の寵愛をめぐる諸妃との確執や世嗣問題などで心痛が絶えない王妃たちにとって、仏教は大きな心の慰めであった。また、両班女性にとっても庶民女性にとっても仏教は様々な願いをかなえてくれる宗教であり、静寂に満ちた山の中にある寺院は心に平安を与えた。

そして男子の出産を義務づけられた女性にとって、寺院は祈子信仰の霊場でもあった。祈子がかなうという有名な寺院は全国各地にあり、彼女たちはそこにある祈子仏に熱心に祈りを捧げた。あるいは寺院に付属している、仏教と習合した道教的な山神閣や七星閣に祈ったり、異形の岩石が祈子をかなえてくれる神だと言われれば、僧侶の読経に合わせて祈願した。儒教的論理で男子を産むことを義務づけられている女性たちが、かえって仏教や道教にすがるというのは、何とも皮肉な現象である。

他方、寺院は遊楽の場であり、醜聞の場でもあった。女性たちは毎年の節祭以外にもしばしば寺院に赴いたが、山遊びというのはそれとセットになる散策であった。寺院は破戒僧との隠微な出会いの場でもあったし、時に私生児の捨て場にもなった。とりわけ朝鮮前期には、そうした女性の山寺詣を批判する議論がたびたび持ち上がって問題となった。『経国大典』(「刑典」禁制)では、明確に儒生や婦女が寺に行くのを禁じている。しかし仏教弾圧が深刻さを増す朝鮮後期になっても、女性の山寺詣は一向に止まなかった。したがって、寺院参拝を禁じようとする上疏が朝鮮時代一貫してあったが、国王はいかにしてもそれを禁じることができなかったし、実際にはあえて強く禁止しようともしなかった。しかも、男子禁制のはずの内房は、僧侶だけは出入が許されていた。また、もとより庶民が寺院に行くのは勝手自由であった。李能和は寺院参詣を禁じた「朝家の禁令は空言にすぎない」と断言している(前掲『朝鮮女俗考』)。

以上を要するに、仏教はヘゲモニー教学である陽の儒教の裏面にあって陰としてあり続けたが、寺院は女性たちにとってアジール的な場所であったと言える。寺院は女性の避難所としてあり、そうであればこそ、女性は息苦しい儒教的規範に自らを準則させることができた。それさえも徹底否定したならば、ヘゲモニー教学である儒教は、かえって女性の反発を招き、その覇権さえ安定しなくなる。国王や両班たちはそのことをよく心得ていたのである。

山に行かずに村の中で行われる巫俗は、仏教以上に女性の精神的拠り所であったかも知れない。女性は多く仏教徒であると同時に、熱心な巫俗信者でもあった。

異形の岩石に祈子を行うのは、仏教だけではなく巫俗でも同じで、その場合は男覡《パクス》が巫俗式の読経を行った。

女性宗教としての巫俗

巫俗の祭りは、家々では家祭として行われた。例祭のように定期的に行われるものと、妊娠・出産・婚姻・還暦・疾病・死亡などの時に臨時に行われるものがあった。ただ家祭の主宰者はその家の主婦であって、主婦が巫の役割を担った。もちろん神憑りをするようなことはないが、ムーダンの指導を仰ぎながら行うこともある。出産・長寿祈願などを行う七月七日の七星迎や、宅地と財運の神である大監神を祀る一〇月の大監祭などにはムーダンが呼ばれるが、後者の場合は家の繁栄が祈願されるために大層な賽銭が必要であった(㊟秋葉隆①)。

基本的に家祭に参加するのは女性だけで男性家族は参加しない。既述したように冠婚葬祭に関わる儒教的な家礼は、男性家長を祭主として男性家族成員がもっぱら行うものであった。女性は料理や給仕などで外形的に参加したにすぎない。それに対して主婦を祭主とする家祭は、女性家族成員が参加した。結婚式や葬儀などでは、儒教式とは別に女性だけが参加する巫式の祭礼が行われることもあった。男性は巫覡が主宰する別神祭や邑落祭には参加できても、儒教を柱とする家父長的論理は男性の巫俗家祭への参加を許さなかったのである。賽神行事は女性たちの社交の場であり、どこかの家でクッが行われれば喜んで出かけた。旧韓末にこの光景を観察した僧侶の鶴谷誠隆は、家々で行われるクッについて「婦女交際の具」だとして次のように述べている(前掲『朝鮮の宗教』)。

自己の親交ある婦女を招き、種々の食物を山の如くに供し、婦女其前に歌吹舞踏す。衆客歓んで之を観る。親交なきものと雖も、婦女は見物勝手なり。(中略)韓国の婦人外出遊散の途なきを以て、巫女の祈禱を一種の機会として相互に招きあひて歌舞を見、飲食を共にし交誼を親厚ならしむ。(中略)貧しき寡婦と雖も若し巫女祈禱会を行ひ、知己を招く能はざれば大なる恥辱とするものゝ如し。

巫俗もまた女性にとってアジール的な意味を持っていたことがよく分かる。一方、巫俗にのめり込む女性の深層心理も考えてみなければならないが、家父長的な儒教社会に対する女性の恨《ハン》がその根底にあるように思われる。巫俗はある意味では「情念の宗教」と言えるかも知れないが、生者に祟る死者の情念の本質は恨みである。抑圧されて死んだ者の無念の思いが晴らせぬがゆえの恨を巫俗によって解き鎮めようとしたのである。巫俗の意味と効能についてはすでに述べたが、恨と関連づけて今一度言うならば、巫俗とは死んでも消えない恨をムーダンのクッによって慰霊して解恨《ハンプリ》し、死後の世界に安らかに押し止めるとともに、その深い哀しみをともに分かち合うことによって、地上に生きる者の苦や禍を楽や福に変えようとする宗教である。

朝鮮文化の特徴をよく「恨の文化」と評することがあるが、それはこうした巫俗の伝統と無関係ではあるまい。慰安婦問題の基底にも、無念のうちに世を去り、いまだに解恨できずに鬼神となってさまよい続ける女性たちの深い哀しみが潜んでいるのかも知れない。今や巫俗を信じる者などほとんどいなくなったにせよ、その意識せざる情念の精神文化はそう容易く消えることはない。死してもなお解恨してあげることに強いこだわりを持つそうした韓国の精神文化について、日本社会はどれほど理解が及ぶであろうか。

閔妃と巫女真霊君

かつて国巫と星宿庁が置かれたにもかかわらず廃止され、久しく儒教国家から敵視された巫俗は、民間とりわけ女性の圧倒的な支持を受け、強靱に残存した。それどころか朝鮮末期に至って、聖俗両面に大きな力を持つムーダンが現れる。

壬午軍乱で忠清道忠州に逃げ延びた閔妃は不安と陰鬱のうちに過ごしていたが、近在に李召《イソ》史《サ》という寡婦がいた。避身先は閔妃の近親閔応植《ミンウンシク》の自邸であったが、そこに出入りしていたムーダンである。彼女は一介の農夫の妻であったが、弁舌に長け閔妃の憂鬱を解き、閔妃が還宮する時期を当てた。それが縁で閔妃は深く李召史を信頼し、宮廷に連れ帰った(菊池謙譲『近代朝鮮史』一九三七)。その後、彼女は宮中で閔妃の病を治すようになった。そして、閔妃が自分の言いなりになると、ついに自分は「関聖帝君の女《むすめ》」だと言い出した。朝鮮の関羽信仰は壬辰倭乱の際、明軍の将兵間で関帝が自軍を守護してくれていると信じ、漢城門外に小さな関帝廟を建てたことに由来する。以後巫俗信仰の重要な柱となっていたが、すでに南廟と東廟があった。しかし李召史の宣言によって、高宗と閔妃は新たに北廟を建立し、彼女をここに移居させて真霊君《チルリョングン》に封じた。高宗は妻の願いを聞き入れ、巫俗を保護したのである。

その結果、一〇〇年以上にもわたって都城内で禁止されていた賽神行事が復活する。漢城の南山には国巫堂とも、単に舞堂とも呼ばれた木覓神祠《モンミョク》があり、漢城鎮護の神が祀られていた。日清戦争の頃ここをしばしば訪れ、復活したクッを見学した菊池謙譲は、「両班の家族相拉して鳴謝し、舞女が感徹《ママ》せる説法は威保《ママ》あると悲痛なる音楽を奏じ、徼《ママ》烈なる荘厳なる供物を為し、端麗なる偶像の前に合掌稽首し、談機漸《よう》く進み、楽声興に入るや、彼等感徼《ママ》の情に堪えず、遂に感涙に咽《むせ》ぶもののあるを見る」（前掲『朝鮮王国』）と述べている。庶民だけでなく、両班も家族ともどもにクッに感激し、ムーダンの霊力に感謝の意を捧げたのである。

真霊君は全国八道の巫女を統率する長老であった。また、真霊君は政治的にも大きな権勢を誇った。化粧をして勇壮な服を着、宮中を自由に出入した真霊君は、閔妃から多くの褒賞を受け、人事にまで口を出した。その結果、「禍福はその一言にあり、守令や観察使は往々にしてその手によって選ばれ、宰相さえも恥知らずにもこの者に阿附し、姉上と呼ぶ者や義子になりたいと願う者が出てきた」（前掲『梅泉野録』）という。事実、無頼的な人物でありながら、のちに法部大臣や警務使などの要職を歴任した李裕寅《イユイン》は、真霊君と母子の関係を結んだことで出世を果たした人物として知られる。

なるほど真霊君は、本来平安を願うはずの巫俗を悪用した悪女だったかも知れない。しかし、都城の女性たちは巫俗の復活に歓喜の声を上げ、真霊君を深く尊崇した。まるで喜劇だが、虐げられてきた女性たちの声を無視するわけにはいかない。だが、女性史の復元はなかなかに難しい。男性中心の政治記録は女性の名を残すことに冷淡だからである。真霊君や彼女に熱狂した人々の記録は公式の年代記にはほとんど出てくることはなく、野史や日本人のルポルタージュなどにわずかに痕跡が残されているだけである。これだけ権勢を恣にした女性の「活躍」を正史である王朝史は抹殺したのである。

繰り返すが、朝鮮は決して儒教まみれの国ではない。家父長的な儒教は確かにヘゲモニー教学ではあったが、それが社会の隅々まで支配していたとみるのは上からの歴史観に過ぎる。賤民や女性たちなど、下からの歴史を構築する必要がある。また近年、政治と世相を騒がせた元大統領朴槿恵《パククネ》と宗教家の娘崔順実《チェスンシル》との関係は、閔妃と真霊君の関係を何か彷彿とさせるものがある。果たして歴史は繰り返されたのか。ただし二度目は、喜ぶ者が誰もいない悲劇であった。

第５章

民衆運動の政治文化

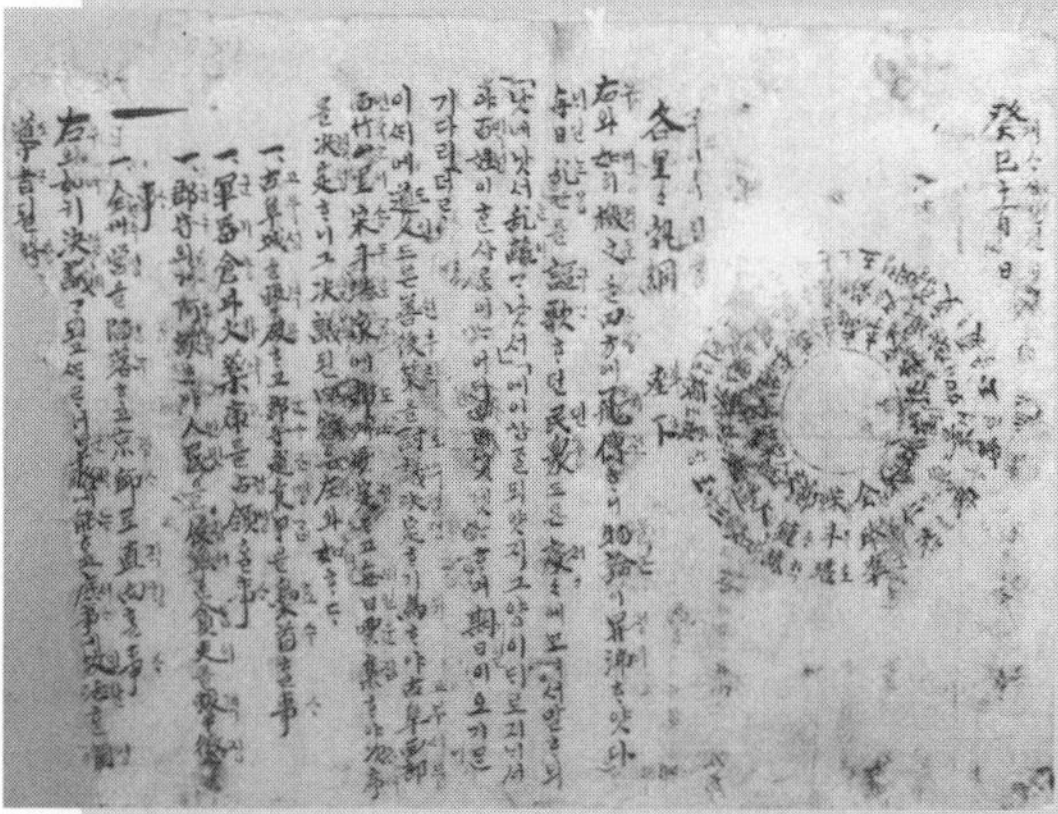

沙鉢通文，甲午農民戦争の序曲＝古阜蜂起の謀議を記した回状

1　不穏の時代

飢饉・疫病・変乱

朝鮮は建国以来、たびたび兵乱に遭っている。王朝中期までの謀叛では、李澄玉《イジンオク》の乱（一四五三）、李施愛《イシエ》の乱（一四六七）、鄭汝立《チョンヨリプ》の乱（一五八九）、李适《イグァル》の乱（一六二四）などが知られる。しかし、易姓革命的なものもあるにせよ、いずれも支配層内部での政争から起きた謀反であり、儒教ヘゲモニーの改変を図ろうとするものではなかった。民衆反乱としては、白丁出身の盗賊林巨正《イムコッチョン》が、数年にわたって政府に抗した義賊的反乱が有名だが、賤民や一般民が主役のこの反乱（一五五九～六二）は、まさに儒教ヘゲモニーへの挑戦という性格があったようにみえる。そして、粛宗《スクチョン》（一六七四～一七二〇）代になると社会が益々不穏化し、様々な変乱事件が起こるようになる（参鄭奭鍾）。

不穏化の原因は、飢饉や疫病が大量に発生したことにある。一七世紀は世界的に小氷期に入り、寒冷化によって政治社会的危機に見舞われたが、東アジアも全般的危機に入ったと言われる。中国では李自成の農民反乱が起きて明朝が滅亡し、日本では島原の乱（一六三七）や寛永の大飢饉（一六四二）が起き、農民の逃散も増加した。朝鮮ではやや遅れて顕宗《ヒョンジョン》（一六五九～七四）

代に大飢饉が起き、特に一六七〇（庚戌《こうじゅつ》）〜七一年（辛亥《しんがい》）には両年で一〇〇万人にも及ぶ餓死者（疫病も含む）が出るという、いわゆる庚辛大飢饉が発生した。八六年にも大飢饉が起きたが、この時の犠牲者も甚大な数に上った。

こうした状況を背景に起きた謀反が、一六八八年妖僧呂還《ヨファン》を主導者とした弥勒事件である。呂還は、七星主が降臨して国が交代する暗示を受けたとするとともに、釈迦の時代が終わって弥勒の世になると説き、自身を水中老人とか弥勒三尊と称して民衆を扇動した。そして、仲間に大雨の到来を待って漢城を攻略すると約束した。この謀議には、僧侶のほか巫女、胥吏、風水師などが加わり、一般良人や私奴も参加していた。巫女の戒化《ケファ》は鄭聖人《チョン》と呼ばれ、呂還の妻元香《ウォンヒャン》も男装して都城に侵入した。ムーダンや一般女性が活躍した点が注意を引く。しかし大雨が降ることはなく、失敗に帰して謀議も露見してしまった。七星主とか水中老人というのは、道教に由来する神人・仙人だが、ここでは終末思想の弥勒下生信仰と習合している。この謀反は両班のいない理想社会を目指そうとしたものであり、特記される事案である。

その後も一六九五年に再び大飢饉、一七〇八年に麻疹の流行、一一年に全国的な洪水被害などが発生したが、そうした中で起きたのが劇賊（大盗賊）事件である。一六九〇年代、広大出身の張吉山《チャンギルサン》率いる盗賊団が朝鮮北部一帯を席巻した。この盗賊団は黄海道の九月山を根拠地に兵団化し、騎兵五〇〇〇名、歩兵一〇〇〇名を擁したという。そして、九七年、漢城の庶孽や僧侶勢力と提携し、真人鄭《チョン》氏と崔《チェ》氏を立てて鄭を国主、崔を皇帝にしようとする反乱にまで発展した。鄭は高麗末の悲劇の忠臣鄭夢周《チョンモンジュ》の子孫、崔も悲劇の将軍崔瑩《チェヨン》の子孫ということになっている。真人は道教の五斗米道が説く神仙で、崔瑩は巫俗で崇拝される守護神である。粛宗は大いに驚いて軍隊を派遣し、張吉山部隊は壊滅したが、張は最後まで捕まらなかった。粛宗代には他にもいくつか劇賊がうごめき、儒教へゲモニーが危機に陥った時代である。

しかし民衆は、異端的宗教に慣れ親しんでいたとはいえ、儒教化の進展によって儒教へゲモニーを全面否定することも、そう簡単にはできなかった。粛宗朝には官僚や国家、王家を批判する掛書・訛言・凶書・妖言などが頻出したが、それらはやはり政争的な観点からの雑言非難であって、民の困窮や生存に関わることは基本的に問題とされなかった。場所も漢城に限定されていた。盗賊や一部の破戒僧、広大、私奴などのアウトローを除けば、一般の民衆はいまだ力弱い声勢しか持たなかった。

困窮する民衆

自然災害による飢饉は、粛宗代より規模的には小さくなったものの、英祖・正祖代になっても引き続いた。正祖代には二年に一回ほどの割合で賑恤が行われている。

しかし、無償で緊急的に行われる賑恤が有限である以上、恒常的な窮民対策が重要となる。その結果、還穀が重視されるようになった。還穀とは春に米穀を貸し出し、秋に一割の利子を付けて回収するもので、窮民対策だけではなく税制的意味もあり、次第に後者の意味の方が強まっていったものである。その結果、賑恤穀は次第に減少していった。

すでに述べたように、身分上昇の波は高まるばかりとなり、その結果戸籍上の良人が減少し、人頭税化した軍役を負担をする良人も減少していった。軍役は邑ごとに軍額（定数）が定められており、地方官は軍額通りに徴収して政府に納めなければならない。そこで行われたのが過重徴収である。男児にも負担させる黄口充丁や、死んだ男子からも徴収する白骨徴布などが行われ、役負担者が納付できない場合は、親族に負担させる族徴が行われた。

黄口充丁に至ってはにわかに信じられない惨い逸話がある。ある飢民が息子二人を連れて親族を頼ったところ、二人分の軍役を負担させられるから世話はできないと言われてしまった。そのため、父が息子に餓死の覚悟を述べると、息子二人は自分たちが男子として生まれたせいだと言って、自身の生殖器を切り落として死んだという話である（『承政院日記』英祖一〇・六・一三）。英祖は、庶民がどれほど苦しんでいるかを知るなかで、一七五〇年に均役法を施行し、良人成年男子一名につき軍布二疋と定められていた税額を一疋に減額する英断を下した。

しかし軍役の過重徴収は、均役法の施行によっても完全になくなりはしなかった。一八一八年に完成した丁若鏞の『牧民心書』（「兵典六条」簽丁）には、この逸話と似た話が載せられている。男児が生まれたということで、軍布の代わりに牛を取り上げられ、落胆した夫が自身の生殖器を切り落としたところ、嘆いた妻がそれを持って官衙に訴えようとするも、門卒が追い払ったという話である。

賑恤穀の減少は、富民からの自発的な義捐で代替されたが、しかしそれも有限である。義捐には褒賞が与えられたが、それは往々にして身分上昇の機会となった。すると益々良人が減少し、一部良人への過重負担は一層強まっていかざるを得ない。黄口充丁や白骨徴布が依然として行われた所以である。それゆえ一八世紀も飢饉の危機が常にあり、流民化現象がしばしば起きた。庚辛大飢饉ほどの被害はもう出ないが、それでも飢饉が発生すれば、数十万の飢民が発生し、数万の流丐が出現することもあった。朝鮮の小農社会というのは、やはり人々の願望と国家や実学者の理念の中にこそ具現化されていた。現実に努力次第で小農になることは可能であり、国家もそうした社会を志向しはしたが、その政策は矛盾をはらんでおり、朝鮮の小農社会というのは相当に不安定であった。

このような流動的な社会では流言の伝播力が強く、一瞬のうちに破滅が到来すると同時に、新たな世が切り開かれるとする終末思想が培われるのは必至である。終末思想はヨーロッパの千年王国信仰や東アジアの弥勒下生信仰など世界中にある。全くなかったわけではないが、それが希薄な「閉ざされた村」を形成した近世日本はむしろ特異である。そして朝鮮の場合、弥勒下生信仰以上に民衆世界を席巻した終末思想は、より朝鮮的な趣がある『鄭鑑録《チョンガムノク》』信仰であった。

『鄭鑑録』というのは、終末思想を王朝交代の運数と結び付けて説いた秘訣(予言書)である。年代記に初出するのは一七三九年のことであり、西北地方を発生源として徐々に広まり、八〇年代までには全国的に流行した(参白承鍾)。

『鄭鑑録』の世界

話は完山伯(李公《イゴン》)の三子中の沁《シム》と淵《ヨン》が、鄭《チョン》公と問答を交わして未来の王朝交代を予言するという形式で進められる。王《ワン》氏に替わった李氏の王朝は四〇〇〇年後に滅び、鄭氏八〇〇〇年、趙《チョ》氏一〇〇〇年、范《ポム》氏六〇〇〇年と相継いで王朝交代が行われ、ついに王氏の復興がなされる。問題は李氏が亡びる末世の際のことである。この時、天変地異が襲って九年の間人々は大飢饉に苦しんで半ばは死し、一二年に及ぶ賊禍や、さらに一二年に及ぶ兵火に見舞われる。上下の分も綱常も乱れ、世禄の臣にはただ死あるのみとなる。しかし知覚ある者は生き、また富者は死んでも貧者は生きる。そうした者たちは、兵火も飢饉も及ばない「十勝の地」(一〇ヵ所の避難地)に逃れることができる。この混乱はやがて真人鄭氏の出現によって収拾されるが、彼は卞《ピョン》相・裴《ベ》将・房《バン》氏などの功臣を使って、やがて忠清道にある鶏龍山《ケリョンサン》に新王朝を建国する。

　真人とは天神との通霊によって過去・現在・未来を見通し、各種の法術をなす超人を言うのだが、先に述べたようにこれは道教に由来するものである。真人鄭氏の誕生を喧伝した張吉山事件の際にすでに『鄭鑑録』が成立していたかどうかは不明である。ただ少なくとも、民衆世界では鄭真人が救世主になるという風説があったのは間違いない。実は鄭汝立の乱では、「神勇の人である鄭八龍《チョンパリョン》が王となるべく、遠からず挙兵して鶏龍山に都を定めるであろう」という風説が流されたが、鄭八龍というのは鄭汝立の「幻号」であったという(『宣祖修正実録』二二・一〇・一)。『鄭鑑録』の誕生は鄭汝立の乱に淵源している可能性もある。

朝鮮建国から四〇〇年になろうとする一八世紀末ともなれば、このような内容を持つ『鄭鑑録』信仰が切迫性を増してくるのは当然である。『鄭鑑録』の予言が正しければ、今すぐにも真人が出現するはずである。そして一七八五年、まさに正祖の盛世下にあって逆謀事件が起きる。風水師の文洋海《ムンヤンヘ》という人物が両班二名、中人一名、平民二名と謀議し、朝鮮の国運が尽きて変乱が起き、国が三つに分裂した後、真人率いる神兵が海からやって来て、新しい国王が誕生すると喧伝した事件である。その暁には文洋海は自らが国王になると確信していた。二人の両班以外はみな世を嘆く流浪の不満分子であったが、一八世紀後半頃からこうした平民的な知識人の役割が増してくる。身分変動によるところが大きい。この事件は多額の資金を集め蜂起計画も立てていたが、密告によって発覚した告変であった(㊜白承鍾)。変乱は謀反や易姓革命を言うが、実際に挙事した場合を兵乱、密告などによって未遂に終わった場合は告変と言う。

民訴の時代

英祖と正祖は朝鮮中興の祖であった。しかしその治世は必ずしも安定していたわけではない。小農自立を果たし、身分上昇を遂げていこうとする人々が増えていく一方で、過重な徴税がなされて社会が激しく流動化し、逆に小農の没落も招いた。それゆえ民衆は、守令の政治が宜しくなければ、時に山上で烽火を上げて守令を辱める言葉をあらん限りの力で叫ぶことがあった。「万歳」「千歳」を斉唱することと並んで、この行為も山呼と言われる。ささいな抵抗のようだが、山呼されたことが国王に知れた場合、守令は罷免を覚悟しなければならず、「この変に遭うと善処が大変難しい」(『牧民心書』「兵典六条」応変)とされた。

こうした民衆の成長を背景に、両王は一君万民政治を強く標榜し、修己治人の学である朱子学を真に民のための学たらしめようとする実学を奨励するとともに、保民済民策を講じた。英祖は行幸詢問や招致詢問を頻繁に行って庶民の意見を参考にし、燕山君によって廃止されていた申聞鼓を一七七一年に復活させ、直訴の方法を拡充している。また、正祖は直訴の範囲を拡大した。実は直訴といっても、それまでは冤罪や身分関係にまつわる事案だけが対象で、地方弊政に起因する民の生活苦に関わる民隠は受理されなかったのだが、正祖は民隠に関わる直訴も許可したのである。正祖は英祖以上に民衆の異議申し立てを聞くことに意を尽くし、守令などの官権保護の立場から直訴を制限すべきだという意見があったにもかかわらず、在位中に受け付けた直訴は少なくとも四四二七件にまで達している(㊢韓相權③)。

こうして英祖と正祖の時代は民訴の時代となった。丁若鏞は民が呈訴しやすいように配慮しなければならないと述べている。すなわち、訴状は緊急でないものであれば、本人が直接持参せずに村役人や他の者が代わって提出してもよいし、連名による等訴(呈訴)でも全員が来庁するには及ばず、事を知る者一人が呈訴すればよく、大事の場合でも二〜三人が来庁するだけでよいなどとしている(『牧民心書』「赴任六条」莅事)。

しかし丁若鏞が言っていることは、『牧民心書』が書かれた段階には形骸化し、もはや熱心に民訴に耳を傾ける守令がどれだけいたか疑わしい。一八〇〇年に正祖が死んで純祖が即位し、安東金氏の勢道政治が行われるようになると、門閥政治や賄賂政治が顕著になり、それが地方権力の在り方を変え、民訴も届きにくくなるという状況が作り出されていたからである。

勢道政治下の民衆

地方では、身分上昇したにわか両班が新郷層として郷会の成員となった上に自治組織である郷庁の任員＝郷任に就こうとする一方で、伝統的な両班儒林は旧郷層としてそれを阻もうとする、いわゆる郷戦が全国的に繰り広げられていたが、守令は新郷層に味方した。守令になるにはこれまで以上の賄賂が必要となったが、その資金を回収するには守令在任中に民衆への中間収奪を強めるしかない。また、在地社会を知り尽くしている胥吏の協力がそれまで以上に必要となった。そして、名分論や原則論を振りかざす旧郷層よりは、成り上がりの両班の方が与しやすい。その結果、守令は胥吏の民衆収奪を慣習的に必要悪として認められている以上に黙認し、賄賂を受けて新郷層を郷任に就ける傾向が強まっていった。

こうして本来なら相互に胥吏を監視する任にあった守令と郷任が、胥吏と共犯的な三者関係を築いて民衆収奪を行うような構造が作られていく。丁若鏞は、「守令は事を知らず励みもせず、政を郷庁に委ね、およそ軍役や課税に関する訴訟は調査報告させはするが、座首（郷庁の責任者）と胥吏が結託して賄賂を受けて私事を行い、奸を隠して直を誣《そし》っている」（同上「吏典六条」用人）とか、「最近の胥吏の振る舞いは傲慢になり、朝官や名士も守令に遇えば下馬するのに、随行の胥吏はそれを顧みもせずにそのまま馬を走らせ、守令も胥吏を叱ることなく弁護している」（同上「赴任六条」啓行）などと述べ、三者が結託している実状を述べている。

しかも、政府の賑恤は一九世紀になると、益々機能しなくなっていった。一八〇九～一四年は全国的に寒冷で凶作であった。その後も凶年がたびたびあり、国家財政の逼迫により賑恤機能が縮小した。表面的には自然災害によるものであったが、現実には何よりも勢道政治が中間収奪を増幅させたことによって招いた財政圧迫に大きな原因があった。こうした中で起きたのが、一八一一年の洪景来《ホンギョンネ》の反乱である。この反乱は科挙や人材登用などで歴史的に地方差別を受けてきた平安道で起き、安東金氏政権の打倒を目指したものである。主謀者は不平儒生のほか、郷任や胥吏、商人などの在地有力者であり、無田農民や鉱山労務者、雑業者などが動員された。反乱は鄭済民《チョンジェミン》なる人物を名目上の救世主とし、科挙に志を得なかった洪景来が大元帥として全軍を指揮した。明らかに『鄭鑑録』に便乗して易姓革命を目指したものであったため過酷に弾圧され、二〇〇〇名近くの者が処刑された。しかし、洪景来は生きているという風聞は絶えず、その後しばらくこの反乱に倣った謀反がいくつか起きている。

一九世紀前半は流民と火賊(盗賊)が蔓延した時代であり、不穏な状況が続いた。一八世紀にも流民は多く発生したが、それは苛税によって発生することがあったにせよ、基本的には自然災害や疫病、戦乱のような一時的な要因によって発生した。ところが一九世紀の流民は、苛税による農民層分解によって反復持続的に発生し、あげくは流民の火賊化が促進された。彼らはせいぜい四〜五人ほどからなる一般の強盗とは異なり、通常数十名からなる隊伍を編成していた。襲撃の対象は、主に両班土豪や富民、そして場市などであるが、注目すべきは地方から中央への上納銭や地方官庁なども襲撃対象とする場合があったことである。本来彼らは、半農半火賊的性格を持ち、農閑期の秋冬間に一時的に、かつ畿湖地方(京畿道・忠清道)に限定的に出没していたが、一八六二年頃よりその活動が長期化、恒常化、広域化、全国化するようになった。それは農民層分解が本格化するなかで、農業から完全に離脱するしかなくなったような存在が増加してきたことを物語っている。人々はもはや真人の出現を待つ余裕をなくしていた。

民衆宗教東学の誕生

こうした不穏な時代に誕生したのが東学《トンハク》である。一八六〇年四月、慶尚道慶州で没落両班の子崔済愚《チェジェウ》によって創始された。幼少年期に父母を喪った彼は、妻子がありながらも立身出世かなわぬ境涯を嘆き、二〇歳にして放浪の旅に出た。その間妓生と同棲するなど放蕩な暮らしもしたが、やがて巫俗はもとより仏教や道教、さらには天主教《カソリック》にも触れるなかで何かを悟るように帰郷した。そしてある時、天主＝上帝の降臨を感得するという神秘体験をする。天主は、「我がこの符を受けて人の疾病を済《すく》い、我が呪文を受けて人に教え、我がために尽くせば、汝もまた長生し、徳を天下に布《し》けるであろう」（『東経大全』布徳文）と言い、崔済愚に仙薬（弓弓乙乙字を書いた紙片、『鄭鑑録』に「利は弓弓乙乙にあり」とある）と二一字の呪文（至気今至願為大降、侍天主造化定、永世不忘、万事知）を授けた。この時、妻と息子は気が狂ったのではないかと思って泣き悲しんだが、崔の身体が壮健になっていくと、逆に感化されてしまう。崔は巫病を煩い、いつしか男覡《パクス》になっていた。東学創教の起点は巫俗にあった。

ここに崔の布教活動が始まる。天主が彼に授けた使命は、人々を病から救い、天下に徳を布くことであった。当時コレラが流行していたが、崔はまずもってその退治に取りかかった。その治療の光景は、祭壇を設けて降神文を読み、剣を振るって「癘《れい》（流行病《はやりやまい》）鬼よ去れ。瘧《ぎゃく》（おこり）神よ去れ」と唱える一方で、病人に仙薬を焼飲させるというものであった（『日省録』高宗一・二・二九）。こうした治療が徐々に評判を呼ぶにつれ、当初は村々で西学（天主教）の嫌疑を受けていた崔のもとには、多くの人々が集まってくるようになる。そのため、医者や巫覡・占卜者の輩が廃業状態に追い込まれ、逆に彼のところには道のために財産を差し出そうとする者まで出てくる有り様となった。こうして急速に東学の宗教共同体が慶尚道一円に作られる。財を持つ者と持たない者が助け合う「有無相資《あるとなきとがあいたすく》」という互助精神を持った人々の集団である。これは、朱子学の郷約的論理を東学教徒に適用しようとしたものだとも言える。

　崔済愚は儒・仏・道の三教を統合して「天心即人心」であると説き、万人は仙薬の服用と呪文の読誦によってたやすく「侍天主」=天霊に感応することができるとした。それは一神教的な天観を前提に、神秘主義的な方法で天人合一がなされるという救済思想であった。東学は万人にとって君子化・神仙(長生)化、さらには真人化が可能であることを唱えたものにほかならない。最初の真人は崔済愚であったが、誰もが真人になれるというのは、人間平等の論理をはらむものであった。と同時にそれは、ただ一人の救世主=真人の誕生を説く『鄭鑑録』の思想を克服するものでもあった。支配者や知識人だけが天意を語るこれまでの先天時代とは違い、これからの後天時代はすべての者が「後天開闢《かいびゃく》」の原理によって真人化し、「地上天国」が実現するとしたのである。

　つまり東学は、身分制の解体に即応して実学思想が切り開こうとした平等思想を、民衆的、土俗的に下から一挙に開花させようとした宗教であったと言える。しかも東学は民族主義的な性格を有しており、東学とは西学(天主教)に対抗する東方(朝鮮)の学を意味し、真人化した者は剣舞によって洋人を撃退できるとともしていた。しかし東学は、朱子学至上主義の王朝政府から見れば危険きわまりない教団であった。間もなくして異端の烙印を押され、崔は六四年四月

「左道惑民」の罪によって処刑されることになる。

崔は決して儒教倫理を否定していたわけではない。むしろその全面肯定の上に両班的規範に従うことを民衆に求めていた。東学は両班的価値を認めた上で、万人が両班になれるとした意味において平等思想なのである。しかし崔は、教徒が増えていくと危機感を感じるようになる。誰もが両班になれるということは、誰もが天下国家を語りうる士であり、変革の主体であるということになりかねない。そこで崔は、やがて「守心正気」という内省主義を唱え、心を養わずに仙薬と呪文だけに頼るのでは君子化・神仙化はできないと唱えるようになる。崔は民衆に変革の実践を求めたりはしなかった。多くの民が士意識を持ってしまっては、王朝秩序の破壊に結びつきかねない。崔は逆に、洋人撃退のために自身はやがて朝廷に迎え入れられて高官となり、教徒の主だった者たちもそれに次ぐ官位を授けられるだろうと予言した。それは選良の東学徒だけが両班になり得るとしたに等しい。であればこそ、彼は後述する壬戌《じんじゅつ》民乱に対しても傍観の姿勢を取った。

こうした崔済愚の体制順応的な姿勢は、第二代教祖の崔時亨《チェシヒョン》になると、より一層明確になる。彼は外在的な虚空の人格的天＝上帝観を否定し、この世に存在するあらゆるものが天だとした。いわば汎神論である。人だけではなく、森羅万象すべてが天なのである。したがって、人が食事をすることは、天が天を食するという荘厳な行為だということになる。人の営みは実に尊いものであり、であればこそ人は天たるに相応しい存在であるべく、修養の日々を過ごさなければならない。食事の際、部屋の出入の際、外出の際、ありとあらゆる行為の際に他者への敬意と自己への慎みという意味において天に祈りを捧げなければならず、それこそが「守心正気」であり、それは孝行・和順・勤勉・倹約・謙虚などの通俗道徳を説くものでもあった。それはまた、儒教国家が上から要求する民衆倫理と合致するものであったが、崔時亨はそれを内面化することを民衆に求めた。彼は既成秩序を打ち破ることを決して欲せず、むしろ逆に教徒に士農工商各々がその分に応じた職分を尽くすべきことを説いた。いわば「分の思想」である。東学創建当時における原始東学の教理が改変され、ここに正統東学が成立する。

東学思想の中には、朝鮮社会の二つの論理が内包されている。一つは、君子＝両班になるという私欲的な上昇志向である。もう一つは、「有無相資」の論理にみられる平等・平均主義の共助志向であり、ユートピア的な共同社会への渇望である。私欲と共助という相容れない論理は、民衆の両班観にも見て取れる。民衆は両班を憎む一方で、墓地風水にみられるように両班になりたいという抑えがたい願望を抱いていた。いわば両班へのルサンチマン（怨恨）に発するアンビバレントな感情である。

そこでは正義感と嫉妬心が表裏の関係としてあり、複雑に入り混じっていた。身分制の縛りがきつい社会では諦念が働き、誰もが支配身分に成り上がりたいとは思わない。武士の象徴である名字帯刀の資格を厳格にし、もとより「分の思想」が支配した近世日本はその典型である。全く不可能というわけではなかったにせよ、身分上昇(士分化)は朝鮮に較べればはるかに困難であった。身分観は朝鮮と日本とではやはりかなり違っている。ユートピアをめぐる朝鮮民衆の相容れない論理は、やがて甲午農民戦争における民衆の闘いとなって表れることになる。

2 民乱の時代

民乱と両班

一九世紀前半は、変乱に比べ民乱はあまり起こらなかった。民乱とは朝鮮王朝の正統性、いわば儒教ヘゲモニーを承認した上で、邑村民が守令の苛斂誅求に対して実力をもって異議申し立てをする民衆運動である。近世日本の百姓一揆、わけても惣百姓一揆と性格が似ている。しかし一九世紀前半における邑村騒擾は、在地士族の守令に対する個人的な怨恨や、邑政への不満から親族を動員して起こされるような場合が少なくなく、文字通りの民乱はさほどなかった。また形骸化が進行していたとはいえ、民訴や直訴が認められていた以上、民乱という非合法運動に打って出るのは得策ではなかった。しかし、勢道政治下において直訴は統制され、その数も減少していった。シャルル・ダレは、その頃の直訴の在り方について次のように述べている。

これは(申聞鼓)は、現在もあるにはあるが、ほとんど有名無実となっている。巨額の金が払えなければ、そこまで到達しないからである。現在では、請願や訴願を望む者たちは、宮門で国王の出御をひたすら待ちつづける。出御されたら彼らは銅鑼をたたく。これを合図に国王の従者が請願書を取りにきて、それを国王の供奉の大官に手渡す(撃錚・上言)。しかし、請願者に、請願達成に必要な後ろ楯を確保するための相応の金がなければ、訴えはほとんどの場合握りつぶされてしまう。時おり用いられるもう一つの方法は、ソウルに近い山上で、宮中に向けて大火をおこすことである。この火を見て国王は、民衆が何かを要求していることを知る。

申聞鼓はおろか撃錚や上言さえも賄賂なくして請願は王聞に達せず、直訴はほとんど無実化していたが、致し方なく最後の手段として山上烽火＝山呼の民俗慣行が行使されたというのである。何よりも勢道政治下において民意が反映されなくなったことは、民乱発生の大きな要因であった。民訴の時代は終わろうとしていた。

本来、儒教倫理を実践する場として胥吏や邑民を統制するための支配層中心の自治組織であった郷会は、一八世紀中頃から守令主導の下に賦税への同意を形成するなどの邑政に関わる議論をするための機関に変貌し、構成員も新旧の士族だけでなく、富民を中心とした一般民人にまで拡大される方向にあった。その結果、郷会はかえって逆に、一八四〇年代頃から守令や胥吏などの賦税問題を中心とする非理行為に対し、民意を集約して抵抗する場となっていった。民衆は天下国家を語る士であるかのように徐々に発言力を強めて政治化し、郷会に民意を反映させていこうとしていったのである。郷会が機能しない場合は、民衆は独自に大会＝民会を開き、新郷層が牛耳を執る郷会を乗り越えようとした。郷会から民乱への転回である。そうした事態が一挙に爆発したのが、哲宗《チョルジョン》(一八四九～六三)朝を襲った壬戌民乱である。

三南大騒乱　壬戌民乱とは一八六二年、慶尚道の丹城と晋州で起きた民乱を皮切りに三南地方を中心として全国七一邑で連鎖的に発生した民乱の総称である。その民乱のほとんどが田政(各種地税制)・軍政(軍役税制)・還政(還穀税制)の三政の紊乱に起因していた。

民乱の主役はあくまでも小民＝一般農民であった。しかし興味深いことに、大民＝在地士族は攻撃対象になる一方で、徳望ある大民は往々にして民乱の指導者になった。士族指導者には、自ら率先してなる者もいれば、小民に懇願されてなる者もいた。あるいは無理強いされて祭り上げられる者もいた。彼らには必ずしも地位や財力は求められず、儒教的教養に裏付けられた徳ある人格と、地方官と対等に渡りあえる交渉力が求められた。中には商人の指導者もいた。したがってそこでは、名望家というよりは徳望家というべき存在が求められていた。

ここに民衆的指導者が誕生する。元朝官が関わった民乱もいくつか発生し、彼らの忠心を信じる王政にとって、由々しき事態となった。そこには、士たる者は民本の立場から民のために正義を実現すべき存在であるという観念が、士族と民人の双方に共有されていたことが示唆されている。それは士族による郷村秩序の調和ある再生を待望する心性、いわば徳望家的秩序観とも言うべき政治文化であった(参趙景達②)。

もちろん、士族の指導を仰ぐことができない民乱もあった。しかし重要な点は、民衆が今や俗悪な官僚や両班に代わって、自らも天下国家を語ろうとする士の意識をもつようになっていたということである。そして民衆は、逆に在地士族や在村知識人たちに真に士たりうるかを鋭く問うたのである。東学の誕生は、こうした民衆意識の成長を背景として初めて可能になったものだと言うことができる。またもう一つ留意しなければならないことは、民乱とはいえ厳然とした作法が存在していたという点である(参趙景達③)。

概略的に説明すると、民乱はまず呈訴活動から始まる。呈訴は邑単位で行われ、徳望ある士族が担がれる場合は、通文(回状)による参加強制をかけ、邑や面単位で民会が開催された。不参者に対しては打ち毀しや罰銭徴収をするなどと脅す共同体制裁の論理に基づく動員である。通常、動員は各戸男子一名の参加が原則であった。これは洞里単位ではなく、あくまでも各戸・個人単位の参加強制である。動員は面や洞・里の村役人を通じて行い、制裁も共同体的論理において行うが、その実施は各戸・個人単位である。これは村ごとに寄合を開いて参加可否を決めさせ、不参の村には丸ごと焼き打ちなどの制裁を加えると脅すような、近世日本の百姓一揆に見られる結集の方法とは性格を異にしている。

民会は都会ともいわれ、場市や山野などで開かれた。そして、合議に基づいて連名による訴願である等訴が官に対して行われることになるのだが、この呈訴活動が暴力化した場合が民乱ということになる。最初から暴力化を期すこともあり、その場合は往々にして夜陰に篝火を焚いて行進し、早朝に守令の執務公舎である東軒を襲った。指導者たちは、誰が主謀者か分からないように、通文は日本の傘《からかさ》連判状のように氏名を円形で記す沙鉢《サバル》通文の形式を取った。褓負商もよく発した回状である。どちらにせよ暴力を行使して騒擾化した際に攻撃対象となるのは守令や胥吏だが、胥吏は官舎を焼き打ちされ、暴力を振るわれるだけでなく、私宅を焼かれ数人ほどが殺害されることも珍しくない。守令は執務公舎である東軒が襲われて暴力を振るわれることがあっても殺害されるまでには至らず、せいぜい追放されるだけである。東軒が焼き打ちされることもない。もし国王親任の守令を殺害したり、その執務公舎を毀焼すれば、変乱と見なされてしまうからである。

ただ、民衆の怒りは激烈に示すことが重要であった。群れをなした民衆が逃げようとする守令に対して道を塞いで輿を止め、男は礼服を引き裂いて無数に殴打し、女も髪をつかんで拳を振るい、そのため衣服がほとんど脱がされ、地方官は昏倒して息も絶え絶えとなったというような事態も起きている（「益山按覈使啓跋」『壬戌録』）。女性は一般には民乱に加わらないが、民衆の怒りを目一杯に示そうとする際には、女性も参加したのだと思われる。そして、民衆の怒りは両班土豪や富民にも向けられて打ち毀しが行われることもあったが、地方官に対するのと同様に、暴力は振るっても殺害はしない。一見無秩序に見える行動にも、民本主義的な政治文化を支配層と共有していたがゆえに、民衆の自己節制が働いていたのである。

こうした民乱の自律的な作法は、王朝秩序の維持を前提としており、天下国家を混迷に陥れようとするものでは決してなく、民衆が育んできた士意識と矛盾するものでもなかった。したがって民乱は、国王から派遣された按覈使《あんかくし》（調査官）や宣撫使の暁諭の前にひれ伏すことで収束するのを常とした。強力な軍隊が派遣されるということもなかった。

民衆の国王幻想

そこには国王幻想が垣間見える。英祖と正祖が目指した一君万民の政治は勢道政治によって踏みにじられたが、しかしそうであればこそ、逆に民衆の間に国王への期待が高まっていくのは人情というものである。徳望家的秩序観の頂点に君臨するのは国王であった。閉ざされた直訴の回路は、民乱という異常な回路を通じて国王に伝達するしかなかったのである。

哲宗の死後、王位に就いた高宗の父大院君《テウォングン》は、その執政期間中（一八六四〜七三）、国王権力の強化と両班の特権的、土豪的な身分処遇の剝奪に努めた。多くの書院を廃止するとともに、軍役免除の特権を有していた両班に戸布という名に変えて実質的に軍役を負担させたことは、身分制廃止の第一歩として特筆される。それは徳望家的秩序観を基礎に持つ民衆の国王幻想の高揚を梃子として、初めて可能になったものである。

もちろん大院君失脚後、閔《ミン》氏政権という新たな勢道政権が誕生することにはなる。しかし一八七六年の開国を契機に、朝鮮が更なる内外的危機に直面するなかで、高宗親政期には国王への求心力は一層強まっていった。変乱は八〇年代中頃からはほとんどなくなり、しかも開国前後の変乱には「斥倭」や「斥洋」のスローガンが現われ出してくる。これは、一方で朝鮮王朝への不満が高まりつつも、他方では対外的危機の進行のなかでそれまでのような変乱が起きにくくなってきた事態を示唆している。易姓革命論は完全には消滅することはないものの、内外的国家危機の進行は一面、皮肉にも朝鮮王朝に対する不満を閔氏政権や守令・胥吏・郷任などの仲介勢力への不満として蓄積させ、かえって国王への求心力を強めることになったのである。

壬戌民乱後には一時釐整庁《りせい》が設置され、三政の改革が図られようとしたが、支配層の利害や財政難で中断された。しかし、民乱の苦い記憶のせいか、あるいはガス抜きができたせいかは不明だが、開国直後頃まではさほど多くの民乱は発生しなかった。民乱が急増するのは、八〇年代に入ってからであり、年に数十もの民乱が起きたと言われる（前掲『梅泉野録』）。まさに民乱の時代に突入したのである。

その一方で、民衆の対外的危機感は、必ずしも排外的なものではなかった。確かに民衆は見たこともない西欧人に恐怖を覚える一面があった。八八年五月、漢城では西欧人が幼児を買い取って食しており、天主教のやることだという流言が飛びかい、人々が子どもを外に出さなくなるという事件が起きている。米露仏の陸戦隊が入京したことでようやく流言は収まったが、近代文明がどのようなものかを知らないがゆえの素朴な恐怖であった。したがって、そうした恐怖とは逆の素朴な対応もあり得た。西欧人に対する人なつっこい態度を見せる民衆も少なくなかった。

民衆の外国人観

イザベラ・バードは、旅の先々で私物や身体を触りまくる女たちの群れに翻弄されたが、外国人を見たことがないので会いに来たと正直に語る人々も多く、中には卵を土産に遠くから集団でやってくる女性たちもいた。バードは「人びとの態度は友好的であった。私は一度も真の敵意にほんの少しも出会わなかった」と語っている(前掲『朝鮮奥地紀行』)。こうしたことは多くの西欧人が経験しているが、西欧人を見るのはおっかなびっくりという好奇心から来るもので、会えば自分たちと同じ人間だということで納得したのであろう。幼児買食の流言は、侵略的、異端的なイメージがある天主教と結びついたことによって恐怖が増幅されたせいだと思われる。大方の民衆は、実際には西欧人にほとんど敵意は持たなかったようである。

ただ日本人に対しては複雑であった。甲午農民戦争期、最高指導者の全琫準《チョンボンジュン》に面会した海浦篤彌という大陸浪人の記録「南征余録」(海浦よし編『初斎遺稿』一九二五)には、「倭奴ハ資性獰悪ニシテ人ノ民ヲ害シ人ノ国ヲ奪ウ。猛獣毒蛇モ啻《タダ》ナラズ」と思っていたのに、海浦一行の風貌や態度が意外にも「温雅」「重厚」であったので、たちまちに親しみをもって接してきたという山村の老婆が登場する。壬辰倭乱の記憶は世代を超えて伝承されていたが、やはり同じ人間だと分かれば安心したのである。しかし壬辰倭乱の記憶こそは、日本を主敵として決起した第二次甲午農民戦争の遠因でもあった。

異端東学の教説

一般の民衆は素朴に国王に期待をかけていた。では、何故に人々は政府から邪教視される東学に結集し、闘いに赴くことができたのであろうか。それには民衆を精神の内から闘争へと駆り立てる東学教理の改変がなければならない。すなわち、体制内化しようとした正統東学に対して異端的な東学が発生していたのである。

東学に明確に異端勢力が現れるようになるのは、一八九二年一二月～九三年五月の教祖伸冤《しんえん》運動の時である。この運動は、教門が非合法であるために地方官の苛斂誅求にさらされる東学徒が、教祖崔済愚の冤罪を晴らすことによって東学を合法化しようとしたものである。その過程で崔時亨と対峙する徐璋玉《ソジャンオク》の下に全琫準・金開南《キムゲナム》・孫化中《ソンファジュン》という三大民衆指導者が誕生するに至った。崔時亨を中心とする東学教門を北接と言うのに対して、彼らは南接と言われた。

甲午農民戦争は教祖伸冤運動が失敗に終わって半年を過ぎた九四年一月に全羅道の古阜で全

琫準を指導者とする民乱が起きたことによってその端緒が開かれた。この蜂起は失敗するのだが、全琫準は孫化中などの協力を得て、三月に茂長で四〇〇〇人の農民軍を組織して漢城を目指そうとしたのが、第一次蜂起である。南接の最高指導者は徐璋玉だが、農民戦争中は逮捕され、拷問にあったがゆえに農民軍を指導することができなかった。代わって全琫準が最高指導者になった。徐璋玉は全以上に重要人物であった可能性があるが、謎多い人物である。

東学教門の正統東学では、外在的な虚空にある人格的な天を否定したことによって「守心正気」の内省主義が重視され、天と一体化することは事実上、生涯かけての自力の道となった。もとより朱子学では人格的な天が否定され、自然法則とも解釈される天理が重視されるが、北接の汎神論的天観はこうした朱子学に接近していき、体制内化していく傾向を示した。森羅万象すべてに天性を認める崔時亨の天観は、朱子学の天理とさほど異なるものではない。それに対して南接は、創教の頃の原始東学にあった人格的な天を重視した。その結果、他力的に即座に呪文や仙薬によって上帝と一体化しようとする機運が生まれる。呪文の読誦と仙薬の服飲だけで立ち所に天人合一＝君子化・真人化ができるなら、民衆にとってこれほどありがたい宗教はない。それはある意味、ひたすらに阿弥陀への他力本願を唱える浄土真宗の教説と似ている。

全琫準は、裁判で東学の教理は「守心敬天」にあると言っている（「全琫準供草」『東学農民革命史料叢書』一八、以下『東書』）が、この語句は東学経典にはない南接の造語と思われ、「自らの心を正しく守って外在的な人格的な天＝上帝と一体化する」という意味だと解釈される。全は、自分に会いに来た日本人に「此呪文を唱ふれば無量の妙力あり」と述べており、呪文読誦の効力を吐露している（「朝鮮の一活火」『二六申報』一八九四・一一・二一）。実際、「愚かにして字を知らない者は、何回か誦えれば、肉がふるえて顔は赤くなり、座りながらにして少しばかり踊りだす」のに対し、「読書して事理を解する者は、千回呪文を唱えても降霊しない」と言われ（黄玹「梧下記聞」『東書』一）、民衆は感化されやすかった。

ここには巫俗の影響が強く表れているが、仏教の影響も強かった。全琫準に面会した日本人が言うには、全琫準麾《き》下《か》の東学農民軍は、「入道式は仏家の得度式に儒礼を交へたるか如き」形式で行なわれ、「儒の仁義の教」とともに「仏の不殺の戒」を固守していたという。徐璋玉も元は仏道に仕える禅客であったが、甲午農民戦争後も生き残った彼は、一八九六年の末に同じく生き残っていた崔時亨に手紙を出し、仏道への帰依と「南無阿弥陀仏」への信仰を勧めているほどである。南接の東学理解は独特のものであり、まさに東学内における異端であった。甲午農民戦争は、彼らこそが主導したのであり、北接は一部が南接と協力して決起したものの、教門自体は南接の決起を最後まで非難し呼応しなかった（㊜趙景達①）。

3　民衆反乱のフォークロア

反乱の大義

全琫準は、わずかばかりの土地を所有しながら書堂教師を務め、一家六人が赤貧洗うがごとき生活を送っていた。悪徳郡守の趙秉甲《チョビョンガプ》が全羅道の古阜に赴任したのは一八九二年春のことである。彼は赴任するやすぐに目に余る苛斂誅求を行った。間もなくして邑民は反対運動に乗り出すが、肝心の指導者がいない。白羽の矢が立てられたのが全琫準であるが、当初は父の彰赫《ジャンヒョク》が一番の指導者であったらしい。この親子は両班ではなかったが、徳望ある民衆的知識人であった。全父子に率いられた邑民は、郡守への等訴と観察使への呈訴を何度も行うが、いずれも斥けられた。その過程で彰赫は拘束されて拷問の末に命を落とし、並々ならぬ士意識を持った琫準がその志を継いだ。また、誓願運動を始めるのとほとんど同時に東学に入信し、教祖伸冤運動が起きると瞬く間に頭角を現した。そして、ついに九四年一月の古阜蜂起を機に甲午農民戦争へと民衆を率いていくのだが、彼が三月二〇日に茂長で発した「布告文」(「聚語」『東書』二)は有名なものである。

そこでは腐敗堕落した官僚が完膚なきまでに痛罵され、「輔国安民」のための体制変革の決意が不退転の覚悟をもって述べられている。人はこの世で倫理をもって生きているがゆえに最も貴い存在だが、朝鮮の現状は「君臣の義・父子の倫・上下の分が逆壊して残ってさえいない」有り様であり、国の本である民は塗炭に苦しんでいる。しかし国王は慈愛にあふれ賢明であるのだから、「賢良正直の臣」が国王をよく補佐すれば、尭舜や漢の文帝・景帝の世にも似たすばらしい時代を築くことができるはずである。「布告文」の内容は全琫準の理想的社会像を表白したものだが、端的に言ってそれは一君万民社会の実現を説いたものである。

ただ琫準は「賢良正直の臣」の存在の必要性を訴えつつ、現実にはそうした臣下がいないことを嘆いている。彼にとって現実の臣下は、不正をあえてする反国家的、反民衆的存在というだけでなく、国王と民衆との間に介在して両者の意志疎通を妨げる不届きな仲介勢力にほかならなかった。こうして「布告文」は、「わが徒は草野の遺民ではあるが、君の土を食《は》み、君の衣を服しており、国家の危うきを座視することができない」とし、「輔国安民をもって死生の誓いをなさんとす」として、反乱の大義を締めくくっている。

「布告文」は徹頭徹尾、儒教的言説に則って書かれている。その基調は儒教的民本主義にあり、朝鮮王朝の儒教へゲモニーを認めている。異端東学とはいえ、王朝打倒など求めてはいない。南接の東学理解は、天人合一の方法においては巫俗や仏教、道教などに依りつつ、理念的には徹底的に儒教的であった。壬戌民乱以降、国王の求心力が高まっていくなかで、かえって儒教へゲモニーは強化されていく趨勢にあった。本来一君万民の論理は、上から下に投げ下ろされたものであるが、今や下からの願望がそれを上回り、それは朝鮮変革の大きな論理となった。

しかしそのためには、蜂起した民衆一人ひとりが士意識を強く持たなければならない。そこで天下国家に尽くす者の規範と目的を示した綱領が「四個名義」（第一に人を殺し物を害してはならない。第二に忠孝ともに全うして世を済《すく》い民を安んじなければならない。第三に倭夷を逐滅して聖道を澄清しなければならない。第四に兵を駆して京に入り権貴〈閔氏政権〉を尽く滅ぼそう。かくして紀綱を大いに振るわせて名分をしっかりと定め、聖訓〈国王の教え〉を仰ごう）である。ここでは蜂起農民は「世を済い民を安んじる」主体にさせられ、今や明確に士たることが求められている。そして、できるだけ平和裏に漢城に上り、仲介勢力である閔氏政権を打倒して国王に直接嘆願し、一君万民理念に基づく「輔国安民」の方策を仰ごうというのが、甲午農民戦争の目的であったと言える。「倭夷を逐滅」するというのは、第一次蜂起では何ら具体的に実践されておらず、対外的危機を叫ぶことによって、民衆の「忠君愛国」精神を喚起しようとしたにすぎないのではないかと思われる。日本軍の撃退を課題とした第二次蜂起でも、西欧諸国は駆逐の対象にはなっていない。

農民軍の進撃

農民軍は貪官汚吏《たんかんおり》を懲罰するとともに、募兵や軍糧・兵器の確保のために、各地を巡りながら全羅道の首府全州を経て漢城を目指したが、その行軍はど派手なものであった。兵士たちは、肩には東学の仙薬に由来する「弓乙」の二字を書き付けて護符とし、身には「同心義盟」の四字を抱いた。そして、藍色の旗を持つ一四、五歳の李福用《イボギョン》という少年を「神童」として仰ぎながら進軍し、その後には胡笛奏者―「仁」「義」字の旗―「礼」「智」字の旗―「普済」字「安民昌徳」字の白旗―「普済衆生」字の黄旗―各邑名を記した旗―甲冑騎馬の剣舞演者―帯剣の歩兵―紅色服の楽器・胡笛奏者―折風帽や傘を持った道服の騎馬(驢馬)隊―五色頭巾の銃砲・竹槍隊などがずらりと従った(前掲「梧下記聞」)。

さぞかし賑やかな行軍光景であり、人々を楽しませたことであろう。演奏者や剣舞演者などは広大や才人に違いない。農民軍には多くの賤民が加わっていた。また旗には、「仁義礼智」などの儒教用語だけでなく「普済衆生」などの仏教用語も出てくる。不思議なことに東学用語は見当たらない。非東学徒を引き入れることが重要であったからだと思われるが、いずれにせよ民俗的な演出が行われたのであり、農民軍は各地で歓迎された。そして、当初は歓迎するだけだった傍観者もいつしか農民軍に加わっていく。

このような農民軍が初めて官軍と大規模な矛を交えたのは、四月六日のことである。古阜近郊の黄土峴で監営軍・郷兵・褓負商軍からなる官軍と戦い、褓負商だけで七八〇人を戦死させる大勝利を収めた。この時褓負商は、やはり商兵団として重要な役割を果たしている。褓負商は、マルクスが憎んだルンペン・プロレタリアートのような存在では決してなかった。しかし、周縁的であることから来るその倒錯した自尊意識ゆえにかえって体制的な正統意識が培われ、民衆の一大変革期において民衆間で殺し合わなければならない運命を背負ってしまった。農民軍も体制内化している褓負商を憎悪し、農民軍の弊制改革案の中には、「褓負商の行いは弊害が多いので革罷する事」という一項が入っていた。また黄土峴の戦い後、忠清道の公州では東学徒と褓負商が出会えば、殺し合うような状況になった。甲午農民戦争の全過程を通じて褓負商は斥候・偵察・伝令等の役割を担うとともに、各地で村民と紛争を起こし、東学徒と決めつけては収奪を行った(㊜趙宰坤①②)。

その後、農民軍は二三日にも長城の黄龍村で漢城から来た新式軍隊の京軍と戦ったが、これにも勝利して二七日全州に入った。しかし、ここで兵員数で劣る京軍が全州城を逆に包囲して砲撃を加えるという状況になったことから、農民軍は京軍が陣を構える完山に登り、白兵戦を繰り広げた。護符を付けた農民軍は実に勇敢であり、京軍司令官の洪啓勲《ホンゲフン》は「弾丸雨注の中を物ともせず毎《つね》に槍剣を振って吶喊《とっかん》奮進し来る勇猛の気に至りては実に感ずるに余りあり」(『東京朝日新聞』一八九四・七・二四)と語るほどであった。「神童」の李福用を始め五〇〇名が戦死している。ところが京軍から、日本軍と清国軍がやって来て、いつ戦端が開かれるか分からないという情報を伝えられたことによって、五月八日に弊制改革案を京軍が国王に伝達するという条件の下、農民軍は解散となった。いわゆる全州和約であり、その後農民軍は全羅道の各邑と忠清道・慶尚道の一部の邑に都所《としょ》を設置し、自治を行うことになる。

地上天国の到来

都所体制期、守令権力は依然として存続していたものの二重権力状態が現出し、しかも守令が逃亡したところも多く、一般的には都所権力が守令権力をはるかに凌駕した。全琫準も大都所という職名で、全羅道一円を巡回して都所を監督指導している。都所は守令に代わって訴訟処理に当たったが、それが民衆側に立ちつつ、いかに公平になされたかについては、開化派の巨頭金允植《キムユンシク》がその日記に、「湖匪はなお処々に屯集し、過ぎるところは秋毫《しゅうごう》も犯さず、民の訴冤ある者には統括的に結論を下し、かえって民心を得ている。我が兵と華兵(清軍)は、完営(全州)にあって観望するばかりである」(『続陰晴史』高宗三一・六・一二)と書き留めているほどである。訴訟はおおむね国法に基づいて行われていた。

平等主義の実践については、実際在地士族の記録に「奴隷と雖も、東徒に入れば必ずこれを尊対し、呼びつけにしない。上下の分、貴賤の分がないというのはいまだかつてなかったことである」(「南遊随録」『東書』三)とか、「その道は班常(両班と常民)の区別なく、皮巫(白丁と巫覡)などの下賤と士夫がともに入ったが、相敬相拝して互いに接丈(接長、先生の意)と呼び合い、私家の奴隷とその上典の間においても同じである」(同上)などという記録が多くある。この時期、士族や富民は農民軍に懲罰を受け、相当な財産を奪われる事態が各地で見られたが、一般民も賤民も東学に入教しさえすれば平等に扱われ、食に窮することもなかった。当時忠清道で接主(東学の地域指導者)を務めた洪鍾植《ホンジョンシク》という人物は、三五年後に次のように回顧している(「七〇年史上の最大活劇 東学乱実話」『新人間』三四、一九二九)。

この時、最も人心を引いたのは、大きな主義や目的よりも、または造化(万物生成)や将来の栄光よりも、即座の実益、それでありました。第一に入道(入教)しさえすれば、事人如天(天のように人に事える)という主義の下に、上下貴賤男女尊卑の別なく、必ずお辞儀をして敬語を使い、互いに尊敬しあったことから、みな心から喜んで真心を尽くして従い、第二には粥であれ飯であれ、朝食であれ夕食であれ、道人(東学徒)ならば、互いに助け合い、互いに食を勧め合ったことから、すべて同じ家族のように一心団結するようになりました。その時こそ本当の天国天民であったと言えるでしょう。

「即座の実益」とは東学に入れば平等に待遇され、食事にも困らないということなのだが、困窮化や流民化が進んでいた甲午農民戦争当時において、多くの人々の入教動機は、東学が本来もつ「大きな主義や目的」=「輔国安民」思想への共感では必ずしもなかったということである。生活主義に基礎を置く「天国天民」のユートピア願望が農民戦争の理念を上回っていたのである。こうした民衆の平等・平均主義願望については全琫準も理解を示し、窮民救済のための米穀を富民から徴発する任を担った。大陸浪人の海浦篤彌は「蓋シ明叔(全琫準のこと)巡視ノ目的ハ、実ニ恩威ヲ沿道ニ施シテ米銭ノ徴発ニ忙シキカ故ノミ」と述べており、そのことが窺える(「東学党視察日記」前掲『初斎遺稿』)。もとより東学が地上天国の実現を訴える宗教であったことも、そうした平等・平均主義の志向を後押ししたであろう。そして「田制山林制を改正」(『東京朝日新聞』一八九五・三・五)し、農民的な土地所有を実現することこそは、全琫準の切なる願いとするところであった。

逸脱する農民軍

しかし円滑、公平な自治は都所体制の初期段階に止まった。当初、農民軍の規律は厳格であった。琫準が各部隊長に令した行軍規範である「四条約束」(①敵と対する時は、兵は血刃せずして勝つ者を首功とする。②やむを得ずして戦うとしても、傷命することなきを貴きとする。③行軍中にあっては、功は人の物を害さないことである。④孝悌忠信の人が居住する村の一〇里以内に屯住してはならない)と、全兵士に下した軍律である「一二条軍号」(①降者は愛対せよ。②困者は救済せよ。③貪官は之を逐え。④順者は敬服せよ。⑤飢者は之を饋《おく》れ。⑥姦猾は之を息めさせよ。⑦走者は逐うな。⑧貧者は賑恤せよ。⑨不忠は之を除け。⑩逆者は暁喩せよ。⑪病者は薬を給せよ。⑫不孝は之を刑せよ)は有名である。しかし、中央権力の及ばない広大な空間が全羅道一円と忠清道・慶尚道の一部にでき上がるなかで、「浮浪の輩」「不恒無頼の輩」などの根っからの不良分子が激しい暴力や掠奪を行いだしてくる。そしてそれは、指導部以上に国王幻想を抱いていた一般民衆にも伝播し、秩序破壊が進行していった。

琫準はこうした事態に手を焼いた。そこで六月初に全羅道観察使の金鶴鎮《キムハクチン》と「官民相和」の策を練り、治安機構として有名な執綱所を設置するようになる。民衆の自治機構はあくまでも都所だが、それだけでは対応不能な状況となってしまったのである。士としての強烈な責任意識を持つ琫準は、異端の東学を信奉しはしたが、既成道徳の廃棄など望んでいなかった。通常の民乱であったならば、短期間で収束するために、「乱道」が問題になることはほとんどなかった。しかし、農民戦争のように戦いが長期化するなかで、民衆の要求が際限なくユートピア的な願望を秘めたものになっていくと、不良分子の参入という問題だけでなく、一般の民衆も過激化していくようになるのは、自然の成り行きというものであった。

しかも民衆の「乱道」は、まさに徹底した秩序破壊と通俗道徳の廃棄を意味するものであった。通俗道徳の廃棄こそが民衆の運動を尖鋭化させ、その変革願望を表現するものとなった。儒教国家や在地士族が強要し、東学教門が求める通俗道徳を廃棄することなくして、民衆には前進がなかった。その意味で民衆の闘いは、一君万民の政治文化を前提にしつつも、実はユートピア的であるがゆえに、新たな政治文化の創出という契機をひそかにはらむものでもあった。どこまでも儒教的知識人であった全琫準ら指導部との間に齟齬が生じてきた所以である。

ただ民衆の「乱道」は、基本的にはやはり反官闘争や反両班・反富民闘争なのであって、どこまでも民衆なりの自律的規範のうちに収まっていた。いわば自律的暴力とも言うべきものである。もとより、徳望なき士族や富民は「掠財」と「厳刑」の対象になった。だが、貧民や無名の者はたとえ反道徳的行為があったとしても赦された。また、暴力はどれほど凄まじいものになったにせよ、基本的には処刑までは行わなかった。であればこそ、「賊に似てはいても賊ではなく、民に似てはいても民ではない」（前掲「梧下記聞」）という観察がなされ、農民軍は不可思議な存在として認識された。

他方、「来世富貴」を願うような私欲的な動きも顕著になっていった。「来世富貴」の所行とは、具体的には掘塚（墓暴き）による明堂＝吉地の奪取のことにほかならない。この時期、墓地訴訟＝山訟に敗れた農民たちは、都所にしきりに山訟を呈訴する一方で、自らも掘塚を盛んに行った。当時、墓を暴かれて他に移された両班は数多くいた。民衆は、崔時亨が説く「分の思想」を完全に打ち破ろうとしたのである。

かくして、東学に内包されていた君子＝両班になるという私欲的な上昇志向と、「有無相資」の論理に見られる平等・平均主義の共助志向は、民衆の闘いに同時に顕現されていたと言うことができる。しかし民衆の変革論理は、やはり後者の方により比重がかかっていたようにみえる。それほどに「天国天民」の社会を実現しようとする農民軍兵士の活動は尋常ではなかった。とりわけ賤民の闘いは際立っていた。たとえば両班を捕らえて去勢するという事件が、当時各所で発生したと伝えられている(車相瓚「甲午秘話」『韓国野談史話全集』五、一九五九)。具体的には忠清道の鎮岑で、政府高官の申応朝《シンウンジョ》の息子である一求《イルグ》に不法の事が多いとして、罪のない一求の子を捕え、「この盗賊の種子を残してはならない」として去勢したという話がある(前掲「梧下記聞」)。残虐な行為だが、そこには日常的に両班から苛酷な虐待を受ける賤民が持つ両班廃絶の素朴な論理が垣間見える。

また、一部の地域では奴婢と賤民が中心となって邑政を取り仕切ろうとする動きまで見られた。全羅道の万頃で官奴出身の接主二人が、両班や富民・胥吏などを捕らえて体罰を加え、邑規を改訂しようとするとともに、自ら「契魁」となって奴僕や賤民、無頼輩など数百名を募り、「同死生契」を作って「一人に怨みがあれば、衆人を共に殺そう」という約定を結んでいる(「巡撫先鋒陣謄録」『東書』一四)。さらに賤民に限った行動ではないが、両班婦女に対するいわゆる「勒婚」が広く行われ、娘を持つ両班家では、婚礼の序次を踏まずに急遽娘を嫁がせるようなことが起きている。強姦を避けるために自決する処女や寡婦などの貞女も現れた。

賤民の平等主義の闘争は報復主義的で残虐な側面がありはしたが、それはまさしく両班廃絶という理想の実践であった。孫化中の部隊には倡優(広大)・才人・白丁・駅夫・僧徒などからなる賤民部隊があり、「獰猛なること前になく、人々は最もこれを畏れた」と言われるほどであった(前掲「梧下記聞」)。実際、数十頭もの牛を所有する李重九《イジュング》という富裕な白丁が「起包大将」(起包とは東学用語で決起のこと)を自称し、捕縛された事例がある(「廉記」『東書』八)。賤民の秩序破壊はまさにユートピア実現のための急進的な闘いにほかならなかった。

賤民たちが決起するなかで、家父長的な支配に最も苦しめられてきた女性は、果たしてどのような行動を取ったのであろうか。記録にはほとんど現れない。

女性戦士＝李召史の悲劇

そもそも東学は、汎神論的な観点から女性も天であると考えているが、しかし一八九〇年に崔時亨が女性教徒に発した「内修道文」には、かなり保守的な女性観が示されている。そこでは女性の生活規範が事細かに説かれているのだが、孝道を尽くして夫婦・男女の分を守り、何事にも従順な行動を取るべきことが説かれている。ところが、本来の東学の論理からすれば、女性も君子化・真人化できるはずである。男性だけが士たりうるという論理は通じない。だとすれば、女性戦士が現れてきても不思議ではない。興味深い女性が二人いる。一人は、『国民新聞』(一八九五・三・五)に次のような記事が載っている。

> 東徒中に一美人あり。芳紀二十二、容色城を傾くの美色ありと云ふ。名を李召史《イソサ》と云ふ。久しく東徒の間に在りて奔走し、馬上に跨り長興府を焼きたるときの如きは彼れ馬上にて指揮し居れりと云ふ。彼れ曽て夢に天神現はれ、古錠を与へたりと。東徒皆な尊むで神女となせり。

「召史」というのは名ではなく、すでに述べたように良人の妻や寡婦を意味するが、ジャンヌ・ダルクを彷彿とさせるようなこの女性は、「東学征討軍」司令官の南小四郎によれば、実は「狂女」で、東学徒が「天使」として利用したのだと報告している。長興の守令を殺害した人物であるらしい。捕らえられて民堡軍(民兵)から厳しい拷問を受け、両腿は肉が切り下がって、一方は骨が露出し、もう一方は皮と肉がほとんど離れようとしていたという(「東学党征討略記」『駐韓日本公使館記録』六)。その後、彼女の夫がやって来て看病したのだが、死は免れなかったであろう。東学徒があえて「天使」と崇めて利用したかどうかは分からない。むしろ巫病にかかった女性で、天の声を彼女なりに聞いたことから自然と農民軍の指導者になったと考える方が自然だと思われる。あるいは文字通りムーダンであった可能性もある。また仮に南の言う通りだとしても、そうした女性に神性を付与し、しかもそれを心底信じ込んでしまった民衆の心性の在り方に興味がそそられる。

もう一人の女性も李召史と似ている。光州で捕らわれた男性東学徒一二名とともに拷問死した女性である。政府軍の記録には、「東徒の中で最も悖《もと》った行いをしたのは厳召史《オムソサ》で、東学によって霊に通じたと称し、自首して来た者である」(「巡撫先鋒陣謄録」『東書』一四)とある。彼女については夫のことは分からないが、「最も悖った行いをした」にもかかわらず、潔く自首したというのだから、当時光州では名の知れた確信犯的な指導者であったのであろう。李召史も厳召史もムーダンないしはムーダン的な素質のある女性であり、霊に通じたことによって東学徒や一般民衆から人望を集めていたのだと推測される。甲午農民戦争は事例こそ少ないものの、朝鮮における女性解放運動の第一歩を印す闘いでもあった。

全琫準と民衆

甲午農民戦争は民衆の壮大な異議申し立ての闘いであると同時に、日本との戦いであった。日本は九四年六月二一日(陽暦七月二三日)、王宮を占領して高宗を「擒《とりこ》」にして一挙に閔氏政権を倒し、内政改革を行うという文明的名目の下に、農民軍に人気のある大院君を傀儡《かいらい》的に執政に立てて開化派政権を樹立した。そして、高宗に清国駆逐の要請を出すことを強要して日清戦争を開始した。戦争が始まると農民軍は、日本が敷設した電信線を切断するなどの反日活動を始めたが、全琫準は農民軍らしく秋収が終わる九月まで再蜂起を控えた。日本は農民軍の鎮圧を開化派政権に強く求め、日本軍指揮の下、日朝連合軍が農民軍殲滅に赴いた。また、在地士族が組織した民兵組織の民堡軍も各地で組織され、農民軍弾圧に加わった。

全琫準と農民兵士たち．呉承潤《オスンユン》画

農民軍は初戦の戦いでは第一次蜂起の時と同じく勇敢であった。漢城に繋がる要所である忠清道の公州が最大の決戦場であり、戦いは一〇月下旬〜一一月上旬に行われた。官軍の報告は農民軍の戦い振りについて「ああ、かの匪類数万の衆は四、五〇里にわたって囲み、道があれば争奪し、高峰あれば争拠し、東に声が挙がれば西に走り、閃光が左にあったかと思えば、たちまち右に向かい、旗を振って鼓を打ち、死を喜んで先に登る」(同上)と記している。しかし、この戦いに敗れて以降は連戦連敗で、近代的装備の連合軍に火縄銃と竹槍の農民軍では勝負にならなかった。九四年中には農民軍は朝鮮西南部に追い詰められて壊滅した。

にもかかわらず、全琫準は自ら率いる農民軍に対して大いに不満であった。彼が民衆に求めた士意識は、あくまでも王朝秩序の護持を前提とする「忠君愛国」に動機づけられていなければならなかった。ところが、都所体制下において統率不能になった農民軍の「乱道」は、最終的には国王の前に跪いて弊制改革を嘆願しようという農民軍の目的から大きく逸脱するものであった。確かに「乱道」は、民衆なりの自律的な論理で行われたが、農民戦争に全責任を負おうとする民衆指導者の琫準にとっては、蜂起の大義を見失わせるものであった。また、第二次蜂起では数十万の農民が参加し、第一次蜂起をはるかに上回る規模で展開されたが、その多くが食に窮する流民化した人々であった。琫準が「東学党の義兵を起せるに乗じて之を好機とし、多年地方官の虐政に苦しみたる地方人民が百姓一揆を起せるものをも尚東学党の所為の如く世人より誤り考えらるゝに至っては真に遺憾なり」(『東京朝日新聞』一八九五・三・五)と証言した所以であるが、問題はそうした人々のナショナリズムの在り方である。

公州の戦い以降の農民軍の戦い方は、連合軍が山間から来るのを山上で待ち伏せして包囲し、一斉に喚声を浴びせて威脅しようとするものであった。しかし、近代銃器に遠く及ばない火縄銃の有効射程距離に迫る前に敵弾に当たって倒れる者が続出し、犠牲者が数十名、数百名と出るなかで敗走するのを常とした。農民軍は護符を身につけていたが、その効力がないことが分かると、次第に戦意も勇気もしぼんでいった。琫準は「東学党六十万中に就きて真に生死を共にせんと誓いし者は僅かに四千人なりしのみ」(「東学党大巨魁審問続聞」同上、三・六)とも語っているが、第一次蜂起と第二次蜂起に真っ先に馳せ参じた人員がまさに四〇〇〇名であった。

農民軍兵士の大半は、都所体制期に食に窮してにわかに東学徒になった者たちであった。壬辰倭乱の記憶に淵源する日本への憎悪がそれなりにあった上に、開港以降の米穀輸出で日本商人に不当に買い叩かれ、自らの飯米に窮するようになった農民は広範に存在した。しかしそうした人々が琫準に従うのは、生存を託す戦いだと思うからこそであって、その代償が死ぬことであるならば本末転倒である。しかも当時、反日意識はもっぱら首都漢城や開港地周辺などで直接的、経験的に実感されたのであって、農村部では日本人の進出は限定的であったためにさほどではなかったと推測される。この時期、日本人の内地行商はさほど積極的ではなく、二〇世紀に入ってからも清国商人に遠く遅れを取っていた(前掲『韓半島』)。多くの民衆にとって日本人はいまだ直接見たことがない未知の恐怖を覚える存在ではあったが、逆にそうであるがゆえにその反日ナショナリズムは多分に観念的であり、確信的な信念に基づくものではなかった。すなわち、第二次蜂起においては農民軍に死を賭した「義兵」たることを求めた琫準と、一般の農民軍兵士の間にはナショナリズムの在り方をめぐって大きな乖離があった。民衆はあくまでも生活主義に基づく素朴なナショナリズムを持ったのであって、国家や国王のために死ぬことを良しとしたわけではない。それに対して琫準は、「君辱められれば臣死す、斃れて後止むの決心を以て起てり」(前掲「東学党大巨魁生擒」)と述べ、「輔国安民」と「忠君愛国」に殉じることを民衆に求めた。民衆指導者と一般民衆との間には、大きな政治意識の差異があったのである。農民軍の犠牲者は三〜五万人と推測される(参趙景達①)が、捕虜となったのちに処刑された者が数多い。それは果敢に戦って死したという以上に圧倒的軍事力格差からくる、ほとんどジェノサイドと言っていいような無惨な死に方であった。

しかし民衆は、民と国のために殉じた琫準を深く敬愛した。そこには朝鮮独特の徳望家的秩序観がよく表現されている。民衆は、体軀が小さかった琫準を「緑豆将軍《ノクトチャングン》」と親しみを込めて呼んだが、彼を失った哀しみを「鳥よ鳥よ　青鳥よ　緑豆の畠に　下り立つな　緑豆の花がホロホロ散れば　青餔(緑豆で作った寒天のような食べ物)売り婆さん　泣いて行く」(金素雲訳編『朝鮮童謡選』岩波文庫、一九七二)という短い童謡に込めて長く記憶に刻んだ。

第6章
近代化と民衆

開化期のソウルを走る電車と朝鮮人

1　甲午改革と民衆

一君万民政治

従来一般に、金玉均《キムオッキュン》や朴泳孝《パクヨンヒョ》を中心とする開化派が起こした一八八四年の甲申《こうしん》政変を明治維新に比定する議論が行われてきた。しかし、甲申政変は日本勢力を引き入れて起こされた失敗したクーデターであり、その実行勢力というのもせいぜい一〇〇名ほどにしかならず、三日天下に終わって近代的改革も行われなかった。全土的な騒乱と近代的変革を引き起こした明治維新と比較するなどというのは、あまりに位相が違いすぎる。明治維新と比較すべきは甲午改革である。甲午改革は、九四年六月の日本軍の王宮占領を機に閔氏政権に代わって樹立された開化派政権によって進められたが、閔氏政権は、実はその直前、校正庁を設置して自ら内政改革を実行に移そうとしていた。甲午改革の中心にいたのは、総理大臣の金弘集《キムホンジプ》以下金允植《キムユンシク》・魚允中《オユンジュン》などの穏健開化派とされる政治家であった。そして、甲午改革で参謀総長的な役割を担ったのは、朝鮮最初の留学生として日本や欧米などを見聞した経験を持つ兪吉濬《ユギルジュン》である。

甲午改革で注目すべきは、朝鮮の全面的な構造改革を意図していた開化派が、全州和約の際に提出された農民軍の弊制改革案に突き動かされ、それに近代的改革をもって対応しようとした点である。これは下からの契機が弱い明治維新とは好対照をなしている。どちらも近代的改革を志向しつつ一君万民政治を標榜した点は位相を同じくしている。しかし、明治維新が改革の主な担い手である下層武士によって上からにわかに打ち出されたのに対して、甲午改革はすでに理念としては朝鮮国初以来あった一君万民思想と、勢道政治以降、それへの反動として高まってきた民衆的要求に応えようとするものであった点で大きな違いがある。

甲午改革では議政府の長たる総理大臣や各衙門大臣、警務使などの権限が強化され、政治機能が一元化されるなかで、改革を推進する軍国機務処が強大な権限をもって精力的に法令の制定を行った。設立から三カ月ほどで二〇八件もの法令が議決、公布されたが、中でも「駅人・倡優・皮工(白丁)はみな免賤を許す」とした免賤令と「公私奴婢を革罷し人身を売買することを禁ずる」とした奴婢解放令は身分制の廃棄を宣言したものであり、朝鮮史上の一大画期をなすものであった。同時に「門閥・班常の等級を劈破し貴賤に関係なく人材を選用する」とし、科挙制度が廃止された。「寡女の再嫁は貴賤に関係なく自由である」ことも布告され、長く女性を苦しめてきた婚姻差別も撤廃された。

すでに理念的には平等思想が朱子学的な文脈のうちに広がろうとし、東学でも民衆思想的に平等主義が標榜されるなかで、甲午農民戦争は最終的に身分制の廃棄と平等主義を下から迫るものとなり、甲午政権は国家的にそれを決断、承認したのである。両班制度を廃したからといって、法令の公布一つですむ話であり、日本の秩禄処分のような複雑な措置を執る必要など全くなかった。士族の生活に国家が責を負う義務はもとよりなかったからである。

ちなみに寡婦再嫁問題については、金允植に「改嫁は王政の禁ずる所に非ず」(『雲養集』巻一五)という興味深い文章がある。彼は、改嫁を禁ずるなどというのは古代中国にも古今東西の歴史にも存在せず、ひとり朝鮮だけにあるもので、国初の大臣らが一時の気まぐれで作った「天理絶滅」のことであるから、「仁政は必ず改嫁より始めなければならない」と主張した。彼は開化派の中で最も儒教的な人物の一人であった。何ら儒教を批判することなく、むしろ「天理」という朱子学的文脈の中で寡婦再嫁を正当化したのだ。実際彼は孫娘を再婚させると宣言し、世人を驚かせた(前掲『梅泉野録』)。

賤民の解放

国法上では賤というのは奴婢だけを指したのだから、免賤令は社会慣習的な身分観に基づいた賤民全般の解放を意味している。駅人はもとより賤視されていたというだけで、実態は同じく賤視されていた一般の胥吏とほとんど変わらない。広大や才人・寺堂などを指す倡優もそうであって、今後は賤視、賤待をしてはならないというだけのことである。ところが賤視と差別が深刻な白丁は、他の賤民とは別に扱われた。九六年新式戸籍が作成された際、白丁は一般戸籍ではなく「屠漢籍」という特殊戸籍に編入されたのである。このことについては、政府は白丁に対して依然とした差別を持ち続けたと解釈するのが通説化しているが、確たる根拠があるわけではない。

白丁自身は差別を内面化してしまっており、かえって免賤令に怯えていた。政府では、ペレンイを脱いで平民同様に黒笠の着冠を許し、宮内府でもそのことを何度も飭令《ちょくれい》したにもかかわらず、「屠漢輩はこれを疑って畏れ、進んでは笠を被ろうとせず、強いられてようやく被るようになったが、それでも笠を被らない者がいる」(前掲『梅泉野録』)という記録があるほどである。差別が身に染みていた白丁は、平民同様に黒笠を被ったのなら、どのような仕打ちを受けるかと怖れおののき、容易に黒笠を被ることができなかったのである。

僧侶は免賤令に明記されていないが、当然その対象である。そして僧侶も「僧籍」という特殊戸籍に編入された。それまでも僧侶になると一般戸籍からは除籍されていたが、特別視は依然として続いたようである。しかし白丁ほどに虐待差別されていたわけではない僧侶は、王家や士族の女性、一般良人と交わることができた。「僧籍」の新たな作成は、あるいは寺院には破戒僧が少なからずいて、伝統的に才人や寺堂などが行き交う場となっており、盗賊が発生しやすい場所であったことと関係しているのではないかと思われる。広大は定住化が進んでいたが、才人には依然として流浪民が多く、とりわけ同類の寺堂はほとんどがそうであり、戸籍把握もしづらかった。治安対策の上から「僧籍」を通じて寺院を間接的に監察しようとしたのではないかとも推測されるが、これも確たる根拠があるわけではない。

一方、仁祖以来禁じられていた僧侶の都城出入は九五年三月に解除された。依然として僧侶は説法や葬礼を行うことが許されず、巫覡以下的な扱いが続いたが、しかし九九年、東大門外に元興寺が建てられて全国の総本山となり、仏教復興の起点となった。

奴婢の解放　奴婢解放令が公布されたことによって、朝鮮の奴婢制度は最終的に廃止されたかにみえる。しかしそれは法令上のことであって、実際には私奴婢については不徹底であった。奴婢は高級官僚や上層両班のもとでは、非公式に存在し続け、私奴婢は韓国併合頃まで非合法的に解放されなかった。新聞記事には韓国併合間近になって解放された奴婢の話がよく出てくる。甲午改革では奴婢売買を禁じてはいても、罰則規定があるわけではなく、徹底しないのも当然であった。『皇城新聞』(一九〇八・二・一二)では一九〇八年段階において、全国で奴婢の籍にある者は「数万名に上るかも知れない」とまで言っている。ほとんどは率居奴婢で女性の方が多く、家内労働に従事していたようだ。世伝の奴婢もいたが、新たに売買される奴婢もいた。その多くは何らかの事情によって生活に窮し、自ら奴婢になることを望んだ者たちである。

西欧人の観察では、「朝鮮の奴婢は、奴隷という単語の語感が思わせるような悲惨な運命とはかけはなれた暮らしをしている」(アーソン・グレブスト〈河在龍ほか訳〉『朝鮮の悲劇』白帝社、一九八九）という。伝来奴婢の多くは、主家を離れては生活のすべがなく、そうした者たちの中には、法制外的な主従関係を植民地期どころか朝鮮戦争後まで続けた者もいたと言われる。

解放令は当然、官妓にも適用された。晴れて彼女たちは自由の身となり、漢城では三〇〇名ほどが王宮を去った（一記者「京城の花柳界」『開闢』四八、一九二四）。ただ、官妓をやめるのは自由だが、宮内府掌礼院（以前の掌楽院）所属の京妓として残る者もいた。郷妓についても同様である。官妓制度自体がなくなったわけではない。強制的に妓籍に留まらせられた者もいたし、生活上の不安から抜け出せない者もいたであろう。事実、自由の身となるや、生活に窮する者が少なくなく、売春するしかないような者が現れてきた。甲午以降娼婦が多くなったことについて、当時の人々は「（朝鮮）衰末の兆しだと言い合った」という（前掲『朝鮮解語花史』）。

真霊君の追放

免賤令は巫覡も対象となるはずだが、やはり明記されていない。しかし巫覡の場合は、すでに述べたように閔妃の保護を受けた真霊君の誕生によって、いち早く都城出入が許され、実質的には復権を果たしていた。ただ朝鮮の近代化を目指す甲午改革は巫俗を敵視し、真霊君を失脚に追いやった。その契機を作ったのは、朝鮮の種痘《しゅとう》の父、池《チ》錫永《ソギョン》である。彼は上疏し、「神霊に憑藉して至尊（国王）を眩惑し、祈禱に仮託して国財を損耗させ、ひそかに枢要な地位を占めて方伯（地方官）を選定し、威と福によって民を誣《あざむ》き、恩寵を受けて世を弄《もてあそ》んだのは、妖女真霊君であり、すべての人民の肉を喰らおうとするものである」

(『承政院日記』高宗三一・七・五)と告発した。

そのため九四年六月閔氏政権が瓦解すると、真霊君は故郷の忠州に逃げ帰った。しかし翌年七月、漢城の関帝北廟に舞い戻るや男女集って歓迎した。民衆は「関羽の女」と信じる真霊君に日本駆逐の妖術を期待したのである。そこで政府は彼女の影響下にある巫覡やパンス(盲占者)を一斉に排除しようとしたが、民衆の反発は強かった。ところが翌年八月、閔妃が日本公使三浦梧楼が放った刺客たちに惨殺され、真霊君は後ろ盾を失ってしまった。もはや真霊君の失脚を阻止しようとする者はいなかった。そしてついに九六年一月、真霊君は財産没収の上、逮捕された。その際、彼女は呪いの言葉を発して政府を糾弾したが、果たして翌月に露館播遷《はせん》が行われ、甲午政権は崩壊する。民衆はこれを「関羽の祟り」だとして恐れた(㊇伊藤俊介)。

警察と民衆

甲午改革は近代的改革であったとはいえ、その基礎には依然として儒教的民本主義があった。高宗は九四年一二月、国家改造の要綱を洪範(大法)一四ヵ条にまとめ、臣下とともに宗廟に赴き実行の誓いを立てた。次いで、一君万民の論理において臣民にも改革への協力を直接呼びかけた。「爾ら民はまさに国の本であり、自主するも独立するも、すべては民にかかっている。(中略)爾ら民は一途に心を一つにして国を愛し、ともに気運を高めて君主に忠誠を尽くせ」(『旧韓国官報』開国五〇三・一二・一三)と言うのであるが、ここには簡明に儒教的民本主義の国是と「忠君愛国」が表現されている。甲午改革では当初は臣権が強く、日本公使井上馨の容喙もあって王権が弱化するかにみえる局面がなかったわけではないが、逆に徐々に王権は強化される方向に向かっていった。

しかし近代的改革である以上、民衆統治は厳格に行う必要がある。特に、亡命先の日本から帰国して九四年末より改革政権に内務大臣として参与するようになった朴泳孝による改革は急進的であった。政権内では反発が強く、民衆にも評判が悪かった。民衆と直接に向き合う末端権力は警官であるが、民衆の反発はまずもって彼らへの反発として表れた。警察組織は日本を手本に作られ、日本の後押しもあったが、何よりも韓服から洋装に切り替わった警官は、民衆に威圧感を与えるものであり、民衆を怯えさせた。それゆえ、民衆は警官の背後に日本を認め、日本軍の指示に従って人夫の徴発や日本使節の警護などを行う警官を嫌悪した。日本語が話せるというだけで警官に採用され、出世する者たちへの反発もあった(㊫伊藤俊介)。

日本人への暴行・投石や殺害予告の掛書事件なども頻繁に起きている。あるいは、酒に酔って警官に暴行を加えたり、監禁したりする事件が発生し、殺害事件まで起きた。また民俗慣習に対する取締も、民衆には我慢ならないものであった。石合戦が民衆の間でどれだけ盛んであったかについてはすでに述べたが、誕生したばかりの近代警察はこれを禁止しようとした。果たして九五年三月、参加者・見学者合わせて一万人に上る石合戦の現場に出動し、禁止命令を下した。すると、人々は一斉に警官に投石し、死傷者を出す事態となった。

近代化というのは、一面文明の民俗に対する抑圧となって表れるが、近代警察に対する朝鮮民衆の認識は、外国の手先だという認識とともに、まさに民俗への抑圧者というイメージによって反発が増幅された。真霊君の逮捕は、こうした民俗への弾圧の延長線上になされたものであった。

断髪令と民衆

民俗に対する弾圧で最も民衆が反発したのは、断髪令の実施である。九五年一一月の断髪令の公布は、甲午改革最大の失政であった。断髪令に反発するのは、士族も平民も同じであった。閔妃虐殺への憤怒とともに断髪令の撤廃を掲げ、翌年一月から初期義兵運動が始まる所以である。義兵の構成員は、指導者は士族や儒生であったが、下層兵士の多くは農民を始めとする下層民衆であった。

甲午政権は断髪令を発するや、任意と言っていたにもかかわらず、警官を家々に派遣して説得し、応じない者には暴力的に断髪を行った。あるいは街頭でも応じない者には罰金を徴収した上で断髪を強行した。サントゥ(髷)を切られた者は、「アイゴー、アイゴー」と泣き叫んで、山野に逃れる者まで現れた。人々がこれほどまでに断髪を嫌ったのは、『孝経』(開宗明義)に「身体髪膚はこれを父母に受くるものなれば、敢えては毀傷せざること、孝の始めなり」とあり、サントゥは孝を象徴するものであったからである。また、サントゥは冠礼を終わった成人男性であることを象徴するものであると同時に、サントゥを結うために使う器具の材質は身分を象徴するものでもあった。断髪すると僧侶との区別がなくなるという議論もあった。こうした認識は両班と平民の間でほとんど変わることがなく、そこには儒教ヘゲモニーが、少なくとも男性にあっては確実に民衆を捉えていたことが示唆される。

甲午政権はあまりに事を急ぎすぎた。そうした中、日本を後ろ盾にする政権に対する不満から、親露派と高宗が手を組んで起こしたクーデターこそが露館播遷である。断髪令は即日停止され、総理大臣の金弘集が逮捕ののちすぐに処刑された。その死体は市中にさらされ、群衆に投石、八つ裂きにされた。魚允中も逃亡のすえ民衆に惨殺され、兪吉濬は日本に亡命し、金允植は罪を待ったのち済州島に流配された。彼らは、民衆の断髪令に対する憎悪がどれほどのものになるのかを完全に見誤っていた。断髪令は九七年八月、正式に取り消された。

2　新しい政治文化の誕生と民衆運動

大韓帝国と独立協会

日清戦争で日本が勝利したことによって、朝鮮は長きにわたって続いてきた中国中心の冊封体制から離脱し、万国公法(国際法)体制に一元的に組み込まれることになった。そこで一八九七年一〇月、国号を大韓帝国と変え、高宗は皇帝と名乗った。国初以来中断されていた万歳唱和は甲午改革期に復活していたが、この時「皇帝万歳」

となり、以後一般社会でも慶事には日本と同じく「〜万歳」と唱和する文化が形成された。

高宗は「六軍(天子の軍隊)と万民の願い」を受け入れて皇帝に即位するというレトリックを弄した(『高宗実録』三四・一〇・三)が、それは必ずしも偽りではなかった。すでに述べたように、甲午農民戦争は下からの一君万民社会を目指す一大誓願運動であった。高宗はこれを梃子に皇帝に即位し、甲午改革期以上に強大な皇帝権力を掌中に収めた。そのことを規定したのが、九九年八月に公布された大韓国国制であり、そこでは「万世不変の専制政治」を行うことが規定された。「専制政治」とは一君万民政治と読み替えることができる。そして、「旧本新参」を標榜して「忠君愛国」を求める近代的な儒教国家の建設を目指した。

一方大韓帝国の誕生に先立ち、九六年七月士人エリートたちによって近代的啓蒙団体である独立協会が創立されたが、この団体は愚民思想から脱することができない過渡的な近代思想をまとっていたために皇帝専制を必ずしも否定しなかった。しかも独立協会は、自分たち士人エリートを全国の代表として政権に参与させることを求め、皇帝政治を輔翼したいという権力志向を強く持っていた。具体的には皇帝の諮問機関である定員五〇名の中枢院を改革し、その半数を独立協会が占めるというものであった。最初彼らは会員だけで政治議論を行っていたが、啓蒙主義の立場からやがて街頭に出て民衆とともに議論する万民共同会という新しい政治文化を創出した。そして九八年一〇月、鍾路に大天幕を張って官民共同会を開くことになる。

この大会には、議政府参政大臣朴定陽《パクチョンヤン》を始めとする大臣・官僚のほか各界の団体が招聘され、紳士・淑女・学生はおろか労働者・商人、さらには白丁などの旧賤民までもが参加した。その数三〇〇〇～四〇〇〇名であり、献議六条という国政改革を決議し、のちに高宗に承認させた。まだ民主主義の何たるかをほとんどの参加者は知らなかったはずだが、こうしたことが可能であったのは、儒教的民本主義が標榜する公論の政治文化があったればこそのことであろう。独立協会はその愚民観から選挙による国会開設を時期尚早とする立場であったが、民衆の政治参加と国民の創出は最重要の課題だと心得ていた。

この大会に参加した女性団体は、九八年九月に組織された朝鮮最初の女性団体賛襄会である。会員は四〇〇名で、両班が多く住む北村の女性たちがその中心を担った。会長は養成堂李氏《ヤンソンダンイ》、副会長は洋賢堂金氏《ヤンヒョンダンキム》で、女性教育の振興を目指して結成されたが、のちに政治的発言もするようになった。一方旧白丁も参加したことは、この大会が「国民」的集会であることを内外に可視化しようとしたものであることをうかがわせる。大会の最初に発言の機会を与えられたのは旧白丁の朴成春《パクソンチュン》という人物である。この時彼は次のように発言している（鄭喬『大韓季年史』）。

私は大韓において最も賤しい者で、常識もありません。しかし、忠君愛国の意味は大体理解しているつもりです。利国便民の道は、官民が心を合わせてこそ歩むことができるものです。（中略）伏して願いますのは、官民が心を合わせ、我が大皇帝の聖徳に報答し、国運をして万々歳を致せるようにすることです。

これを聞いて「会中は拍手喝采した」という。一君万民の一体感が醸成され、誕生したばかりの大韓ナショナリズムが一場に鼓吹された瞬間である。官民共同会は万民共同会の延長線上に開催されたが、そこでは大臣や官僚も旧賤民の言葉に耳を傾ける万民の内の一人でしかなかった。甲午改革が目指した一君万民の政治とは、民衆の急速な臣民化を意味した。

女性運動の始まり

独立協会は政治、社会、文化などあらゆる問題で啓蒙主義的な議論を展開したが、その内容は機関紙的役割を果たした、朝鮮最初の近代新聞『独立新聞』で知ることができる。これは民衆や女性も理解できるように、ハングルのみで書かれた新聞であった。

『独立新聞』は、女性問題ではまず旧来の結婚の在り方を改革すべきことを説いている。当然にやり玉に挙がったのは「早婚の悪習」であるが、基本的には恋愛に基づかない婚姻の在り方に一石を投じている。男女が互いに容姿や器量・性格などを知ることもなく、運勢判断によって仲人の言うなりに婚姻している結果、「多くの場合、男性は妻を囚人のように扱い、甚だしくは互いに顔も合わせない。大韓の人々の十中八九は夫婦が穏やかに暮らすことができないでいる」(『独立新聞』一八九九・七・二〇)というのである。また、女子教育の重要性を説き、女性が男性の奴僕にすぎず女性の教育を顧みない国は、無知で柔弱で最後には亡びるしかないと主張している（同九・一三）。こうした議論は賛襄会に対する声援でもあり、数名の女性が立ち上がって学校を設置することを目的に活動を始めたことに賛意を表明している。

賛襄会の具体的な目標は、官立女学校の設立を政府に促すことであった。勢い独立協会運動と提携しながら政治運動を展開するようになったが、九八年一〇月には官立の女学校設立を請願する朝鮮史上最初の女性上疏を行った。これは守旧派の反対と財政難のために失敗したが、代わって官立女学校の設立がかなうまでの過渡的な学校として民立の順成女学校を設立した。校長には洋賢堂金氏が就任した。彼女は私財をなげうって女子教育に力を尽くしたが、一九〇三年に亡くなり、ほぼそれと同時に順成女学校も廃校となった。

蓄妾問題については、九九年三月、賛襄会の姉妹団体である女友会（会長鄭亨淑《チョンヒョンスク》）の会員五〇名が一週間にわたって朝鮮最初の蓄妾制度反対運動を展開し、徳寿宮前を示威行進したことが特記されるが、これも失敗に帰した。その時彼女たちが掲げた旗には、「一夫二室　悖倫之道　徳義之失」と書かれていたが、日頃儒教に執心する政治家や官僚たちは自身らの行いが人倫に悖ると批判されても顧みることはなかった（㊫鄭誠嬉）。

褓負商団の解体と独立協会

献議六条が高宗に承認されたことにショックを受けたのは守旧派官僚たちである。彼らは独立協会に危機感を覚えて反撃すべく、独立協会は共和政府を作ろうと画策している団体だと誣告した。その結果、九八年一一月朴定陽内閣に代わって守旧派内閣が組織された。これを機に守旧派と独立協会の権力闘争が始まった。

守旧派官僚たちは独立協会に対抗するために、九八年六月に急遽暴力的な官製政治団体である皇国協会を組織したが、その実動部隊となったのは褓負商であった。甲午農民戦争で農民軍の憎悪を買い、弊制改革案でその活動の禁圧まで訴えられた褓負商は、開化派政権にとっても好ましからざる集団であり、取締の対象であった。九五年三月に出された八八ヵ条からなる内部衙門訓示では、褓負商の活動を禁止し(二八条)、婦女強奪や墓荒らしを禁じ(二九条)、弔慰金や食事をせびるのを禁じる(三〇条・四五条)などと四条目にわたって褓負商の行動制限を列挙している。その結果、褓負商は彼らが所属する商理局と傘下の地方任房を解体され、商業税徴収権も剝奪された。商兵団としての役割も返上である。ところがそうした矢先に独立協会運動が起き、皇国協会の設立とともにその実動部隊としての役割が期待されたのである。

皇国協会が同協会幹部で金玉均を暗殺したことで知られる洪鍾宇《ホンジョンウ》と一三道褓負商都班首の吉《キル》永洙《ヨンス》の指揮を受けて万民共同会を襲撃したのは、一一月二一日のことである。独立協会側では数十名の死傷者を出した。これを収拾すべく高宗は二六日に仁化門《イナムン》に臨御し、各国公使・領事などを招請して立ち会い人とし、万民共同会員と皇国協会員各二〇〇名に対して時間差を設けてそれぞれに親諭を下した(前掲『大韓季年史』)。高宗はそこで、「下情上達がかなわず、上下が隔絶してしまい、疑懼がかけめぐってしまった」ことを自省し、自らと臣民とが直接意思疎通することを誓ったが、それはいわば一君万民政治の再確認である。「専制政治を毀損するのは、断じて忠愛の心を持つ爾らが願うところではないはずだ」とも言っているが、士人エリートが中核をなす独立協会も、無教養で賤視される褓負商も、専制政治＝一君万民の政治を目指す高宗にとっては等しく臣民であった。独立協会員は「一同大声を発して感泣した」(前掲『近代朝鮮史』)という。また高宗は、褓負商に対しては「生業を安んじられるよう農商工部に適切に処理させよう」と約束した。あとは商理局の再興を願うばかりである。褓負商たちは万歳三唱をしながら退散していった。

その後、紆余曲折があるが、結局独立協会は解散を命じられ、会員の間では皇帝に裏切られた気持ちが湧いたかも知れない。しかし一君万民の政治を行う上では、政治的要求だけではなく、政権参与までも狙う独立協会は新たな仲介勢力になる可能性を秘めており、高宗としては警戒せざるを得なかった。皇国協会も解散させられるが、褓負商の立場からすれば、周縁的な自分たちを皇帝が認めてくれただけで十分であった。

公論と民訴の行方

大韓帝国の改革は、一君万民思想に基づき皇帝が主導し、宮中・府中一体で行われた。これは当時の元号を取って、今日光武改革と言われるが、莫大な財政を必要とした。その結果皇室財政が肥大化し、政府財政と匹敵するほどになってしまった。ということは、政府の収奪だけではなく、皇室の直接的な農民収奪も苛酷になったということである。農民が最も怨嗟《えんさ》の的としたのは、屯土や駅土・牧場土などの公田の内蔵院（皇室財政の担当官庁）管轄への編入であった。これは皇室による地主的収奪の強化を意味し、小作人として策定された農民の地代負担が引き上げられるとともに、その管理も強化された。また、その過程で一般農民の民田が内蔵院管轄に編入されることもあり、所有権紛争が多く惹起された。それは、甲午農民戦争において打ち出された農民的土地所有を始めとする下からの諸要求の圧殺を意味するばかりか、農民軍の要求を一面受け入れようとした甲午改革の政策からも後退するものであった。

一方、独立協会や『独立新聞』は公論を巻き起こして、政府大臣を訴えて処罰させるような勝利をいく度か収め、それは次第に民間にも郡守告訴の機運を生み出していった。それは、儒教的民本主義が育んできた公論や民訴、直訴の政治文化を継承、発展させた近代的な新しい政治文化である。民衆は、観察府や裁判所・法部などに訴えても、告訴された者が権勢家であったり、権勢と結びついている場合には、逆に誣告罪で処罰されることがあったが、最終的には匿名によって新聞社に訴える術を学んでいった。民衆は近代的な政治文化であっても、有効な手段だと納得できたならば、それを受け入れる生活者としての合理主義的精神を備えていた。

ただし、近代的公論は全国的にはなお限定的である。それゆえこれまでの異議申し立ての政治文化に依拠しつつ、民衆なりの運動も展開している。一九〇〇年八月、全羅道の井邑郡に

「扶清排和」と「大韓誓義」の旗を掲げて郡守への面会を求める四〇〇名ほどの不思議な集団が入ってきた。彼らは孔子廟に「泣拝」し、「万民ニ代リ何事ニヨラズ郡衙ニ訴フルヲ主義目的トスル」集団だと自称した（「全羅道活貧党状況復命書」『韓日外交未刊極秘史料叢書』九）が、郡守は東学の残党だと決めつけ、指導者三名を銃殺して解散させた。明らかに過剰な弾圧であるが、当時各地でなお東学の残党が多く活動し、地方官や在地士族による治安維持体制が強化されていたことが原因している。彼らは義和団事件によって弱国化した清への連帯と日本の排斥を主張したのであり、誕生したばかりの大韓ナショナリズムと万民意識、そして儒教的な大義名分論を行動指針にしている。郡守に何を呈訴しようとしたのかは不明だが、邑を巡って万民の意志を呈訴するというのは、これまでの民衆運動にはなかったことである。

甲午農民戦争は地域を越えた運動であったが、それはあくまでも戦争行為であった。平和的手段によって諸地域の弊政を解決していこうとするのは、新聞というメディアがいまだ全国化し得ないなかにあって、民訴の伝統と農民戦争の遺産、そして独立協会運動の近代的な告訴文化の余波が相俟って生み出された民衆の新しい政治文化であった。

士意識の拡散

もっとも、告訴や民訴はそう簡単には通らない。その場合はやはり民乱を起こすしかない。一君万民の政治は、理念的、制度的には大韓国国制によって明示されたが、現実には幻想でしかない。それゆえ大韓帝国期には、もはや大抗争はなし得ないとはいえ、抗租・抗糧運動などが多く誘発され、多彩な農民抗争が展開されるようになる。しかし不思議なことに、人々はそのことを高宗皇帝の悪政とは考えずに、仲介勢力である官僚の悪政と認識した。皇帝批判の声や言説はなかなか見つからない。国王幻想は、皇帝幻想として格上げされる形でより強まったのである。

多彩な農民抗争の中でも東学残党の活動は種々あったが、わけても大規模に展開されようとした民衆運動が、一八九九年五月に全羅道北部地方で起きた英学の反乱である。英学という名称は東学をカムフラージュしたものであり、キリスト教に仮託して英学独自の布教活動を行いつつ、反乱動員をひそかに図っていた。そして「伐倭伐洋」と「輔国安民」をスローガンに掲げ、古阜・井邑・興徳・茂長・高敞などの地に蜂起し、光州から全州、さらには漢城に進撃することを企図した。明らかに甲午農民戦争の再起を意図していたが、もはや不可能であった。

この時期の民乱や反乱の興味深い特徴の一つは、よそ者や底辺的な者たちも指導者になり得たという点である。英学の反乱直前に起きた興徳の民乱は、両班を自称する公州出身の李化三《イファサム》という者が起こした騒擾である。李は元下級官僚だったが、税銭横領で投獄され、出獄後親類を頼って妾とともに興徳にやって来た人物であった。郡守の不正が邑民の間で問題になると、頼まれもしないのに自ら主謀者となって民乱を起こすが、指導者たちは興徳では人望のない者たちばかりであった。その手下もゴロツキのような輩だが、まるで指導者気取りで人々を指図した。郡守を捕えるや、李はたまたま漢城に上って参加した万民共同会を真似て万民会を開いた。そして髪を乱した底辺的な民衆が郡守追放を叫ぶと、それに抗しきれずに追放してしまう。すぐに後悔するが、後の祭りである。彼は胥吏たちには「英学会長」だと自称し、ただ者ではない自分を簡単には逮捕できないかのように吹聴したが、嘘言であった。

その後李はすぐに逮捕されるが、郡守追放は無知な輩がやったことだとして言い逃れするばかりであった。どうも李は門客上がりの人物であったようだが、このような軽薄な人物やその仲間が、何故に民乱の指導者になり得たのか。いい加減な者たちでさえも、政治を語るべき士であるという倒錯した自意識を持つようになっていたからであろう。またもう一つ重要なことは、両班や郷村知識人も参加した万民会で邑論を主導したのが底辺的な民衆であったという点である。興徳に徳望ある者がいなかったわけではないであろうが、勢いを増していた底辺民衆を押さえるに足る徳望家はいなかったのである。似非徳望家が誕生する一方で、民衆の士意識の拡散は急速であった(参趙景達④)。

辺境の反乱　士意識の拡散は辺境にまで及んだ。二度にわたって起きた済州島の反乱である。最初は一八九八年の房星七《バンソンチル》の反乱であるが、房は火田民《かでんみん》(焼畑農民)の老人で、東学と類似した「後天世界の無量楽園の開闢」を説く新興宗教南学を背景に、『鄭鑑録』信仰も利用して済州王国を作ろうとした。済州島では歴史的に分離主義の反乱がしばしば起きている。

次は一九〇一年の李在守《イジェス》の反乱である。これは、徴税官が天主教徒を使って苛斂誅求を行ったことから仇教運動的性格を持ち、房星七の反乱とは逆に皇帝幻想を色濃く帯びていた。わずか三年の間に済州島でも一君万民思想が広まったのである。指導者の状頭には呉大鉉《オデヒョン》・姜遇伯《カンウベク》・李在守の三人がいたが、六〇〇人ほどの天主教徒を殺害した。それを実行したのはほとんど李在守であった。民望ある郷村知識人の呉大鉉も姜遇伯も李在守を止めようとしたが、彼の周りには無頼の仲間が多く、天主教徒に対する怒りも凄まじかったので、李を止められなかった。李が状頭に就いたのは、呉大鉉と姜遇伯のほかには状頭に就く者がいなかったからであるが、衆民は李の無頼性に期待して状頭に祭り上げた。しかも李は、実は呉大鉉の下隷でもあったが、もはや主人の言うことなど聞く耳は持たなくなっていた。当時、済州島に流配されていた金允植は、李在守について次のように記録している(『続陰晴史』光武五・五・三〇)。

西陣の李済秀《ママ》は、毛糸編みの笠をかぶって孔雀の羽を挿し、網地織の軍服を着て鞭を持ち、眼鏡をかけて革鞍を付けた駿馬に乗り、洋傘を差した。(中略)邑村の人々はみな、李済秀《ママ》を英雄豪傑で大事をなすことができ、漢拏山(済州島の巨山)の精気を受けている非凡な人物であると噂した。邑中の民人は西門の外に出て、手を合わせて称賛し、「将軍の徳のおかげで教徒を尽く滅ぼし、これからは三郡の民は安堵して暮らせる。有り難きこと、まるで天の如しだ」と言った。済秀《ママ》は馬上にあって得意げに平穏に振る舞い、大静郡に向かった。故郷に錦を飾るつもりなのである。

李在守はまるで将軍気取りであり、人々も「英雄豪傑」と称え、彼が益々得意満面となっている様が目に浮かぶようである。壬戌民乱以来、士意識が民衆の間に広がっていったが、甲午農民戦争以前には李在守のような軽薄な若者が指導者になるなどというのはあり得なかった。妓生も眼鏡をかけたということは既述したが、眼鏡というのは両班・士人の象徴的な装飾具である。李在守は李化三以上に倒錯した士意識を持つ似非徳望家であったが、しかし士になりきっていた一面も確かに持っていた。裁判で彼は、「私が殺したのは逆賊であり良民ではない。死んでも悔いはない」(「判決宣告書」『耽羅文化』一六、一九九六)と言い放っている。そこにあるのは皇帝に忠実な臣民の姿であると同時に、死をも潔く受け入れようとする、真に政治主体たることを自覚した士の精神であったかにみえる。

この反乱でもう一つ注目すべきは、女性の活躍である。天主教徒が立てこもった済州城では反乱軍に同調する者たちが出てくるのだが、その先頭に立ったのは巫女・妓女・妾婦などの底辺女性であり、男どもを指揮した。状頭には退妓の満城春《マンソンチュン》と現妓生の満城月《マンソンウォル》という二人の女性が名を連ねた。また、乱後駐屯した政府軍のもとには数千人の女性が押しかけ、李在守ら指導者の釈放を求めたが、兵士たちに「百姓を生かしに来たのではなく、逆に殺しに来たのか」(『続陰晴史』光武五・六・一五)と詰め寄った。済州島は土俗的に女権が強い島として有名で、金允植は「この土地の女人の風俗は甚だ険悪だ」(同上)と言っているほどだが、済州島では女性もまた士意識を持ち、男性以上に政治化したとも言える。

3　民衆の迷走と覚醒

大韓帝国の警察支配と民衆

警察支配は民衆の不評を買いつつ、甲午改革後は試行錯誤した。一八九六年六月、警務庁は巫女の祈禱を禁じ淫祠を廃毀するという告示を行い、宗廟や関帝廟などの正廟以外の淫祠三〇〇ヵ所にある塑像や木偶・器具・衣装などを押収焼却し、巫女を追放した。そのため巫女三人が自殺した(「陛下明礼宮へ出御ノ件」『駐韓日本公使館記録』一二)。閔妃によって復活した漢城における巫俗の賽神行事は、彼女の死とともに再び禁圧されたのである。しかしやりすぎだという声が上がり、五名の警官が免職となった。閔妃の後に宮中で力をもった厳貴妃《オムキビ》も深く巫俗を信じ、ムーダンを頻繁に入宮させていたのだから、民間だけを取り締まるというのも無理な話であった。結局、淫祠禁止は失敗に終わり、一九〇八年段階の漢城には、減少しはしたものの巫女会所がなお一三六戸存在していた(前掲『朝鮮の宗教』)。

警察権力が民衆支配を貫徹できなかったことは、一八九九年に十家作統を実施しようとしたが、全く機能せず撤回せざるを得なくなったことによく表れている。十家作統とは五家統制度を拡充したもので、酒・賭博・呪詛・祈禱などの風紀を取り締まり、喧嘩や窃盗を防止しようとする治安組織だが、民衆は非協力的であった。石合戦を禁止しようとしても効果が上がらなかったのも相変わらずであった。石合戦を取り締まりに出かけた兵士が逆に石合戦に夢中になるという漫画のような話もある。兵士たちには飲酒や賭博などを好む無頼の輩が多くいたが、他方でナショナルな排外感情を持ち、外国人と事を構える兵士も少なくなかった(参慎蒼宇①)。

政府は日本の後押しもあっていち早く近代的な警察文化を培おうとする一面があったが、兵士たちは軍服だけは洋装になったものの、軍隊というのは失業者や無頼漢、褓負商なども入り込んだ組織であり、容易に近代化できなかった。しかし民衆は、危険な者たちではあるが、兵士たちのある種寛容な態度に好意を示した。情実を廃した厳罰主義、規則主義の近代的な警察行政よりは、不法な収奪をされる危険があるとはいえ、賄賂や人間関係、情実への訴えなどによって、融通を利かしてくれる従来の治安体系の方をむしろ好ましく思ったということである。

警察も日本を手本にしたとはいえ、民本的な教化主義的性格を放棄したわけでは必ずしもない。民衆の反発を受けるなかで徐々に軌道修正していく。厳罰主義の一方で窮民への賑恤政策に心を尽くす、皇帝の信頼篤い李容翊《イヨンイク》のような警務使や、警盗文を村々に掲げ、儒教的な倫理によって盗むという行為の問題性を教え諭そうとするような警務使などが登場するようになる。

要は、「小事には寛容、大事には厳罰」という民本主義的な警察行政が求められたわけである。そうした秩序の在り方は「徳治的警察支配」と言うべきものである(同上)。しかしそうした警察支配は、のちに朝鮮が保護国になり、日本が義兵弾圧に乗り出すようになると、武断的なものに変わっていき、やがて植民地警察に継承されていく。

近代文明と民衆

迷信的な世界に生きてきた民衆が、警察とともに戸惑いをみせたのは近代医療である。朝鮮には、中央には内医院(宮中医療・薬房)・典医官(官吏医療・薬房・医生養成)・恵民署(対民医療・公務医療・医生養成)などの医療機関があり、医女もいた。地方官衙にも薬房があって医師が配置され、医生の養成も行い、民間の医師もいた。しかし、そうした伝統的な漢(韓)医学の恩恵を受けられるのは、官僚や両班、富裕層に限られ、多くの人々は巫俗や迷信による「治療」を受けるのが普通であった。

朝鮮の近代医療は、宣教師で医師のH・N・アレンが甲申政変で負傷した閔泳翊を助けたことを機に一八八五年、王立病院の済衆院(当初は広恵院)が設立されたことに始まる。これは伝統的な医療体制の中に西洋医学を挿入した折衷的な性格が強かった。のち経営権がアメリカ北長老派宣教部に移り、一九〇四年アメリカ人実業家の支援を受けてセブランス病院となった。また政府は、済衆院とは別に一八九九年、広済院を開院したが、患者は先進医療を積極的に受けたいと望む者以外は、監獄の病人や伝染病者、そして身寄りのないような社会から疎外された人々が多かった。

近代医療はすぐには民衆のものにならなかった。ただ疫病が広がると、近代医療の方が民衆世界に一方的に近づいてきた。甲午改革期にはコレラの流行があり、避病院が作られ消毒と検疫が行われたが、消毒や交通路の遮断などの業務は検疫官とともに警察が行った。民衆はコレラを鼠による病気だと信じ厄除けに猫の画を門に貼り付けたり、祈禱したりするばかりであった。またコレラの流行を日本の侵略と結びつけて理解したり、その強制的な処置を嫌ったりして検疫に非協力的であった。避病院にも入ろうとしなかった。近代医学といえども、当時の医療水準では入院したところで命を落とす割合が高く、入院即死を予感させるということもあった。種痘も甲午改革後に済衆院を中心に本格化的に実施されたが、民衆の接種率は容易に高まらなかった。人痘によって行われていた種痘を牛痘で行うようにすることに対して、巫女や人痘施術者が反対し、子どもを死なせる医療だとデマを流したことが大きな理由のようだが、いずれにせよ西洋医療そのものに対する不信感には深刻なものがあった。

こうした近代文明への敵意は一八九九年五月に開通した電車にも向けられた。当初民衆は電車に興味を示し、無邪気に何度も乗っていたが、開業から一週間ほどたった頃、幼児を轢殺されて激昂したその父が、群衆とともに電車を破壊した事件が起きた。「旱天の打続くは電車が空中の水気を吸収するに因るという流言」が広まり、人々は未知の文明と自然現象の変化を因果付けし、不吉なものを感じ取ったのである。電車破壊事件はその後一九〇〇年五月と〇三年にもあったが、後者は、やはり児童が電車に接触して即死した事件で、この事件には韓国軍兵士も参加し、景福宮前の日本人洋品店を打ち壊す事態にまで発展した。兵士たちはその後、社主のアメリカ人コールブランの夫人にも投石して負傷させ、電車への投石や置石などはその後もしばらく続いた(『京城府史』第一巻、一九三四)。

女性の近代教育

朝鮮の近代教育は、一八八六年に培材学堂(私立学校)・梨花学堂(私立女学校)・育英公院(公立学校)、そして公立病院の済衆院に付属の医師養成所などが相継いで建てられたことに始まる。キリスト教宣教師の果たした役割が大きかった。朝鮮の近代教育の特徴の一つは、男子学校に劣らず女子学校が多く建てられたことである。宣教師たちに朝鮮女性の地位が異常に低いと感じられたことが原因かも知れない。しかしそれは、順調に進んだわけではなかった。英語学校は人気を博したものの、女子学校は学生が容易に集まらなかった。梨花学堂の場合、学校に入れば渡米させられてしまうという保護者の恐怖があった。内外の別を気にする娘たちがほとんどで、外を見たり大通りを歩いたりするのが忌避されたのはもちろん、外出時には被り物をするのが常であった。活動的な教育などできなかった。

また、入学者はもっぱら貧しい家の娘たちであった。宣教師のアンダーウッドは、「はじめのうちは、ただ貧窮の家庭の子供とか、街の飢えた浮浪児しか、女学校に集めることができなかった。かれらはくずのように扱われ、もし女学校に収容されなかったら奴隷として売りとばされるか、乞食になるか、餓死するかしたであろう」（前掲『朝鮮の呼び声』）と述べている。したがって中途退学者が多かった。梨花学堂が初めて卒業生を送り出したのは一九〇八年のことで、実に創立から二二年の歳月が過ぎていた。

一九〇五年一一月に第二次日韓協約（乙巳《いっし》保護条約）が結ばれ、大韓帝国が日本の保護国になると、国権回復運動が始まった。反日義兵運動と並んでその重要な柱となる愛国啓蒙運動が起き、教育熱が高まるが、私立の女子学校も多数設立された。洋賢堂金氏が悲願とした官立女学校の設立は〇八年、漢城女子高等学校の開校によって実現されるが、しかしそれは保護国下で実現したものであり、親日色に染まるのを避けられなかった。

20世紀初頭の女子教育の光景

民衆ナショナリズムの高揚

保護国化に先立ち、日露戦争は民衆生活を苛酷なものにした。一九〇四年二月、不意に朝鮮に軍事侵攻して日韓議定書を強要した日本は、それを根拠に全国の土地を任意に軍用地や鉄道用地として収用し、民衆を軍需物資の運送役夫として駆り出した。また、軍隊とともに入り込んできた小商人や土建業者などは朝鮮人に傍若無人に振る舞い、暴行や略奪、強姦などを行った。そのため、反抗した朝鮮人が各地で軍用電線や軍用鉄道を破壊するようになると、日本軍は七月、全国に軍律を敷いた。破壊活動には死刑を適用し、〇六年一〇月までに三五人が処刑されている。軍律体制は韓国併合後に行われる武断政治の原型であり、各地で日本人との殺傷トラブルが発生し、反日の民乱が続発した。

こうした状況は、否が応にも民衆ナショナリズムを刺激しないではおかない。甲午農民戦争では、流民化して生活主義に生きる民衆が大量に農民軍に投企し、日本の侵略被害を直接に受けていなくとも、素朴なナショナリズムを発揮したが、日露戦争段階になると、民衆は全国的かつ現実的に日本人と対峙し、日本の侵略の明確な被害者、犠牲者となった。民衆のナショナリズムは観念的なものから経験的なものに止揚されたのである。

しかも、愛国啓蒙運動が開始されると、新聞や雑誌などマスメディアが量的にも質的にも発達し、風聞だけではない正確な情報が民衆のもとに届くようになった。識字層は限られていたが、道端で知識人が文字を読めない人々に新聞を名調子で朗読する新しい政治文化が、この頃には「韓人街に於ける名物」として醸成されていた(前掲『朝鮮漫画』)。公論を重視する儒教的民本主義に慣れ親しんでいた民衆は近代的言論=公器と遭遇し、これまた両者を接木して新しい政治文化を自ら創り出したのである。

こうしたことを背景に一九〇七年二月から全国的に展開されたのが国債報償運動である。この運動を通じて大韓臣民は自ら国民化していった。これは大邱の出版社光文社代表の金光済《キムグァンジェ》と副代表の徐相敦《ソサンドン》という人物が、日本からの借款一三〇〇万円を国民の義援金で返済しようと呼びかけたことに端を発した運動である。朝鮮人二〇〇〇万が一人一ヵ月二〇銭の煙草代を三ヵ月寄付すれば、借款を返済できるという趣旨であった。金らが呼びかけた「国債報償趣旨書」は各紙に掲載され、国債報償期成会が組織された。そして、煙草代だけでなく指輪や貴金属、副食費などが全国民的に供出される大国民運動となった。

実際この運動には、老人や女性、物売り、酒賈、商人、匠人、馬夫、校奴(学校小使)、褓負商、乞食、白丁、児童などあらゆる階層、年齢の者が参加した。死を間近に控えた老人が家財を処分して義捐した(『皇城新聞』一九〇七・七・二九)とか、樵童たちが柴や草鞋を売って義捐した(『大韓毎日申報』一九〇七・三・二〇)というような具体的な話が多く登場する。次章で述べるが、とりわけ女性の参加には目を見張るものがあった。総督府が、国債報償志願金総合所が設置された大韓毎日申報社の総務梁起鐸《ヤンギタク》に横領の嫌疑をかけて逮捕したことによって、この運動は頓挫してしまったが、運動を通じて喚起された国民意識の拡散は急速であった。

義兵と民衆　反日義兵運動は日露戦争最中、軍律体制が全国化すると間もなくして散発的に起きてくるが、保護国化以降本格化し、〇七年七月、伊藤博文によって高宗が退位させられ、次いで第三次日韓協約が結ばれて軍隊が解散させられると、義兵戦争化した。義兵戦争の大きな特徴は、初期義兵運動と違って平民義兵将が多く誕生した点である。儒生・両班の義兵将が二五％を占めたが、農民一九％・軍人一四％と続き、無職・火賊出身者も一二％ほどいた(参朴成壽)。洪範図《ホンボムド》や申乭石《シンドルソク》が有名だが、平民が自ら武器を取って指導者となるのは、単に国民意識の拡散というだけではなく、何よりも当時の人びとが経験した軍律体制がいかに過酷であったかを示唆している。

『ロンドン・デイリー・メイル』特派員のF・A・マッケンジーは義兵を訪ねる旅に出たが、そこで眼にしたのは、焦土化した村々が連綿と続く、凄惨にして荒涼とした風景であった。彼は、「反乱軍」の活動を傍観するのは「反乱軍」と同罪だとして、日本軍が「韓国民をなだめる」こともせずに村々を見せしめ的に破壊することによって、かえって一般民を義兵側に味方させてしまっていると指摘している(渡部学訳『朝鮮の悲劇』平凡社、一九七二)。民衆は義兵に対して同情的であった。一三道倡義大将であった李麟栄《イイニョン》は、逮捕後「義兵の内情を官憲に密告する如きは韓国人中にはありませぬ」と断言している(「十三道倡義大将李麟栄の件」金正明編『朝鮮独立運動』I)。食に窮した良民が農民軍に投じる一方で、観念的にしか日本を知らなかった甲午農民戦争段階の農民軍兵士と比べると、義兵戦争段階の民衆のナショナリズムは、確信的なものになっていたと言っていいかも知れない。義兵と一般農民の犠牲者も甲午農民戦争に匹敵するものであったと推測される(参趙景達②)。

そしてそうであればこそ、民衆の義兵将に対する敬愛の念も心底から発する情感溢れるものであった。義兵将史上最も有名な崔益鉉《チェイッキョン》は拘束されて対馬で流配死したが、一九〇七年一月、彼の柩が釜山に着くと大変な騒ぎとなった。埠頭には高名な愛国のソンビに惜別の意を示そうと数万人の男女老少が柩を出迎えて号泣し、遠方からも士民が弔問に訪れ、各学校の生徒も哭声を発した。妓生や僧侶なども祭物を供えながら号泣した。ある者は哀悼の言葉を述べ、ある者は演説し、ある者は哀悼の歌を歌い、それを見た外国人もまた涙した。当時、「建国以来、いまだかつてこれほどの盛大な葬儀はなかった」と言われた（前掲『梅泉野録』）。民衆が抱いていた徳望家的秩序観は燃え上がるナショナリズムとして昇華したのである。

キリスト教の大復興運動と民衆

しかし、抵抗は悲劇しか呼ばなかった。ナショナリズムの高揚とともに絶望感も頭をもたげてくる。義兵弾圧に与する自衛団が日本軍と親日政府によって各地に設けられると、民衆はそれへの参加と協力を強いられ、心ならずも義兵に背を向ける者たちも現れる。そして、そうした民衆の動揺や不安を背景に一大宗教運動が展開される。プロテスタント系キリスト教で起きた大復興《リバイバル》運動である。朝鮮ではキリスト教は、一八九五年から一九〇七年にかけて飛躍的に成長したが、特に一九〇三〜〇七年の大復興運動は凄まじかった。まさにこの時期、民衆は疲弊し、高揚するナショナリズムと絶望の中で動揺した。

とりわけ日露戦争において多大な犠牲を強いられた北部地方の民衆は、南部地方の義兵戦争が伝播してくるのではないかという恐怖の中で急速にキリスト教に帰依していった。そこには、「メシア的救出の大望とユートピアへの郷愁のようなもの」があったが、奇妙なことに人々は、続々と神の臨在を感知する熱狂の中で神に自らの罪を懺悔し、悔い改めの誓いを行った（参閔庚培）。そこでは人々は、神の臨在を感知しはするが、あくまでも神に救いを求める無力な存在でしかなかった。日本が厳烈な軍事支配を行い、無力感が急速に広がっていくなかにあって、民衆総体が真人たりうるという信仰はもはや説得力を持ち得なくなっていた。同じく神秘主義的であっても、万人真人化を説く東学の異端とはまるで違う。キリスト教が原罪を説く徹底した一神教であるからには当然なことであった。

大復興運動において重要な役割を果たしたキリスト者は、吉善宙《キルソンジュ》である。彼は多感な少年期に厭世症にさいなまれ、当初は仙道に帰依した。仙道者として彼は、降霊経験をして仙術を習得し、いささか名声も得たようであるが、友人の影響もあって三〇歳を前にしてキリスト教に改宗した。その際にも彼は神の声を聞くという神秘体験をしている。そうした神秘体験が事実かどうかは計りかねるところがあるが、王朝末期から植民地期にかけてはそうした体験の術を習得しようとする宗教的行者が少なからず現れている。甑山《チュンサン》教を創始した姜一淳《カンイルスン》や円仏教を創始した朴重彬《パクチュンビン》が有名である。いずれにせよ吉善宙はその後牧師となり、各地を巡回して伝道活動を行い、大復興運動において多くの信徒を獲得するようになる（㊂趙景達①）。

この運動の重要な点は、あくまでも宗教運動に徹し、非政治的に展開されたことである。復興会で人々は牧師の言葉に感化されて神の臨在を感知し、自らの罪を懺悔するばかりであった。その内容は、ほとんどが嘘、憎悪、嫉妬、飲酒、淫乱、果ては殺人に至るまでの個人的倫理に関するものであった。これはある意味、国権回復運動に背を向ける宗教的営為であった。当時旅行者として吉善宙に接したあるイギリス人女性画家の記録には、実際彼は「日本に対する抵抗が完全に希望がないのを知り、人々に逃亡するのをやめ、抵抗するのもやめるように説得し、南側で起きた流血の事態（義兵戦争）を北側で起きないようにした」（E・G・Kemp〈申福龍訳〉『조선의 모습〈朝鮮の姿〉』 집문당、一九九九）人物として紹介されている。それゆえ吉は、愛国啓蒙運動陣営からは国家・民族の存亡に無関心な宗教家として指弾されもした。

しかし逃避ではあっても、それは民衆の苦悩の表現なのであって、民衆史的にはそのことに寄り添った理解をする必要がある。そして興味深いことは、民衆が次々とトランス状態に陥って神の臨在を感じ、罪の告白をすることによってキリスト教に帰依していったのは、多分に巫俗がその基礎にあるのではないかという点である。吉善宙の場合は仙道＝道教が基礎にあったかにみえるが、すでに述べたように朝鮮では道教は、その源を巫俗と一にしているというのが李能和の見解である。ある米国人宣教師が目撃した朝鮮人の祈禱の仕方は、「教人らは儀礼の夜間集会後には、山に登って凍り付いた地面にうつぶせになり、聖神降臨のために神に泣きながら祈禱」(㊜白楽濬)するというものであった。これは巫俗の降神儀礼や山神信仰を思わせる。

朝鮮におけるキリスト教の布教は、プロテスタント系ではその後も多く聖霊信仰的に行われていく。現在、韓国にはキリスト教信者が三〇%ほどいるが、聖霊主義派の教会では喧噪のうちに進行する大声祈禱がしばしば見られ、依然として深夜の山中祈禱も行われている(㊜伊藤亜人)。また神霊的な治病宣教も行われ、しばしば批判を受けながらも事実上、巫俗と習合していると言明する牧師さえいる(㊜崔吉城)。韓国には巫俗信者などもうほとんどいないはずなのに、やはりその精神文化だけは執拗に残存し続けているのだと考えざるを得ない。

現実逃避はナショナリズム的には問題だが、聖霊降臨を集団的に経験するという奇妙な大復興運動は、当時の民衆にとって現実がどれほど絶望的であったかを示すものであり、その現実否定の精神の有り様は尋常ではない。当時、いかに民衆が煉獄のような経験を強いられていたかを教示してあまりある。民族至上主義的な歴史認識は、民衆史的な地平を見えがたくしてしまうであろう。

第7章

周縁的民衆の覚醒

朝鮮最初の西洋医となった白丁出身の朴瑞陽《パクソヤン》

1 義賊の時代

甲午改革以降、朝鮮の近代化が本格化するなかで、周縁的民衆はどのように生きたのであろうか。この時期の民衆世界の特異な現象として、活貧党に代表される義賊が躍動し、それを称える風潮があったことがあげられる。この時期は、洪吉同《ホンギルドン》・林《イム》巨正《コッチョン》・張吉山《チャンギルサン》の時代に続く第四の義賊の時代であったと言ってもいい。壬戌民乱以降、長期化、恒常化、広域化するようになった火賊の活動は、開港以降になるとなお一層顕著化し、一八七〇年代末頃からは漢城にまで出没するようになる。活貧党の活動時期は一九〇〇～〇六年頃であるが、一部には活貧党は漢城の大官によって指嗾されているだとか、あるいは日本亡命中の朴泳孝によって指嗾《しそう》され、政府転覆を企図しているだとかの風聞が立ち、時の政府と高宗を不安にさせるほどに、その活躍は際立っていた（㊜趙景達①）。

活貧党の誕生

活貧党は、一五〇〇年頃に活躍した三大盗賊の最初の人物洪吉同をモチーフにした小説『洪《ホン》吉童伝《ギルドンジョン》』に出てくる義賊集団に範をとったものである。名門出身でありながら、差別される庶孽として生まれた洪吉童は、活貧党を結成してその首領となり、義賊活動を展開して政府を翻弄すると、やがて逆に政府に迎え入れられ高官となるが、それにもあきたらずに海外の島に出て理想郷を作りその国王になる、というのがその内容である。活貧党は一八八六年にその原型が組織されたが、一ヵ月ほどで解体してしまった。その後この活貧党の一員であった盗賊が、すでに全国的な賊党を組織していた「八道火賊都魁首尹同屈《ユンドングル》」の配下に入った。尹同屈は九七年に逮捕され翌年に獄死したが、この組織を継承したのが「八道都監大閔《ミン》都事」である。

活貧党は一九〇〇年三月頃からその活動を本格化させるが、それはこの閔都事の指導下に組織されたものであるらしい。閔都事は白髪の老人で漢城にいて全国の活貧党を指揮していたというが、同年八月に逮捕、処刑され、その後集団指導的な組織体制となった。活貧党は大きく、①忠清・京畿の両道、②洛東江以東の慶尚道、③洛東江以西の慶尚・全羅の両道という三つの集団に別れ、それぞれ五〇～一〇〇名ほどの規模で活動したが、それぞれの指導者はいずれも孟《メン》監役ないし馬《マ》中軍と名乗った。また役割分担が明瞭にされており、都領首・副領首・三領首・左護軍・右護軍などの任員があった。各指導者が同一名を名乗ったのは、多地域にわたって同一人物が同時的に活動すると見せかけることによって、活貧党の神出鬼没性を演出する意図があったようだ。

活貧党と他の類似的義賊団を合わせた火賊集団の職業調査によれば、確認される五九五人の逮捕者の中で、商業一五三人(二五・七%)、農業一五〇人(二五・五%)、僧侶一一四人(一九・二%)、無職・乞食等九五人(一六%)、雇傭・労務者五三人(八・九%)、その他三〇人(四・九%)となっている(参朴在赫)。商業はほとんどが褓負商などの行商人で、酒幕の主人も少なからずいたであろう。農業は普通の小農民もいたであろうがその多くは貧農で、雇傭・労務者なども実際には無田化した農民が大半であったと考えてよいであろう。また僧侶の割合が高く、依然として破戒僧の暗躍振りが示唆される。要するに火賊や活貧党は多く食い詰め者の集団であり、まさしく郷村社会からドロップアウトした周縁的民衆というに相応しい者たちであった。

義賊の出自と掟

こうした無頼化した者たちをいかに強固に結合させるかは、賊団の存続にとって重要な事柄である。一般に火賊には、世系と呼ばれる老々師長・老師長・師長・有司などという指揮系統があったが、盗賊行為を行う際には先鋒大将・中軍大将・後軍大将などという任員配置を行い、その規律はすこぶる厳格であった。組織の具体相は分からないことが多いが、民族運動家の金《キム》九《グ》は、獄中にあったとき火賊の者から火賊社会のことについて聞いている(「直解 白凡逸志」『白凡金九全集』一)。

まず入党の方法だが、毎年各地からの推薦によって念の上にも念を入れ、故意に捕えて拷問まで加え、それに堪えた者だけを入党させる。入党式では、責任有司が自分の前に跪かせた入党資格者の口に剣の切っ先を入れて嚙ませ、手を離して「天を見上げよ。地を見下ろせ。我を見よ」と言う。その後剣を納め、「汝は天を知り、地を知り、人を知りたれば、間違いなく我が同志たることを認める」と宣言して儀式は終わる。ひとたび同志となったならば、面識はなくても、何らかの合図によって互いをそれと認知することができるようになる。盗賊稼業は年に二、三度しか行わず、盗品は伝来の方法で厳正に分配される。老々師長や老師長の取り分をまず控除し、次いで各地の経費と騒動に巻き込まれた者の遺族の救済費を控除した上で、残りを平等に分配し、決して争うようなことはない。掟は恐ろしく厳格で、四大死刑罪があり、同志の妻を犯した者、逮捕されて賊団について自白した者、盗品を隠匿した者、同志の財物を強奪した者の四者については、どこまでも追跡して殺害する。「退党」して「行楽」と称する盗賊稼業から足を洗うことは可能だが、その際には、かつての同志が緊急避難の助けを求めに来た場合は生涯かくまうとの誓約をしなければならない。

入党の仕方が実際にこの通りであったかどうかは確認できない。火賊や活貧党の証言では、脅迫されたので入党したと言う者が非常に多いし、実際にはいろいろと白状している。やはり拷問には堪えられなかったのであり、であればこそ活貧党は壊滅した。しかし、分配の仕方や掟に関しては、ほぼその通りであったことが確認できる。

火賊とは、家々や部落を放火して灰燼にしてしまう属性を持つために名づけられた名称である。しかし放火は最終手段であり、一般には数名から数十名による強盗活動に従事した。当時最も凶悪な犯罪の一つは掘塚であった。富者の墓を掘り返して遺体を奪去し、脅迫文を場市に掛書したり、直接その宅へ投書したり、あるいは墓に置書したりして、身代金ならぬ骨代金を奪い取るというものである。「掘塚賊」とも言われる火賊は一八八〇年代から登場し始めたが、死骸に宗教的な価値を置く儒教国家ならではの犯罪であった。

活貧党の作法

活貧党の場合はこうした陰険な犯罪をしないのが特徴で、たとえ行っても脅迫だけで済まし、実際には掘塚までには及ばないというのが普通であったようだ。活貧党の火賊手法は武装した多人数によって脅迫した上で強奪するか、あるいは一挙に襲撃を敢行するという方式が一般的であった。白昼堂々と、時に「活貧党旗」をはためかせながら行軍し、それを地面に突き刺してラッパと銃声を鳴り響かせる喧噪の中で火賊活動を行うことが、彼らの矜持であった。

活貧党の強奪が大胆不敵に行われるのは、場市襲撃の時である。一〇〇名以上にも上る活貧党が場市を襲撃し、「吾らはもとより人を傷つけ財を奪う者ではないので安心して業をなせ。もし動揺して逃走すれば砲殺を免れがたい」として、参集者たちを静まらせた上で、資金のない商人たちに資金を援助する一方で、付近の富者を集合させて銭数千両を奪取したというような事件が典型的である(『皇城新聞』一九〇〇・五・一二)。

しかし、活貧党の略奪が最も大胆不敵になされるのは、邑官庁を襲撃する時である。綾州を占拠したある部隊などは、周辺三郡の富民に銭穀を差し出させて綾州へ輸送するよう命じ、まんまとそれを徴収すると、ただちに飢民に分給した後、数日にわたって宴会を催すという剛胆ぶりを発揮している。しかし、郡守はさすがにこの異常事態を観察府に秘報し、官憲と軍隊が出動した。すると激怒した活貧党は郡守を追放した上で、軍隊と銃撃戦を演じ、日暮れ時に変装してようやく脱出している(「全羅北道裁判所質稟書第三一号」『司法稟報』一一)。

このように活貧党は大胆不敵で胸のすくような活動を行い、けちな窃盗などは行わなかった。しかし、活貧党が強盗の後には必ず義賊行為を行ったと考えるのは間違いである。貧民救済は士が行わなければならない民本行為の最たるものであり、活貧党の盗賊稼業と徳行には士意識がちらつく。確かに、「富民に銭穀を要求して貧民に周く給するので、行き過ぎるところには無頼輩が日に益々影のように付いて」いくという記録もあり(『皇城新聞』一九〇〇・九・一一)、活貧党の義賊行為は毎度のことであったかにみえる。しかし尋問記録を見る限り、実際には「分給飢民」とか「散給貧民」という義賊行為が確認される事例はさほど多くはない。

活貧党と民衆

事実、活貧党は時として貧民や弱者に対して非道を行う場合があった。金銭は奪わずとも酒幕や貧しい家に押し入って酒食を提供させるのは普通のことであり、強姦も行っており、強姦された女性が服毒自殺する事件も起きている。また、活貧党ではないが、村ともめ事を起こして、村中を放火、灰燼にする火賊集団もあった。

村を焼き討ちするなどと脅迫し、時に実際にそれを実行に移す火賊は、民衆にとってこの上ない恐怖の対象である。彼らは機嫌が悪ければ、弱者にさえ死に至るほどの危害を加える正真正銘の無頼漢なのである。しかし火賊は、うまく対応しさえすれば、一般民衆には手を出さないばかりか、時に自分たちに盗品の分け前のいく分かを恵んでくれる存在でもあった。火賊にとっても民衆を全くの敵に回すことは不利なことであり、時に民衆に何がしかの恩義を売る必要があった。火賊は偵探を四方に出して、各地の富家の状況ばかりではなく、官憲の動向をも把握しようとしたが、それは民衆をある程度味方に付けていなければ不可能なことである。それに対して官憲は、むしろ火賊より悪辣であった。火賊のことを官憲に通報すれば、出動した巡検や兵士の活動費用は村の負担となるばかりか、彼らは何かの名目に付けて、村人を収奪の対象としたからである。

火賊と民衆は奇妙な共生の関係にあったと言うことができる。民衆にとって火賊は恐怖しつつも親愛を覚える対象であった。当時、活貧党の威にあやかろうと偽活貧党が少なからず出没している。単なる火賊の一員にすぎない一人の若者が仲間から外れ、活貧党と自称して公然と場市に現れ、「貧者の酒食の資」だとして金銭を分け与えようとしたという話もある(「浮浪党」『黒龍』一六、一九〇二)。活貧党は、風聞としては恐怖より親愛が上回る存在になっており、火賊の間でさえ憧憬の的になっていたのである。金允植は、「(活貧党は)富民の積穀を奪って貧民に散給し、年少・強壮の者には給せず、貧窮・廃疾の者には給しているので、貧民がその徳を頌えて木碑を立てること林の如くである」と記している(『続陰晴史』光武八・三・一五)。

反逆の論理

活貧党が最も憎悪したのは、地方官僚や警察・軍隊であった。ある賊党は、富家を襲って酒宴を開いた際、「観察使、守令、視察、大隊長、戢捕官《しゅうほ》、委員とかいう者たちこそが真の火賊なのだから、お前ら金持ちは、財産をどれほど増やしても、最後には手放すことになるだろう。かの真の火賊のふところを肥やすぐらいなら、むしろ吾ら活貧党にくれて貧乏人を救済するのが上策というものではないか」と言い放っている(『皇城新聞』一九〇三・三・一九)。

ここでは、自らを正義とし官僚などを悪とする逆立ちした論理が成り立っている。本来なら自身らこそが、官僚や警察・軍隊として民衆のために行政や保護を行うべき士人なのだとする意識である。活貧党の首領が閔都事・孟監役・馬中軍のように、いずれも官職名を付した賊号を称していたのは、単なる士意識を越えて疑似官僚意識を持っていたことを示唆している。一般の賊団員も、巡検や兵士の服装に身を包んで帯剣する者が多く、金銭授受の際には「総巡」と署名する者もいた。また、「我等ハ人民保護取締ノ役人ナレバ決シテ心配スルニ及バズ」(「公第二四三号附属復命書」『韓日外交未刊極秘史料叢書』八)と語る者もいた。

こうした転倒した活貧党の精神は、主観的には政治の実践主体として民本と勤皇に尽くそうとする士そのもののそれであった。一九〇〇年頃までの火賊には、李成桂の高麗王位の簒奪を批判したり、君主や政府など知るものかとか、『鄭鑑録』に仮託して新王朝の創設を夢見るような者たちがいたが、二〇世紀に入ると、そうした反逆の精神を持つ火賊は淘汰されていったように思われる。活貧党の親王朝的な立場は、何よりもその「三道士民原情」(「公第八七号附属復命書」『韓日外交未刊極秘史料叢書』九)という文書に示されており、彼らが高宗皇帝と大韓帝国を輔翼しようとする論理によって武装していたことが明らかである。

それによれば、活貧党が憎悪した対象は、あくまでも君を不義に陥れようとする禄を食んでいる官僚であり、また開国以来、開化を唱えつつ朝鮮を侵略し続ける「倭」＝日本であった。そして、「天朝」＝朝鮮王朝と「天陛」＝高宗皇帝は絶対的であり、死を賭した「義」において救国が唱えられるとともに、「天陛」への請願がなされ、「文明ノ聖世ヲ復旧センコト」を願って文を結んでいる。それは紛れもなく、皇帝幻想に基づく一君万民社会への変革志向を吐露したものにほかならない。

実際、逮捕されても「我々ハ国家ノ存立ニ関スル運動ヲナシタルモノナリ」と傲然と言い放つ活貧党員がいた(「活貧党状況視察報告書」『韓日外交未刊極秘史料叢書』八)。また、三名の活貧党員は処刑に臨んで、「我等ハ国家ノ為メニ義兵ヲ揚ゲ清国ヲ援ケ日本ヲ排スルモノナリ。何ンゾ罪アランヤ」と述べるとともに、一一組にのぼる活貧党が八道に蜂起するだろうと言明している（前掲「公第八七号附属復命書」）。

しかし活貧党が、その崇高な綱領に則って果たして真に闘争を行っていたかというと、疑問がつきまとう。活貧党の闘争は、あくまでも盗賊行為と盗品の貧民への分給ということに終始するものである。時として行う地方権力機関に対する襲撃は、あくまでも金穀奪取や復讐のためになされたのであって、ある全体的な闘争構想の下になされた闘いでは決してない。問題は、民衆が義賊を期待し、心ある盗賊もまた、時としてそれに応えようとしたという点に求められる。義賊の活動を切望する民衆の心性が、自らも元々は普通の民衆であった盗賊をして、益々義賊としての錯覚した英雄意識を持たせ、さらには国家経綸に関する綱領をも持たせるに至り、ここに活貧党伝説が成立したのである。

活貧党は一九〇六年頃に壊滅するが、その残党や他の火賊の一部は義兵に合流した。しかし彼らの多くは、盗賊の本性から抜け出すことができず、義兵将からは「仮義」によって生存を図ろうとする者たちだと見なされ、義兵の中でも次第に孤立し、排除されていく。

2 褓負商の近代

大韓帝国期の褓負商については、趙宰坤《チョジェゴン》の研究が詳しい（㊜趙宰坤①②）。以下、その成果を中心に私見も加えつつ褓負商の近代についてみていきたい。

褓負商団の再興

東学農民軍に敵対した褓負商は、一般民からも開化派政権からも嫌われた。独立協会襲撃の際も漢城の人々は圧倒的に独立協会に味方した。しかし褓負商は、商理局が解散させられても、なお政府の要人が後ろ盾になっているという意識を強く持ち、意気軒昂であった。吉永洙らも再興運動を続けた。その結果、反独立協会運動の功績が認められ、ついに一八九九年六月商務社が設立され、商理局の復興がなされた。復興に当たっては、政府では漢城の旧特権商人である六矣廛も統合した組織を作ろうとしたが、褓負商側はそれを拒否し、文字通りの褓負商団の再興にこだわり、六矣廛を排除した。商務社の任員は近代的に社長・副社長・書記・幹事などと呼ばれ、地方官は褓負商統括の地域責任者で、観察使は分社社長となった。

商務社と名称を改めたのは、浮浪の輩が褓負商の名を借りて民間に弊をなしたので、心機一転しようとしたものらしい。しかし今や、浮浪の輩とまじめな褓負商を区別するのは相当に難しくなっていた。にもかかわらず褓負商は慢心していた。褓負商の慢心振りを示す光景が、商務社復興直後の漢城で目撃されている。東大門付近で褓負商二〇人ほどの集団が全員ペレンイを被って眼鏡をかけ、人力車に乗って街を通り過ぎていったというのである。このことを伝えた『独立新聞』は「その威儀はものすごかった」と報じている（『独立新聞』一八九九・七・二七）が、これはもちろん皮肉と嘲笑である。賤民の象徴であるかのようなペレンイをいまだに被りながら、両班・士人の象徴である眼鏡を伊達にかけ、「朝鮮ハイカラ」（荒川五郎『朝鮮事情』一九〇六）の富者の乗り物に乗っていたというのは、近代的エリートの新聞記者たちにはさぞかし滑稽に思えたことであろう。

褓負商の多くは無学な者たちである。しかし彼らは、暴力的にせよ独立協会員たちと政治的に渡り合った者たちであり、今や近代的組織の商務社の正式な社員でもある。ここには妓生や李在守が眼鏡をかけたのと同じ屈折した自尊意識が表れていると同時に、彼らもまた政治の実践主体として天下国家を語る士意識を持ったことが示唆されている。

増長する褓負商

商務社の設立によって、褓負商の特権もほぼそのまま復活した。いや、以前にも増して強化されたと言った方が正確である。験標の濫発は以前から問題視されていたが、商務社設立後は単に濫発しただけではなく、それを必要としない一般民や小商人にも強制配付し、文字通り金銭収奪の具と化した。また、商業税徴収業務も従前通りに戻ったが、これも政府からの委託が強化され、一部手工業者に対する収税も行うようになった。

徴税の仕方も無名雑税化し、恣意的な名目を付けて行う不正収奪のようなものであった。そして、大韓帝国期の褓負商はいつの時代よりも権勢を持ったがゆえに、暴力事件や強奪事件などを起こす輩も益々増えていった。不法行為を行って殺人まで犯したり、不当な商行為を禁止した警官に暴行を働いて重傷を負わせたり、仲間の罪人を脱獄させたりするなど、各地で褓負商の犯罪が目立つようになった。規律厳正な褓負商の掟はもはや有名無実と化してしまった。

そこで、政府ではこれらの不正行為を取り締まるために、各地に商務視察使を派遣したが、彼らは強大な力を持って取り締まる一方で、しばしば自らも不正収奪に関与した。富民に東学の残党だと言いがかりを付け、無闇に罰税を化して破産に追い込むような視察使も少なからず現れている。これでは褓負商の不法行為が収まるわけがない。

一方、褓負商は依然として商兵団としての役割も担った。東学の残党狩りは、本来視察使の職務ではなく褓負商の職務であった。また、火賊や活貧党の討伐にも褓負商が動員されたが、褓負商出身の火賊が多くいたのだから、「夷を以て夷を制する」ような褓負商同士の対決があったということである。天下国家に尽くしているという倒錯した自己認識は活貧党が持った手前勝手な意識であったが、褓負商もまたそうした士意識をもって活貧党と対峙したのである。

こうした士意識は、国家存亡の危機にあった当時、褓負商を排外主義の方向に向かわせる力ともなった。褓負商は東学残党狩りを行う一方で、キリスト教に対しては仇教運動を繰り広げることもあった。そして興味深いのは、その際東学残党と協力して行う事例がいくつかあった点である。褓負商にとっては内の敵より外の敵の方がより危険な存在として認識されていたということである。

排外主義と愛国

しかし、褓負商が最も危機意識を募らせたのは日本であった。褓負商は甲午改革以降、商権が外国、特に日本に侵害されていると認識していた。宮内府内蔵院卿として光武改革を推進した李容翊は鉄道の京仁（漢城―仁川）・京義（漢城―義州）線の自力建設に血道を上げたが、商務社はこれを支援している。李容翊は元褓負商である。この鉄道敷設事業は結局日本の熾烈な妨害に遭って失敗するのだが、反日において褓負商は期するものがあったようだ。すなわち、日本が朝鮮で第一銀行券を発行して朝鮮で流通させようとすると、一九〇二年一二月商務社とは別に褓負商を中心とする共済所を組織し、翌年から第一銀行券反対運動を繰り広げている。この運動には政府の暗黙裏の支援があった模様だが、それを直接に指揮したのは吉永洙であり、鍾路に檄文を貼り付け第一銀行券使用の不可を訴えた。

この運動は七月まで続いたが、高宗は日本の圧力に屈し、共済所を解散させた。地方ではその後も散発的に続きはしたが、結局失敗した。失敗の原因は、基本的には韓国貨幣への信用がなかったことにあるのだが、主体的な要因としては運動の担い手である褓負商自体が社会的信用を失っていたことが大きい。

商務社はこうした経緯を経て、〇四年二月日韓議定書が締結されるや、日本の圧力によって解散させられてしまう。しかし、それに対する褓負商の不満は激しく、翌月すぐに、調印に関係した大官等を殺害しようとする爆裂弾投下事件が起こされた。最大の主謀者は吉永洙である。これは失敗したが、日露戦争中に起きた反日運動の嚆矢であった(㊫趙景達②)。

褓負商団の消滅

褓負商はこうして御用団体ではなくなった。そして〇四年一一月、新たに立ち上げられたのが商民会である。名称はすぐに進明会→共進会と改められ、平理院検事の李儁《イジュン》を会長に迎えた。李儁は周知のように〇七年七月のハーグ密使事件で保護条約の非を訴え、憤死した人物である。当時から名の知れた反日主義者で人気があった。また、彼とともに愛国啓蒙運動の代表的なイデオローグであった尹孝定《ユンヒョジョン》も幹部の一人に名を連ねたが、両者は独立協会運動にも関わっていた。褓負商の頭領たちはこうした事情を知った上で和解し、褓負商団の再生をかけて幹部に招請したのである。しかし共進会は、わずか三カ月後の〇五年二月、反政府的だということで李儁以下四名の幹部が逮捕され、解散するのやむなきに至った。日露戦争下、朝鮮を実質的に支配していた日本の圧力があったのは言うまでもない。

その後、東亜開進教育会・進興会社・大同商務会・帝国実業会など様々な褓負商団体が分立しては解散するという状況になり、やがて韓国併合を迎える。程度の差はあれ、ほとんどが親日的な体質を持っていた。もはや褓負商の自律性と反日性は完全に失われてしまった。これも日本の圧力によるものだが、指導者として親日的な人士を受け入れざるを得なくなった褓負商は、彼らに翻弄されたという側面が否めない。こうして、褓負商は何らの特権も持たない普通の零細行商人となった。

韓国併合の前年『大韓毎日申報』(一九〇九・八・七)は、商務社の再興を夢見る褓負商はその目的のために「日本の鷹犬」になろうが「政府の奴隷」になろうが何ら気にかけようとしないとして、褓負商を批判している。これは半分当たっているが、半分は誤解である。しかし、長きにわたって人々の不信を買ってしまった褓負商団の当然の報いという見方もできる。

近代に入ると、賤視された褓負商は強固で自立・自律的な組織を作り上げたが、一方で政府と君主の庇護を受ける前期的資本として旧体制と共存共亡の運命にある商人団体となった。一人ひとりの褓負商は零細でありながらも、褓負商団は特権を行使してそれなりに利益を図ることができた。しかし国家や権力の後ろ盾を失ったとき、再び自立・自律的な組織を作ろうとする褓負商の活動は、そう容易なものではなかった。それでも民族に覚醒して必死の挽回をなすべく、野にあって国民とともに愛国啓蒙運動に尽力しようとしたが、長きにわたって御用商人団体としてあった褓負商は、国家に飼い慣らされてしまい、もはや自立できず自律性も回復することはできなかった。団結することなくして、また国家的な支援なくして自立できなかった賤民的商人団体の哀れな末路であった。

3　白丁の近代

解放と迫害　免賤令により解放されたにもかかわらず、旧白丁が平民並みに黒笠を被るのを躊躇したということについては既述したが、実際その躊躇は杞憂ではなかった。黒笠を被ることを許さない地域社会は厳然として存在しており、晋州を中心とする一円の一六郡では容易に許されなかった。そこで一九〇〇年二月、旧白丁たちは黒笠の着冠許可を嘆願したのだが、慶尚南道観察使は何と笠のひもを牛皮にせよという侮蔑的な条件を付して許可を出した。旧白丁の上訴によって内部(内務省)はこれを取り消したが、一〇月に晋州府民数百名は府内の旧白丁を襲い、家屋十余戸を打ち壊した。また、官隷になることを強要したり、免賤訓令を出す見返りに賄賂を要求したりする郡守も後を絶たなかった。神の前の平等を説くキリスト教会にあってさえ、旧白丁と一緒に礼拝するのを拒否する信徒が続出し、外国人牧師などは相当な苦労を強いられている。

しかしこれらは、日本における賤民解放令直後の新政反対一揆と比べるならば、さほど深刻ではない。晋州の事件はやや深刻なようにみえるが、負傷者が出ているものの死者は出ていない。内部はそうした事態を許さず、慶尚南道観察府に対して、「屠漢を免賤することは朝家の飭令や内部の訓令で何度も指示しているのに、なおこの種の事件が起き、実に慨嘆に耐えない。(中略)他人の家舎を毀ち、他人の什物を壊し、他人を殴って傷を負わせるということが今後も続くなら、等閑に付して捨て置くことはできない。事の仔細を調査して曲直にしたがって厳しく懲罰せよ」という訓飭を発した(『皇城新聞』一九〇〇・一〇・二〇)。類似の事件が他にもいくつかあった模様だが、やはり死者までは出ていない模様だし、貴賤の差別はあってはならないという内部の方針は、断固たるものであった。そして一一月、内部は全国一三道の観察府に次のような訓令を発した(同一一・二二)。

更張(甲午改革)以来、屠漢輩の免賤と登籍はすでに訓飭したにもかかわらず、官隷輩が悖習を改めずにその侵虐(暴虐)と討索(横奪)が以前と同様に恤《やす》んじ得ないのはどうしてなのか。今、本部では特別に完文(措置証明書)を作成して各道の屠漢に頒給することにしたので、管下の各郡に速やかに命じて尽く追籍させ、無頼輩の侵虐を厳禁せよ。

ここでいう「登籍」とは当然「屠漢籍」への戸籍記載のことであるはずだが、政府は登籍がなお不十分であるとし、免賤の証明書を旧白丁各人にも特別に発給することにしたので、登籍を徹底することによって「無頼輩の侵虐を厳禁せよ」と言っている。「屠漢籍」についてはすでに、白丁差別が何ら解消されていないことを示すものという解釈が通説化していると述べたが、この史料を素直に読む限り政府にそのような意図があったとは考えられない。むしろ内部は、旧白丁を「屠漢籍」に登籍することがその保護になると認識していたことを示しており、民本主義的なパターナリズムの論理では保護したという認識ではなかったのではないであろうか。郡内の誰が旧白丁であるかを明確に把握して保護対象とすることを各郡に求めているのである（㊜趙景達②）。

現に旧白丁の間では、当時「戸籍調査に出向いた巡検たちは、あたかも勅使でも迎えるように部落中から歓待された」と俗伝されてもいる（㊜林鍾国）。「屠漢籍」の作成は周縁化されていた白丁を、確固として斉民化するに際しての過渡的な措置という性格を持っていたように思われる。今日的視点からすれば、「屠漢」という語彙自体差別意識が色濃くにじむものである。政府は職業に貴賤があることは認めており、差別意識や人権意識は現在よりはるかに鈍感であった。しかしそれは、貴賤によって差別してはならないという政府の賤民解放方針と矛盾していたわけではなかったと理解するのが適切だと思われる。

高宗と賤民　著者がこのように主張するのは、大韓帝国はこれまでにないほどの一君万民政治を標榜する国家であったからである。実際、高宗は万民の君主として賤民差別とは厳然と距離を置き、賤民に積極的に近づいていった。高宗は、科挙が廃止された大韓帝国期、門閥や学識にこだわることなく、かなり自由に人材登用を行い、それまでの官僚とは異質の氏素性も明らかではないような官僚を多く採用している。それを可能にしたのは、皇帝が官位に関係なく非公式に臣下や一般人と面会できる別入侍《べつにゅうじ》という制度である。この制度は以前からあったのだが、高宗はこの時期、身分を問わず多くの人物と会った。

一八九八年のある官僚の上疏には、「現在、秩(官職)なき輩が別入侍という資格で難なく禁中に出入しておりますが、凶徒が内応して上《へいか》の動静を窺い、国の機密をひそかに漏らそうとするやもしれず、これはすぐに厳禁、廃止しなければなりません」(『秘書院日記』高宗三五・八・三)とある。別入侍制の危険性を訴えているのだが、同様の上疏は大官や重鎮儒生なども行っている。高宗はこれに一向に耳を傾けることなく、その後も別入侍をやめなかった。一九〇〇年頃、世評ではそうした高宗の振る舞いについて次のように伝えられていた(前掲『梅泉野録』)。

この時、別入侍という資格の者が日に日に増加していた。(中略)上《へいか》は大官より下は巫覡や屠沽(白丁と酒店商)の類いに至るまで参じない者はなかった。上は尽くを記憶することができず、ただ進謁を受けるたびごとに頷くだけである。入侍する者は、上がお金を好むことを知っているのであり、隙を窺い競って進物を捧げた。そして、某地に鉱山が見つかったとか、某地の水利がよいとか、某物は独占すべきであるとか、某社を設けるべきだとかと説くと、上はすぐにそれを可とした。

高宗は巫覡や旧白丁に至るまで差別なく直接面会したというのである。一君万民の具現化である。同じく一君万民を標榜した天皇制国家の近代日本ではあり得ない光景である。面会の際には金品が献上されたようだが、それと引き替えに何らかの利権が付与された。光武改革は皇帝主導で行われたため、皇室財政の増大が目指されたが、高宗は富者であるなら誰とでも面会し、献納を受けたのであろう。旧白丁の境遇は悲惨ではあったが、既述したように経済的には一般民より豊かな者が多かった。では、旧白丁でありながら別入侍として高宗に面会した人物は誰か。実は褓負商の首領で独立協会運動を弾圧した吉永洙こそ、その人であった。

異形の白丁吉永洙

吉永洙は慶尚道尚州出身の白丁で、「一丁字も読めなかった」という噂があったほどの無学な男であった。しかし閔氏一族の官僚閔泳綺《ミンヨンギ》の知遇を得るという僥倖に恵まれ、甲午改革頃、高宗に拝謁する機会を得た。すると、優れた風水師としてたちまち高宗の寵愛を受け、一八九六年相地官(陵墓などの選定官)に任命され、洪陵守陵官(高宗の陵墓管理者)となった。そして京畿道果川郡守の任にあった時、一三道負商都班首という地位に収まり、褓負商を皇国協会の実働部隊として組織し、洪鍾宇とともに万民共同会を襲ったのである。その後皇国協会は独立協会とともに解散させられるが、吉永洙は高宗から益々信頼されて官歴を積み重ね、一九〇三年にはついに漢城判尹《はんいん》(首都の知事)にまで上り詰めた。そしてその間、杜門洞に入った高麗忠臣七二名を祖とするという白丁社会の貴種説話を地で行くべく、忠臣中最も著名な吉治隠《キルチウン》の血筋たろうとして吉氏の宗家を何らか脅迫し、正式にその宗孫にもなった。

当時、独立協会を弾圧した吉永洙の悪名は世に轟いており、白丁出身であることも知られていた。しかし、褓負商が万民共同会を襲って半月ほどのちには奇妙な噂が広まった。「洪鍾宇・吉永洙・李基東の三氏を合してみれば洪吉童(東)である。この三氏は闕内に頻繁に出入することと変幻自在だが、その火気はいつ誰に及ぶのか分からない」というのである(『独立新聞』一八九八・一二・六)。李基東《イギドン》も褓負商の組織化を行った一人で、皇国協会会長を務めた人物である。この三人は高宗に寵愛を受け、その威を借りて好き勝手な人身攻撃をしているのだが、世間ではある種義賊視されていたようである。悪人の一面もあるが、国事と王事に尽くしているという認識が当時、一部漢城庶民の間にあったのであろう。

実際、吉永洙は褓負商を率いて政府大臣暗殺未遂事件を起こしたことから分かるように、彼なりに忠君愛国の情を持っていた節がある。失敗後、吉は獄に入ったが、何人かの主謀者の中では最も執拗に抵抗し、出獄が遅れた。しかし出獄後も高宗の寵愛振りは相変わらずで、陸軍正領(大佐級)や電務課長を経て、〇五年九月には尚州郡守となった。そして、任を終えて漢城に帰ると翌年一二月、親日団体一進会に乗り込んで争う姿勢を見せた。日頃吉永洙を非難する反日新聞の『大韓毎日申報』などは、逆に彼に期待をかけたが、しかしパフォーマンスを見せただけで何もすることはなかった。

吉はやはり無頼の男で、白丁の味方というわけでもなかった。白丁が免賤されたのは、軍職にある「貴顕の者」＝吉永洙の上疏のおかげではないかという噂があったが、彼が高宗に免賤について上疏したり、入侍の際に非公式に嘆願したりした形跡はない。かえって、白丁と距離を取ろうとした人物であったことが明らかである。尚州の郡守になって場市を視察した際、旧白丁たちがささやかな饗応をしたところ、顔を赤らめて不機嫌を催し、出された食べ物を地に捨てて「懲らしめるぞ」という台詞を残して立ち去っている（『大韓毎日申報』一九〇五・一二・二九）。彼は基本的には、立身出世のみを考える私欲の人であり、同胞《はらから》を顧みるような人物どころか、誰もが彼の出自を知っているのに、カミングアウトもできないような気弱な男であった。

しかも、漢城府尹や尚州郡守のときには、悪逆の限りを尽くして府民・郡民収奪を行い、告発された。結局、公金横領が六七〇〇円に上ることが判明して逮捕され、一九〇九年六月、五年の懲役刑が確定した。そのとき高宗は、すでに伊藤博文によって退位させられ、純宗《スンジョン》が後を継いでいた。もはや最大の後ろ盾を失った彼を助ける者は誰もいなかった。皮肉なことに、彼は韓国併合の際に天皇の特赦によって釈放された。ある僥倖から高宗に寵愛され出世街道を上りつめていった吉永洙の生涯は、賤民白丁の屈辱や悲哀と表裏するものであり、一君万民の理念がもたらした朝鮮賤民史の特異な一面を物語る生きた証であった。

白丁の国民化

大韓帝国期、旧白丁は差別され続けただけでなく、経済的にも困窮していった。甲午改革によって免賤されたものの、その代わりに屠獣やそれにまつわる各種の特権を失ってしまった。具体的には、庖肆(肉屋)が農商工部の管理下に置かれ、庖肆税が徴収されるようになる(一八九六・一　庖肆規則)と、郡守などの不法収奪が行われるようになった。また屠獣場が公設となり、屠獣場以外での屠殺が禁止となった(一九〇五・九　屠獣場并獣肉販売規則)ばかりか、保護国になると日本人の屠業・獣肉販売への進出が合法化され、もはや個人経営がほとんど不可能になった。そうした中、公営やその外郭団体に隷属し、雇われ屠夫となる旧白丁は増加していく趨勢となる(参金静美)。

しかし、一般朝鮮人と較べれば、旧白丁はなお豊かであった。韓国併合直前、今村鞆はなお「金満家が多い」(前掲『朝鮮風俗集』)と言っているし、朝鮮通のジャーナリスト山道襄一も韓国併合翌年に「白丁は一般に富有《ママ》の者多く、両班或は常民中には彼等に乞ふて密かに金銭の融通を求むるものあり」(『朝鮮半島』一九一一)と言っている。

旧白丁はこうした富力を背景に民族的に覚醒していく。独立協会の官民共同会で演説した白丁朴成春はキリスト教徒であったが、息子の朴瑞《バクソ》陽《ヤン》を朝鮮最初の西洋医の一人として育てあげた。それなりの財をなした人物であったのであろう。このように覚醒した旧白丁は国債報償運動にも現れる。たとえば、『大韓毎日申報』では寄付者の姓名を随時公表しているが、慶尚北道大邱郡国債担報金名簿で「白丁金昌寧《キムチャンニョン》」という人物が二〇円を寄付していることが確認できる(『大韓毎日申報』一九〇七・三・一二)。同日の寄付者としては一三三の個人・団体の名があげられているが、彼より多く出した者は三名にすぎず、いずれも元官僚で一〇〇円ずつである。彼と同額の二〇円は一学校法人と一元官僚だけである。

また国債報償運動とは違うが、一九〇八年に忠清北道の堤川で騒擾による被害があったため、翌年純宗が救恤金を配ったところ、旧白丁と冶匠の二人が郡守のもとに返金にやってきて、国庫逼迫の折なのだから「このお金で学校を支援し、我が青年を教育して国家を前に進ませた方がよい」と言って学校建設に寄付したという話がある。そこでこれを伝え聞いた人々が続々と救恤金を返却すると、有志の紳士たちによってこの話は一層喧伝され、三〇〇〇円の寄付が集まり、その学校の基礎が確立することになったという(『皇城新聞』一九〇九・五・四)。堤川では旧白丁はまさに朝鮮民族の一員として受け入れられ、国民たることを得たのである。

だからといって、旧白丁に対する差別が解消されたわけではなく、差別は依然として続いた。純宗が統監伊藤博文随行のもとに巡幸を行うと、直訴しようとする者たちが多く現れたが、その中には「一般の人に犬馬の如く蔑視せらるるを以て将来は斯る侮蔑を受けさる様救済せられんことを請願」しようとする旧白丁がいた(内部警察局「巡幸警察彙纂」『韓国「併合」期警察資料』

三)。旧白丁もまた、まぎれもなく万民の一員であることの証を求めたのである。だが日本の部落民差別とは違って、旧白丁差別は徐々に緩和される方向にあったのはほぼ間違いない。白丁部落から離れて誰も知らないところで、一般民のように生きることも可能であり、事実そうした者たちは少なからず存在した。

4　近代化と女性

「賢母良妻」論の成立

近代になって提唱される「良妻賢母」論は、朝鮮では愛国啓蒙運動期以降、盛んに叫ばれるようになった。ただし、朝鮮では「良妻」と「賢母」が逆転し、「賢母良妻」と言った。中国では「賢妻良母」と言うのが普通である。どうして逆転したのか明らかではないが、日本では文明開化・富国強兵に邁進する夫を家庭で支える妻という意味合いが込められていたのに対して、朝鮮では将来の独立のために実力養成に邁進する夫を家庭で支えるという意味合いが込められていたようだ(㊀金富子)。保護国からの独立が、将来的に子世代までにわたる歴史的課業であるかも知れないという認識があったがゆえに、良妻より賢母が優先されたのだと推測できなくもない。

孟子の母が子どもの教育のために三度引っ越しをしたという「孟母三遷」(『列女伝』鄒孟軻母)

の故事は有名だが、本来儒教では男子の教育で母親には賢母たることは必ずしも求められていなかった。妻が学問などしては女性の道である閨範を踏み外すと考えられていた朝鮮では、子どもに儒教的規範や学問を教えるのは父親や祖父の役割であった。

なるほど子どもを立派に育て家門の栄光を維持発展させることが母親の務めでもあるという考えがなかったわけではなく、稀に母が儒学を教える家もあった。賢母という語彙自体、以前から存在した。それに対して良妻というのは、一般に賤人と結婚した「良人出身の妻」を意味し、「良き妻」という意味の語彙ではなかった。したがって「良妻賢母」と成語化すると、「良人出身の妻で賢母の女性」という意味になりかねない。

また、有妾文化が一般化し、妻との愛情を第一義的に考えなかった朝鮮男性にあっては、女性に良妻であることを求めるよりは賢母たることを優先的に求めた節もある。夫婦愛は親子愛に及ばないという愛情文化もまた、賢母を優先させる一因であったかも知れない。いずれにせよ、「賢母良妻」論においては良妻より賢母を賞賛する風潮の方が強かったように思われる。

家貧であるにもかかわらず学校建設に寄付を行ったとか、子どもを日本に留学させたなどという母親がよく賢母として喧伝されている。一例を挙げれば、大邱に住むある女性は、家貧であるのに方々に借金をして養子を日本に留学させたが、それでも留学費用は十分ではないので、残りは働いて工面し夜学に通えと「戒命」したという。『大韓毎日申報』(一九〇六・一〇・二三)

はそうした彼女を「現在の孟母」だと顕彰した。

こうした風潮は近代女性の先駆者にも内面化されていた。たとえば、朝鮮最初の欧米留学生である尹貞媛《ユンジョンウォン》は、母親たる者は子女の「生長立身」のために養育・教育において父親以上に特別な役割を果たさなければならないと強調している(「献身的精神」『大韓自強会月報』一〇、一九〇七)。また、漢城で朝鮮最初の女性商店主となった李一貞《イイルジョン》は、経済的自立をなした先覚女性であるとともに、李儁の妻妾としても有名であったが、のちに独特の「賢母良妻」論を語っている。人格的に男女は同等だが、男子の立身出世は女子の「内助」があってこそのことで、それゆえ、妻が子女教育に尽くして家運振興を図るのは「不名誉な賤役」でも「奴隷的な奉仕」でもないとし、それこそを「賢母良妻」だと言っている(『東亜日報』一九二〇・四・三)。

こうした近代女性の登場は、新たなジェンダー規範の成立を物語っている。女性も男性と同じく民族や国家のために尽くすことができるが、しかし妻は、あくまでも夫や男子の民族的課業を助ける従属変数として夫と対等なのである。民族主義は新たなジェンダー規範を誕生させることによって、女性に新たな負荷を与えたと言えないこともない。のち植民地期において先駆的モダンガールとして名をはせた画家・文筆家の羅蕙錫《ナヘソク》は、こうしたジェンダー規範と闘ったことで有名だが、一方それは民族主義と距離を取る思考や行動となって表れ、植民地朝鮮において新女性が陥る新たな陥穽でもあった(㊂宋連玉①)。

しかしながら愛国啓蒙運動期、女性の覚醒とその国民化は急速であった。そのことはやはり国債報償運動に多くの女性が参加したことによく示されている。一九〇七年段階で少なくとも、女性だけの国債報償運動団体が三〇ほど確認されており、漢城・平壌・大邱・釜山・晋州などの都市はもとより、北は咸鏡道から南は済州島にまで及んでいる(㊜朴容玉②)。両班婦人を中心とした有志によるものが多いが、キリスト教婦人によるものが五団体あり、商人婦人のものも二団体ある。そして興味深いのは、妾婦の団体や妓生の団体も、それぞれ五団体、二団体あることだが、妾婦には妓生出身者が多いことに留意する必要がある。また、酒姫(酌婦)だけのものも一団体ある。

女性の国権回復運動

新聞の寄付者名簿には、両班の妻を意味する「夫人〜氏」に劣らず良人を意味する「〜召史」の敬称が多く見られる。身分制は廃されたが、当時はまだ社会的には旧身分を可視化する慣習が残滓としてあった。内外法が厳しい旧両班夫人よりも、さほどでもなかった旧良人夫人の方が、貧しくはあってもかえって参加者は多かったかも知れない。そして、妾婦・妓生・娼婦から寡婦・傭女・尼僧・幼女に至るまで、ありとあらゆる階層の女性の参加が確認できる。ある二二歳の女性は、「男女はともに二〇〇〇万国民の一人なのに、今回のような義挙でどうして女子の身だからとてじっとしておられようか」と思い、赤貧な夫が八〇銭を寄付したのを不足と感じ、自らの髪を切って二円を寄付している(『万歳報』一九〇七・三・二八)。また、ある酒婆は道行く人々に盃を勧め、朗々と国債報償について演説して二円を寄付した(『大韓毎日申報』一九〇七・四・一九)。男性客への運動呼びかけというのは、居酒屋ならではの光景である。

こうした女性の運動参加は、女性が天下国家を語る男性と会話をして初めて可能になるものであったように思われる。知的な女性にあっては、自ら新聞を読んで国権回復意識に目覚める者もいたであろうが、質問や議論もできる男性との会話は、内にこもっていた女性の覚醒に決定的な力になったはずである。

実際この時期になると、内外法を気にしなくなった女性が増えていたようだ。宣教師のアンダーウッドはこの頃の女性について、「インドやトルコなどにみられる、異性とのきびしい隔離はここでは守られていない。教育や治療をうけたりするのに、大多数の朝鮮女性は、男性の医者や聖職者に会うことをいやがらなくなってきている」(前掲『朝鮮の呼び声』)と述べている。愛国啓蒙運動期、妓生や妾婦などの活躍がとりわけ際立つようにみえるのだが、それは彼女たちこそが日常的に多くの男性と会話し、男性同士の会話にも触れる機会が最も多かったせいではないかと推測される。妻には天下国家について語ろうとしない男性も、それなりの教養があって世事にも長けている彼女たちには心を許したために、彼女たちは朝鮮の現状を普通の女性より多く理解していたように思われる。

妓生は団体を組織して国債報償運動を行っただけではなく、個々人も競うように寄付活動を行っている。慶尚南道では、東萊の妓生たちが各自一円の寄付を行った(『大韓毎日申報』一九〇七・四・一〇)し、宜寧郡でも退妓たちが二〇人集まって合計一六円三〇銭を寄付した(『万歳報』一九〇七・四・一八)。記事に現れない妓生の寄付活動も多くあったはずであり、妓生たちの心意気が手に取るように伝わってくる。彼女たちは賤視され続けてきたがために、自らも民族・国民の一員であることを誰よりも示す必要があったのかも知れない。それゆえこの時期、妓生たちは慈善活動一般に熱心であった。その芸を生かして慈善公演を行い、孤児院や幼稚園、学校建設などに資金提供を行ったり、飢饉や水害などの天災に対する救護活動にも立ち上がっている。

妓生の愛国精神

過去の儒教政治を批判する上疏を行う妓生もいた。数いる妓生の中で最も喝采を浴びたのは、晋州妓生山紅《サンホン》である。彼女は国債報償運動ですでに二円を寄付していた(『大韓毎日申報』一九〇七・六・一)が、日本の圧力に屈して保護条約を結んだ乙巳五賊(五人の政府大臣)の一人である内部大臣李址鎔《イジヨン》に妾になるように口説かれると、「李大臣は売国奴で世の人から後ろ指を指されていると聞いています。私は賤しい妓生ですが、白丁と同棲することがあっても、そのような大臣とは同棲することはできません」(同一九〇六・一一・二二)と言い放って評判になった。ここには白丁を妓生以下と考えるような賤民観が前提にされているようにもみえるが、同じ旧賤民としての連帯意識のようなものがあったようにも思える。晋州といえば、壬辰倭乱の際、日本人武将を道連れに川に身を投げたという官妓論介《ノンゲ》が想起される。山紅の言動は、まさにそうした賤民性ゆえの矜持と伝統がもたらしたものであった。

大韓帝国期の妓生

しかしそうした妓生の矜持は、大韓帝国期徐々に汚辱される道をたどっていた。すでに述べたように、大院君が官妓と娼妓の名分を厳格にした後、甲午改革で官妓が解放されると、売娼をもっぱらにするような妓生が現れてくる。その結果妓生は、一九〇〇年前後から三牌に区分されるようになった。李能和は、三牌はみな売春をする蝎甫《カルボ》だが、一牌だけが純粋な妓生で、二牌は一牌から降格した殷勤《ウングン》(隠君子《ウングンジャ》)で陰に隠れて売春を行う者、三牌は雑歌を歌うだけの塔仰謀利《タバンモリ》で妓生のような歌舞ができない娼婦、と説明している。

しかし、三牌制度については諸説あって一定しない。最も古く三牌制度について説明したと思われる恒屋盛服『朝鮮開化史』(一九〇〇)によれば、三牌は、みな蝎甫という説明は同じだが、一牌は官妓で、二牌は落籍されて外妾となった者ないしは官妓に準ずる芸者で、三牌は私窩子《しかし》(売春婦)だという。これは二牌の説明が不十分である。『朝鮮開化史』の六年後に刊行された荒川五郎『朝鮮事情』では、やはり三牌はみな蝎甫という説明は同じだが、一牌は官妓で、二牌はそれに準ずる芸を持つ者か、あえて面倒な官妓になろうとしない者、ないしは外妾となった者、三牌は私窩子と説明している。官妓とあることから、一牌と二牌は解放以前の妓生に由来する存在であったものと思われる。

おそらく三牌は、大院君が官妓と明確に分かった娼妓に由来する存在を指したのではないであろうか。今村鞆は一、二牌が妓生、三牌が準妓生で、三者には「成績行状」によって昇降があったとしている(前掲『朝鮮風俗集』)。著者が考えるには、一牌だけが正式に掌礼院に所属する官妓で、二牌は時に宮中や府中あるいは民間の公宴などで技芸を披露することがあったにせよ、通常は自宅で妓業を行う私妓であり、三牌は娼妓に由来し、雑歌や技芸の劣る舞踊はできるものの、売春が専業のようになっている娼女を意味したのではないかと思う。しかし、こうした三牌制度は公的なものではなく、大韓帝国期に世間が勝手に作り出した曖昧なものである。また、三牌すべてを蝎甫と見なすのは、格式高い官妓がいなくなった甲午改革以降の世間の偏見であるが、妓生たちも急速にこうした三牌観を自ら内面化していったように思われる。

なお李能和は、娼婦として各地を渡り歩く花娘《ファラン》と言われる遊女や前述した女社堂《セクチュガ》=女寺堂、あるいは商業港や鉱山、街道、場市などで店を出し、酒を売って売春する色酒家などの存在についても言及している。国債報償運動に名乗りを上げた「酒姫」はこの色酒家のことだと思われる。しかし、こうした娼婦に対して政府は、その増加を憂慮して日露戦争頃より管理統制を強めていく。すなわち〇四年四月、漢城の警務庁は三牌と私娼を集め、賞花室という集娼街を作って隔離した。ちなみに、〇九年三月段階で漢城内には二五〇〇人の売春婦が存在した(『皇城新聞』一九〇九・三・二八)。性病管理の必要のほか、朝鮮人娼婦が日本人や西欧人を相手に売春することへの義憤にかられた愛国的動機からの措置であったとも言われる。そして、〇六年二月からは娼婦調査と検梅が行われ、娼妓税が徴収されるようになった。そのため、どうして女性だけが屈辱的な検梅を行わなければならないのかという批判の声が挙がったという。

一方、もとより曖昧であった三牌制度は、この頃になると一層曖昧になった。朝鮮における近代的な商業演芸は、高宗即位四〇周年を期して一九〇二年に官立劇場的性格を持つ協律社が設立されたことに由来するが、そこでは一、二牌の妓生と三牌の娼妓がともに公演した。そして、次第にその機会が増えていくと、二牌と三牌は自身らも妓生の身体的特権を欲するようになった。当初、人力車に乗ったり真紅の洋傘を差したりするのは、二牌や三牌には許されていなかったのに、〇六年頃からは彼女たちも真紅の洋傘を差すようになったのである。また三牌も妓生と自称し、一牌と二牌の妓生のプライドを傷つけた。

ハイカラ妓生. 鳥越静岐ほか『朝鮮漫画』(1909)

そこで、妓生たちは真紅の洋傘に「妓」という字を金字で刻んだり、黒い靴を履いて差別化を図ることによってプライドを示すしかなかった。しかも、一、二牌の妓生の間にも葛藤が生じ、相争うようになった。

この頃の妓生は、人力車に乗って「両班共を瞰《み》下ろし行く」ような颯爽とした風情があり、そのハイカラ振りは「日本の芸妓や酌婦の揚がらざる風」とはだいぶ違っていたという(前掲『朝鮮漫画』)。

ところが、日本の顧問政治下にあった〇八年九月、官妓と私妓を問わず、その管理は宮内府掌楽課(掌礼院→教坊司→掌楽課と変遷)から警視庁(統監府設置の警務庁の後身機関)に移った。官妓制度はこの時文字通り消滅し、官妓は娼妓同様にみなされた(『大韓毎日申報』一九〇八・九・一六)。そして同時に、妓生団束(取締)令と娼妓団束令が発せられ、妓生も娼妓も組合を設けて警視庁の許可と管理を受けなければならなくなった。以後各地に妓生組合と娼妓組合が漸次設立されるようになる。これは一面、長らく妓夫の私的な管理を受けてきた妓生が解放されるという意味を帯びていたが、娼妓同様に妓生も性病検査を義務づけられることになった。性病検査を拒否する妓生もいたが、これは妓生を公娼制度に組み込んで一介の娼婦と同一視するものであり、妓生のプライドを毀損した。ここに誇り高き妓生の新たな苦難の道が始まる。

第8章

民衆の行方と現代

三・一運動の光景 —— 徳寿宮の前を示威行進する人々

1　三・一運動と民衆

韓国併合と民衆

大韓帝国期、民衆のナショナリズムは大きく高揚した。民衆は義兵戦争を支持し、愛国啓蒙運動でも国債報償運動に積極的に参加するなど、ナショナルな動きを際立たせた。火賊も義賊化して政治化し、褓負商もナショナルな方向を目指し、白丁や妓生なども覚醒した。しかし、民衆はあまりに疲れ果てていた。キリスト教の大復興運動にみられる現実逃避と非政治化の動きはまさにそのことを象徴するものであった。義兵弾圧のために村々は焦土化され、保安規則(一九〇六・四)の施行によって自由な言論活動が制限され、保安法(一九〇七・七)の施行によって集団的な政治活動が禁圧された。朝鮮は保護国になったことによって実質的に日本の植民地となった。一九一〇年八月の韓国併合条約は、ある意味では植民地化を確認しただけのエポックにすぎなかった。であればこそ、条約は厳戒態勢の中で結ばれたが、人々はこの日を諦念をもって迎えるしかなかった。民衆の士意識は二〇世紀初頭まで大きく高揚しつつ、実は保護国化以降、徐々に消沈する様相もみせていたのである。

かくして韓国併合は静かにセレモニー的に粛々と行われ、公式の植民地統治が始まったが、それは武断政治と言われる苛酷なものであった。この体制下で天皇直属の朝鮮総督は軍事・司法・行政・立法の四権を掌握し、小天皇のように君臨した。警察は憲兵警察が普通警察を兼務し、反日的な動きに対する情報収集・弾圧活動のみならず、民衆生活全般を管掌した。日本人は憲兵警察だけでなく一般の官吏や教師までもがサーベルを身に付けた。反対に、民衆は請願や陳情の自由はおろか、貧困ゆえの流浪や物乞いもその自由を奪われた。

こうして日本の暴力は蔓延化し、朝鮮は兵営半島化した。様々な近代化政策も行ったが、そのほとんどは民衆の反発を招くものであった。土地調査事業(一九一二～一八)では私的土地所有が確定したが、他方で農民への様々な課税や課役が強化された。森林令(一九一一・六)では樹木の自由な伐採を禁じたため、農民は温突《オンドル》の燃料に窮し、苛酷な冬越えを強いられた。火田農民も駆逐された。その上、朝鮮を工業原料供給地とするため、陸地綿の栽培や日本種の桑の導入が強制されたばかりか、農産物は共同販売制を通じて安く買いたたかれた。また、もっぱら軍事目的のために道路・鉄道・港湾などのインフラ整備を行ったが、これらの建設は、ほとんど民衆の賦役と「寄付」という名目の土地収奪によるものであった。そして、民衆を最も不安にさせたのは火葬を強制して共同墓地への埋葬を義務づけたことである。墓地風水を信じていた民衆は、富貴になるという淡い夢さえ捨てるしかなくなった。

民衆にとって、総督府が進める近代化は喜べるものではなかった。あまりに暴力的に行われたからである。総督府は、公医制度を設けて治病政策も行ったが、医療もまた愚民観を前提として啓蒙暴力的に実施されたがゆえに、民衆はかえって巫俗による治病に依存する傾向を示した。巫俗の活動は、その撲滅が図られはしたが、植民地期を通じて執拗に持続した。

確かに官吏や両班の暴虐から解放されて「誠ニ有難イ事」であり、強盗がいなくなったのは憲兵のおかげであり、「日本ノ文明ト聖徳トヲ蒙」って「今ノ人民ハ昔ノ人民ヨリ余程幸福ダ」などという声がなかったわけではない。火賊はもはや息の根を止められた。憲兵隊がひそかに酒幕で調査した『酒幕談叢』という史料にはそうした声が散見される。憲兵は恐怖の対象ではあったが、他方で官僚・両班支配に喘いでいた民衆にとっては秩序維持＝文明の使徒とも映っており、両義的な存在であった。しかし『酒幕談叢』には、厳格すぎる法令・規則や憲兵の暴力あるいは苛税・苛役などへの生活苦からする怨嗟の声の方がはるかに上回っている。

民衆は一面、合理主義的精神を持っていたとはいえ、かえって逆に反近代的な志向に追いやられていったようにみえる。大韓帝国の滅亡によって一時廃れていた『鄭鑑録』信仰が復活し、地下では様々な終末教団がうごめいていく。布教規則の公布（一九一五・五）によって公認宗教が神道・仏教・キリスト教の三教に限定されると、東学の後身である天道教以外のほとんどの新興宗教は秘密布教を余儀なくされた。天道教は一九〇七年、東学の後身宗教団体として合法化されていたにもかかわらず、植民地下では「類似宗教」としてしか認められなかった。そのほかの新興宗教は地下に潜るしかなく、しかもその多くが終末教団であった。一八年一〇月には済州島で、「仏務皇帝」を名乗る金蓮日《キムヨニル》という僧侶による反乱事件まで引き起こされている。

こうした中、悲劇の皇帝高宗が一九年一月二二日、突然の死を迎える。すると、毒殺説がまことしやかに伝わり、多くの民衆はそれを信じた。三・一運動といえば、アメリカ大統領ウィルソンによる民族自決を説いた一四ヵ条の平和原則に鼓舞されて起こされたものだという認識が一般的である。しかし民衆は、ウィルソンなど知りはしない。鼓舞されたのは、知識人や宗教家、学生などにすぎない。前年日本で起きた米騒動は、その余波が朝鮮にも及んで急激な米価の上昇を招き、朝鮮民衆は在朝日本人以上に困窮したにもかかわらず、ほとんど騒動らしい騒動を起こさなかった。ところが、今回は真逆である。民衆は知識人らの思惑とは異なる自分たちなりの論理で起ち上がることになる。

三・一運動の興起

高宗の葬儀は国葬で、三月一日〜七日と決められた。すると全国で哀悼の意を表す白笠を被る者たちが多く現れ、望哭式《ぼうこくしき》も各道の各所で行われるようになった。全土は号泣の坩堝《るつぼ》と化し、国葬に参列すべく京城(旧漢城)に上ろうとする者が続出した。朝鮮王朝や大韓帝国で育まれた一君万民思想は、旧両班層以上に民衆の心を捉えており、皇帝幻想はなおその心性に宿っていた。

そこで民族代表を自称する、孫秉熙《ソンビョンヒ》(天道教を創始した第三代東学教祖)を筆頭とした天道教・

キリスト教・仏教三者からなる三三人の宗教指導者が、この機に独立宣言をしようとしたのが三・一運動の起点である。仏教勢力は民族代表に詩人としても有名な韓龍雲《ハンヨンウン》ほか一名を出し、完全復興した感がある。しかし彼らは、学生や民衆が暴力化するのを恐れ、予定されていたパゴダ公園での独立宣言を取りやめた。料理店の泰和館に集って万歳三唱だけを行い、祝杯を挙げようとする際に逮捕された。彼らは、あらかじめ当局に自首を申し出ていたのである。

こうして、三・一運動は上層指導者抜きで学生や民衆を中心に展開されていく。パゴダ公園では、学生と一般民衆だけで独立宣言が行われた。一斉に「大韓独立万歳」が高唱され、太極《テグッ》旗《キ》(旧韓国国旗)を先頭に市中への万歳示威運動が始まった。合流する群衆は数万名に達し、市中所々で独立演説が行われた。喪服姿の女性たちも子どもたちと一緒に盛んに拍手喝采を送った。示威行進は苛酷に弾圧されたが、運動はまたたくまに全国化していった。運動は西北地方などのように、天道教やキリスト教の勢力が強い地域では、計画的、組織的に開始された。そうでない地域では、京城の騒擾や国葬の目撃者が帰郷する道すがら、その様子を伝えることによって開始された。

都市部では学生や知識人の先導的な役割が大きく、宣言書などの各種印刷物や太極旗・独立万歳旗などを制作し、民衆を動員した。また納税拒否や日貨(日本製品)不買、あるいは日本人への商品不売や雇用拒否などが行われた。労働者・職工などはストライキを敢行し、学生たちは続々と同盟休校に入った。同盟休校は当時、日本でも行われていたが、朝鮮の学生運動は歴史が古い。それは一面、成均館の儒生たちが政論や礼論を起こして授業をボイコットし、館を出て街頭示威を行った捲堂《クォンダン》(空館《コングァン》)という慣行に由来しているとも言える。商人もかつてあった、政府への不満や抗議を表す王朝時代の撤市《チョルシ》という慣行に倣って閉店ストを行い、独立の意志を表明した。

祝祭としての三・一運動

農村地域でも学生や知識人が果たした役割は小さくはないが、一般には農民が主役であった。全国で逮捕された者の内、五五・六%は農民である。そこでは伝統的な民乱の作法による運動が展開された。王朝時代には両班儒生が民衆に担がれて民乱の指導者になったり、あるいは自ら主導者になったりしたが、三・一運動でも同様である。両班の同族村では一族が大挙運動に参加したし、一般村では旧儒生が面長や面書記・里長などを指揮したり、あるいは自然に民衆的知識人が現れるなどして民衆を動員した。

多くの場合、万歳示威運動は市日に場市より始まったが、これも伝統的な民乱の作法である。指導者の独立宣言や演説の後、示威行進が行われることが多かったが、独立宣言の意味をよく理解し得ない者もいたし、宣言や演説もなしにいきなり万歳示威が行われる場合もあった。濁酒《マッコリ》の酔いに乗じて参加する者も少なくなかった。傍観者も嬉しさのあまり「万歳」を叫んだのだが、朝鮮はすでに独立したと勘違いする者が続出した。示威運動は小さなもので数名、大きなものでは二万名にも及ぶものがあったが、数百名から数千名規模のものが一般的であった。しかし通常、示威集団は太極旗を押し立て「万歳」を高唱しながら、平和的に行進した。

また、示威は村々に連鎖的に伝播し、民乱に一般的に見られた参加強制の論理をもって行われ、「万歳」を歓呼しない者は罰せられた。篝火行進や山上烽火が盛んに行われ、集団で山に登って「万歳」を山呼した。弁当持参で各地の万歳示威行進に参加し、運動を盛り上げる万歳《マンセツ》屋《クン》のような人物も現れた。示威の先頭には妓生や少年が立つこともあり、農楽や喇叭が吹奏されたり、農民らしく蓆旗《むしろばた》が登場することもしばしばであった。示威運動はまさに祝祭の様相を呈した。

だが、郡庁や面事務所に殺到し、郡守や面長を引き出して「独立万歳」の高唱を強制することもあった。あるいは、警察署・駐在所を襲撃し、日本人商店を襲ったり、日本人に暴行を加えたりなどもしている。さらには郵便局を襲撃したり、電柱や橋梁を破壊したりするなどの行為に出て、通信交通を妨害することもあった。大抵、示威運動は憲兵警察に弾圧されてのちに武器を取っての抗争に移行していった。民衆は棍棒・割木・木槍などの原始的武器を所持し、多くの場合投石手段に打って出ている。フラストレーションをため込んでいた民衆が騒擾を祝祭化したとき、暴力に打って出るのは必至であった。示威運動全体の三分の一〜四分の一が暴力化している。傍観していた者もいつしか暴力の主体となった。

とはいえ民衆は、王朝時代の民乱の作法を継承していった以上、やはり自律的に運動を展開している。米価は前年以上に上昇し、民衆の窮乏化は一層進んでいたが、民衆は商店や憲兵の宿舎などを襲撃しても、全くと言っていいほどに、物品は投棄、焼却するだけで、窃盗には及ばなかった。もはや火賊は存在しないものの、賭博や乱暴を働く無頼漢も運動に参加し、指導者となって警官を殺害した者もいるが、やはり略奪は行っていない。暴力は振るっても略奪行為をしないというのは、甲午農民戦争の時とはだいぶ違っており、略奪が横行した日本の米騒動とも違っている。民衆は独立宣言の存在やその意味がよく分からなくても万歳運動の大義を自分たちなりに理解し、集合心性化していたのである。

人々はともに「万歳」を叫ぶことで、朝鮮人としての一体感に酔いしれた。後年ある老学者は、高宗の死に慟哭する人々の間で「（私たちは）祖父《せんぞ》を同じくする子孫（同士）だ」という、階級や地位を越えた「民族感情の一致」がもたらされたと回想している（鄭錫海《チョンソッケ》「南大門駅頭の独立万歳」『新東亜』一〇一、一九六九）。思えば朝鮮民衆は、韓国併合以前より集会や政治活動を禁止されていた。熱狂的な「万歳」の歓声は、これまでに蓄積されていたフラストレーションが一挙にはき出されたものであり、消沈していた士意識の再生でもあった。

三・一運動は一般に非暴力運動として評価されているが、それは三三人の民族代表の側に身を寄せた認識であり、民衆史的地平からする評価ではない。皮肉なことに三・一運動は彼らの背信から始まった。三・一運動を契機に上海では大韓臨時政府が設立され、中国を始めとして海外に散在していた民族運動家が集結するが、そこでは世界の公論に訴えて独立を達成しようとする戦略が基軸となり、三・一運動が徒手空拳の運動であることがことさらに喧伝された。三・一運動は植民地朝鮮最大の民族運動であり、宗教家や知識人が果たした役割は決して小さくはない。しかし彼らは導火線を引いて点火したにすぎず、しかもそれさえ吹き消そうとした。

爆弾そのものは民衆であり、民衆は自らの方法で導火線も引いた。そして、民衆は多分に依然とした生活主義と日常的に蓄積されたフラストレーションを契機に起ち上がったのであり、その意味でそれは、たとえどれだけ熱狂的な運動であったにせよ、なお素朴なナショナリズムの様相も垣間見せていた。逮捕されたり、仕事ができずに生活の資を失った参加者の中には後悔の念を口にする者が少なくなかった。運動の余波は八月に斎藤実が朝鮮総督に就任して以降も引き続いたが、ほとんどの民衆は再び何事もなかったかのように元の生活者に戻っていった。民族の運命と自己の運命を一体化したかにみえて、民衆のナショナリズムはその生活至上主義のゆえに、必ずしも安定的なものではなかったのである。

旧白丁の
三・一運動

奴婢を始めとする旧賤民は、ほとんどが一般民衆の中に溶解し、三・一運動で個々の賤民出身者がどのような参加の仕方をしたのかはよく分からない。しかし、最も侮蔑差別された白丁の場合は、若干の手がかりがある。

旧白丁に対する差別は、徐々に緩和される方向にあったとはいえ、なお引き続いた。生活も、賤民特権を失ったがゆえに困難を増していった。しかし、一般民衆の窮乏化に較べれば、旧白丁の人々は、階層分化が進みはしたが、なお比較的豊かであった。農業に従事する者も徐々に増えていった。のちに京城帝国大学の教授となる朝鮮学者の高橋亨は、白丁調査の報告の中で、「相誡めて品行を慎み節制を守り、契を作りて勤勉貯蓄を躬行するに至り」、「収入は昔時に比すべからざるも、富力は寧ろ優ると謂ふを得べし」(「朝鮮の白丁」『日本社会学院年報』一九一八)と述べている。全体的に貧窮化が進んだのは事実だが、むしろ階層分化が広がり、富める者はなお豊かであったとみるべきであろう。また高橋は、「官憲の方針と相須《まち》て白丁の特別賤階級たるの程度を逓減しつゝあるは疑ふべからず」とも述べている。高宗代に進んだ一君万民理念の具現化によって、徐々に旧白丁への差別は緩む方向にあったものと推測される。

旧白丁の民族化は一層進んだに違いない。そのことは、三・一運動当時総督府学務課長の任にあった弓削幸太郎の証言から察することができる。彼は一九年七月に行った講演「騒擾と教育」の中で次のような興味深いことを話している(『朝鮮の教育』一九二三)。

之は或る人から聞いたのでありますが、今回の騒擾に加はつて万歳を唱へ検挙された白丁に対し、お前は今日では立派な日本人ではないか、世界一等国の国民となつたのではないかと申した処、件《くだん》の白丁は答へて、世界一等国の臣民となるよりは矢張り朝鮮人で白丁たることが望みだと言ったさうであります。

旧白丁が差別を受けながらも、日本人になるよりは朝鮮人であることを望んだというこの話には、三・一運動においてまさに民族の自覚が朝鮮民衆の最底辺まで浸透、拡散したことが雄弁に語られている。ほかにも、京城セブランス病院附属医学専門学校の学生である宋春根《ソンチュングン》という旧白丁が、上海臨時政府と関係のある者を支援したり、独立運動資金の調達などで活動した事実がある。キリスト教徒で英会話もできるというインテリである(「宋春根訊問調書(警察)」国史編纂委員会編『韓民族独立運動史資料集』三五)。

しかし旧白丁に対する差別は、三・一運動後は近代的知識人層の間ではなくなる方向に進んでいくものの、一般民衆の間ではむしろ強まるようになる。早くも三・一運動の翌年八月、慶尚南道山清郡において「(旧白丁は)旧韓国時代ニ比シ生意気ニシテ横暴ナリ」と叫ぶ一〇〇名の一団が、牛肉非買宣伝文書を配りながら市場を示威行進するという騒擾を起こして検挙されている(慶尚南道警察部『高等警察関係摘録』一九三六)。そして、日本の水平社に倣って二三年四月に衡平社が設立されると、それへの暴力的な弾劾運動が巻き起こる。衡平社の会員数は最盛期には一万名ほどにも達したが、白丁出身ではない近代的知識人や近代教育を受けた若者たちが続々と会員になった。一般の農民も労働者や旧白丁以上に困窮化していくなかで、近代的教養を身に付けた人々は新しい徳望家として旧白丁により同情的になり、その結果マジョリティーである一般の農民や労働者の方がかえって逆に孤立感を深め、旧白丁への嫉妬と憎悪を膨らませていったのである。かつては、徳望ある知識人は農民の味方であった。そこには流動的で幾重にも積み重なった「植民地性の重層性」という深刻な問題が潜んでいた（参趙景達④）。

三・一運動と女性

三・一運動でも参加者の多くは男性であったが、女性の活躍は王朝時代の民乱や反乱に比べて格段に際立つものになっていた。女学生や教師、伝道婦人などの活躍が目立っている。三・一独立宣言より前、東京留学生が発した二・八独立宣言には金《キム》瑪利亜《マリア》や黄愛徳《ファンエドク》らが参加し、黄が女性を排除するなと熱弁を振るったのは有名な話である。その後、女子留学生たちは続々と帰国して三・一運動を指導し、逮捕されて獄中の人となった。留学組ではないが、女子学生の中でも特に有名なのは梨花学堂の柳寛順《ユグァンスン》である。彼女は京城での万歳運動に参加した後、故郷の忠清南道天安に帰って万歳運動を行い、逮捕されて懲役三年の刑を受けたが、獄中死した。解放後、彼女は民族統合のシンボルになったが、万歳運動に参加した女学生は数多くいた。彼女も本来は、そうした女学生たちの一人にすぎない。

こうした中、民衆的世界に住む女性たちの中で最も目立った活躍をしたのは妓生たちであろう。植民地化によって妓生の地位はさらに低下した。一六年に貸座敷娼妓取締規則が公布されることによって、朝鮮全域に公娼制が実施されたが、同時に料理屋飲食店営業取締規則と芸妓酌婦芸妓置屋営業取締規則が公布され、芸妓と酌婦の売春が禁じられるとともに、性病検査が義務ではなく強制となった。しかしこれは逆に、売春行為を黙認することを意味し、技芸を誇りとする妓生のプライドを益々打ち砕くものとなり、妓生の反日意識を強めた。

三・一運動は、妓生がこのような境遇を強いられていた折に起きた。大韓帝国期、民族的に覚醒した妓生は、否が応でも「独立万歳」を叫ばずにはいられなかった。早くも高宗が死去すると、京城の妓生たちはその死を悲しんで謹慎し、酒席に呼ばれても騒がず、死去の翌日には五〇〇名の妓生が大漢門《テハンムン》の前に集まって痛哭した(『大阪朝日新聞』一九一九・一・二四)。そして三・一運動が起きるや、各地で妓生が祝祭的万歳運動に彩りを添えたが、晋州・水原・安城・海州・統営などが、妓生が立ち上がった代表的な都市である。晋州では妓生独立団と名乗って組織だった万歳運動が展開され、六名が逮捕されている。海州では妓生隊が指を嚙んで作った血染めの太極旗を振りながら万歳運動を始め、一般人三〇〇〇名を呼び込んだ。

妓生の民族的な抵抗姿勢は、三・一運動後も引き続いた。三・一運動が終わった直後の八月に総督府警務局の幹部として赴任した千葉了は、のちに京城の妓生について次のように回顧している(『朝鮮独立運動秘話』一九二五)。

妓生八百、彼等は皆生きたる独立檄文であった。彼等の丹唇紅舌は、切々熱火を吐いて、青年遊子の胸臆に独立思想を宣伝し鼓吹し燃え移さでは止まなかった。遊子青年、花柳界に出入して、不逞を思はざる者なきに至って、京城一百の旗亭、何時しか好個の陰謀の窟と化してしまうた。

千葉は続けて、妓生たちは日本人客に対しては口も聞かず笑いもしなかったと言っているのだが、彼女たちの反日思想は筋金の入ったもののようにみえる。彼女たちの賤なるがゆえの矜持は、民族意識の表出において最も尖鋭に表現されたと言えよう。

儒教的民衆観の転回

民衆の決起は執拗であったが、五月初にはほぼ沈静化した。それ以上続けることは難しかった。三・一運動の死者は諸説あって一定しないが、官憲史料から割り出すと最小に見積もっても一五〇〇人は下らず、おそらくは数千人の死者とそれに数倍する負傷者が出たものと思われる(㊜趙景達②)。検挙されたのはおよそ二万人である。犠牲者が多すぎた。何よりも民衆にとって重要なことは生活を維持していくことであった。専業の民族運動家ではない民衆は、生活を賭してまで運動を継続していくことはできない。

また、すでに独立したという錯覚のもとに「独立万歳」を叫んだ者が多く、高宗への追悼感情が独立慶祝ムードに引き上げられ、人々は旧賤民を含め民族の一体感に酔いしれた。保護国期に国民化が急速に進行していったとはいえ、民衆は、韓国併合後は民族意識の発露さえ封印されていた。民衆のまた再びの民族覚醒は熱狂的な祝祭過程を抜きにしては考えられない。民衆は祝祭を通じて民族を取り戻したのである。その上祝祭が流血化して暴力的に中断させられたことによって、民族意識の高揚はなお一層のものとなった。

一般に民族というのは、上から構築されていくものであるが、三・一運動が示している事実は、民族が上から他律的に押しつけられるものであるにせよ、それを受容するに際して、民衆は自分たちなりのやり方で民族を理解し、覚醒していったということである。民衆運動に見られる民衆の自律性は民族運動においてもまた貫徹していた。もっぱら民族代表の指導によって民衆が民族に覚醒したというのは、民族主義者によって作られた神話でしかない。民族代表たちの指導に従い、民衆が平和的、微温的抗議に終始していたとすれば、果たしてどうなったであろうか。多大な犠牲者が出ることはなかったであろうが、だとすれば世界の世論が動かされることもなかったであろうし、国内外の民族主義者の政治活動がさほどに活発になることもなかったであろう。また総督府は反省を迫られ、三・一運動後文化政治に舵取りしていくが、それを可能にしたのも民衆の犠牲があったればこそのことである。東学＝天道教は、甲午農民戦争後も全琫準らを非難して農民戦争への教門関与を否定していたが、文化政治下において文化的民族運動が容認されるようになると、その主導権を握るために教門自体が農民戦争を指導したかのように、にわかに教史を改竄するようになる(㊜趙景達①)。それはまさに、民衆主導の民族運動を否定、奪取する営為にほかならない。

民衆の自律的な民族運動に今更ながらに驚嘆したのは、かつての開化派政治家金允植である。彼は民族代表になることを謝絶して署名しなかったが、運動が全国化し、犠牲者が多く出てくると、民衆の力に感銘を覚えずにはいられなかった。三月二八日、旧重臣の李容稙《イヨンシク》と連名で「内閣総理大臣原敬」宛てに独立請願書を提出し、逮捕された。そして、検事から「もし独立を認めたのなら、独立した国としてうまくやっていけるのか」という質問を受けると、「国民大会を待って公議によって決定するというのは、私一人が明言していることではありません。「十室の邑にも必ず忠信の者はいる」（『論語』公冶長）と言いますが、二千万人の智慮を集めたなら、どうして独立の道がないと言えるでしょうか」と答えた（前掲『続陰晴史』己未・三・二九）。彼は真に儒教的民本主義を追求しようとした人物だが、そうであるがゆえに、かえって強い愚民観を抱いていた。しかし、民衆の自律的で尖鋭な運動を目の当たりにして、「二千万人の智慮」を信じたのである。朝鮮儒教史の流れがまさに民衆に正しく寄り添い、民衆に未来を託そうとする瞬間であった。

事実一九三六年に朝鮮軍参謀部が行った調査によれば、労農層中において国家観念に①「無関心ナルモノ」七九・五％、②「目醒メタル如ク装フモノ」一四％、③「真ニ目醒メタルモノ」六・四％と試算された（「昭和十一年前半期朝鮮思想運動概観」『朝鮮思想運動概況』）。農民や労働者は①と②を合わせ、実に九三・五％の者が日本人たることを拒否している。③は全体では二三％に上っているが、そのほとんどは絶対数の少ない官公吏・有識者・学生などであったということになる。三・一運動では生活主義に回帰し、結局は沈黙を余儀なくされたとはいえ、総督府が最も恐れたのは宗教指導者や知識人、学生などではなく、そうした素朴な民衆であった。

2 儒教国家の過去と現在

儒教国家の現実

朝鮮は確かに儒教国家であった。そして儒教的民本主義という政治文化が、民衆が政治化するときの思想形成や行動に重要な契機を与えた。しかし、民衆世界は実に多様、多彩であり、民衆は様々な宗教や信仰の中で生きていた。儒教は正統思想ではあるが、あくまでもヘゲモニー教学でしかなく、王朝政府は他の宗教や信仰を異端として斥けつつも、その存在の執拗さに手を焼き、結局は黙認した。したがって、民衆や女性の間では巫俗や仏教、道教、その他雑多な民間信仰などが一貫して影響力を持ち続けた。とりわけ巫俗の影響は大きく、その情念的文化が精神風土として根付いていった。儒教がヘゲモニー教学である以上、民衆や女性もその優位性を認めて儒教国家の支配に合意を与え、儒教的政治文化を両班と共有したが、だからといって民衆は自らが信じる宗教や信仰を決して手放しはしなかったのである。

生活主義のゆえに、民衆は便利なものであれば、近代文物や近代システムも受容するが、しかしそれは、自分たちが保持してきた文化や価値観を受容体として、自分たちなりに理解した近代文明の受容の仕方である。そうである限り自律性もそう容易には喪失しない。朝鮮社会は二重文化的様相を呈していた。時に儒教へゲモニーに挑戦する変乱が、終末思想などの民衆的、土着的なイデオロギーをベースに惹起された所以である。ただ、儒教が標榜する民本主義や公論が民衆の異議申し立てを政治文化として認めたがゆえに、民衆はそれを逆手に取って政治的運動を起こす際の重要なツールとした。しかも開国以降、朝鮮が国家的危機を迎えると、儒教へゲモニーはかえって強化されていった。

一方、一君万民思想も理念としては建国以来一貫して存在したが、現実はそうなっておらず、臣権は強大であった。また、一君万民思想の埒外にあった奴婢はもとより、それ以外にも雑多な賤民=周縁的民衆が存在した。しかし、一君万民の論理が理念として機能している以上、奴婢であれ他の賤民であれ、その身分は必ずしも宿命的なものではなかった。基幹的民衆の良人だけでなく、周縁的民衆も僥倖や努力次第では身分上昇を果たすことが可能であった。そしてそこでは、確かに誰もが学問をすれば聖人になれるとする朱子学の修養論理が機能していた。現実には、学問や修養などせずに金力や情実などによって成り上がろうとする、したたかで狡知に長けた輩が多くいたが、民衆もその競争に参加することができた。

そこでは、誰もが両班や富貴を手に入れようとするような上昇気流が渦巻いていた。政治学者のグレゴリー・ヘンダーソンは、つとに朝鮮社会は身分制のルーズさゆえに、権力志向と上昇志向が「渦巻」とも言えるほどに吹き荒れ、中間層の成長を阻害して社会の凝集力を弱め、その結果近代化に失敗したと指摘している(㊂ヘンダーソン)が、近代化論的な議論ではあれ正鵠を射た一面もあった。朝鮮は二重文化的様相を呈していながら、価値観的には一元的観念が支配する社会であった。

這い上がりと分かち合いの社会

ただ、成り上がりの輩は確実に中間層を形成していたし、朝鮮社会には開かれていたとはいえ中間団体としての村落共同体が堅固に存在していた。また契が、村落を越えて各種各様に網の目のように広範に存在し、地縁、血縁、職縁を問わず、志を同じくする者同士によって自律的に共同意識を培いつつ運営されていた。「渦巻」というのは個人の主体性を問題にしない表現であり、また「渦巻」に巻き込まれない、凝集力ある中間諸団体が確実に広範に存在していたのだから、ここでは這い上がり型志向と言っておくが、共同意識の強靱性こそは朝鮮社会が持つもう一つの重要な論理として機能した。

「民人は食を以て天となす」という生活主義的な民衆観を生み出した儒教的民本主義や、終末論に顕著にみられるユートピア的な平等・平均志向は、理念的、社会的に広く内面化されており、私欲的な這い上がり型志向とは真逆である。国家は賑恤に力を入れたし、相互扶助的な生活慣行が「開かれた村」を前提に広域的に機能していた。そして、東学では「分の思想」も誕生し、貧富を越えた「有無相資」の分かち合いが美徳とされ「地上天国」の建設が目指された。富力ある両班もこれを否定し得ず、親族や知人、郷人への惜しみない分配を行う者こそが、名望家として慕われた。民のためにその学徳をもって天下国家を語って行動するソンビという理想的人間像はこうした政治文化を背景に形成され、民乱や反乱では士たらんとする者たちが、たとえ地位や富力がなくとも徳望家として現れ、民衆的指導者として重要な役割を果たした。盗賊さえも、時に士たらんとして義賊化し、民に身を寄せて天下国家を語ろうとした。

以上を要するに、朝鮮は這い上がり型志向と分かち合い型志向という相反する論理が混淆した社会であったと言える。私欲的な上昇願望と共助的な平等・平均願望というアンビバレントな感情というのは、朝鮮に限らず世界史的に普遍的に広く認められるものである。しかし朝鮮では身分制が弛緩し、身分上昇が比較的容易であったために、両班を憎悪しながら、同時に両班になりたいという矛盾した願望が、民衆世界に極端かつ典型的な形で表れた。甲午農民戦争は基本的には平等主義・平均主義の闘いであったにもかかわらず、他方で「来世富貴」を願って掘塚や山訟を行う者が続出し、一君万民的な平等・平均の世を作ろうとした全琫準を悩ませた所以である。

しかし、分かち合い型社会の原理は開闢＝変革を促すものであり、一般民衆も賤民もそれを強く望み、朝鮮の近代は下から土着的に切り開かれようとした。その結果、賤民は朝鮮社会の内発的な論理を背景に自らの力で解放を勝ち取り、大韓帝国期にこそは一君万民政治が具現化されようとした。そして、急速に臣民化が進行し、保護国化以降には国民化にまで止揚され、賤民や女性の民族化、国民化も進行していく。朝鮮は植民地になったが、三・一運動はそうした民衆の精神的一体化の上に起きた挙族的な闘いであり、人々は祝祭的闘争を通じて確固たる一つの民族となった。

このような道筋は、上から見た公定主義的な歴史認識とはだいぶ違うものである。戦間期のイタリアの革命家アントニオ・グラムシは、「従属的社会集団の側から発揮される自律的なイニシアティヴの痕跡は、そのひとつひとつが全体史を目指す歴史家にとっては計り知れない価値をもっている」(上村忠男訳『知識人と権力』みすず書房、一九九九)と述べている。民衆の自律的な運動は支配諸集団によってたえず粉砕され、異常視され、かつ歴史から抹殺されようとするが、実はそうした民衆運動こそが、たとえ愚かさをはらませ前進や後退を繰り返すジグザクな文様を描きながらも、歴史展開の大きな原動力となっている。近代に入ってもそれは、国民国家や支配的ヘゲモニーの深刻な亀裂を逆照射する重要な契機を与えてくれる。

現代韓国の政治文化

もっとも現在、祭りや娯楽を生きることの楽しみとしながらも、そうする余裕も金力も教養も足りずに生活主義に徹して生きるような民衆と言われる存在は、先進国にはほとんど存在しなくなった。現在あるのは国民か市民か大衆かであり、しかもその三者は混淆し、知識人の大衆化や大衆の知識人化が進行している。韓国も例外ではない。そして韓国は、今でも公論や異議申し立ての政治文化が市民運動に継承されて健在である。儒教的政治文化は士意識を民衆にまで拡散していき、その高揚の中で民衆運動は活性化したが、その伝統は韓国の民主主義を育んできた。知識人化した大衆＝市民のパワーは凄まじい。

そのことは、四月革命（一九六〇）や全斗煥《チョンドゥファン》政権に民主化を約束させた市民デモ（一九八七）、朴槿恵《パククネ》を退陣に追い込んだチョップル《ろうそく》革命（二〇一七）などを見れば、よく理解できるであろう。韓国の民主主義は、誰もが天下国家を語る士になれるという伝統の上に西欧由来の民主主義が接木されて形成されたもので、異議申し立てというかつての民の権利は現在、その情念的文化とも相俟って士＝市民の権利として百家争鳴的に感性豊かに行使されている。

しかし韓国は、半面今でも這い上がり型社会である。人口の半数近くが首都圏に居住するという極端な一極集中はもとより、学習塾に過剰な支出をする教育文化や七〇％を超える大学進学率などにみられる学歴競争は日本の比ではない。大企業や公務員への就職願望が強く、中小企業には人材が集まらない。しかもインテリ志向やホワイトカラー志向が強すぎるので、ブルーカラーのなり手が極度に不足している。地位と名誉を求める一元的心性はさほどに強く、競争は老後を迎えるまで続いていく。近年はあまりの競争に疲れ果てて、海外に逃避の道を探る人々も少なくない。世界トップを行く少子化現象も、子どもを過酷な競争社会にさらしたくないという若いカップルたちの切ない抵抗の表れという一面を持つ。早晩、韓国が移民国家になるのは不可避である。

そして大統領の権限が非常に強く、その威権に与って情実人事や便宜供与など何らかの利権を得ようと、保革を問わず大統領やその家族あるいは側近たちに群がる人々が跡を絶たない。また、異議申し立てを情によって訴えようとするのは甘えの論理であり、個我の自立と相容れない。朱子学国家には情理による法支配という考えがあるが、人情が過ぎれば、事理が正されない。大統領を始めとする為政者や司法官が過剰に民意を尊重しようとすれば、時に私が肥大化した住民エゴや放縦な民意に流され、その責任ある主体的、自律的姿勢を喪失させてしまうことにもなる。公私混同は権威主義と結びつきやすく、これまた民主主義と相容れない。何らかの利権と結びついた場合には、現代の徳望家を彷彿とさせるような存在にみえた著名な政治家や市民運動家が、その仮面を剝がされる事件もしばしば引き起こされる。

とはいえ、今や民本ではなく民主の時代である以上、市民の監視の眼は厳しい。市民も権威主義の誘惑に打ち勝とうとしているようにみえる。様々な不正が露見して処罰されるのも、不正を許さないとする社会的合意や内部告発が多くあればこそのことである。韓国では、単に市民運動だけでなく、ＮＧＯやＮＰＯの活動も旺盛であるが、それも人権意識の発達によるものである。儒教的民本主義は権威主義や情実主義などの副作用を生み出し、韓国の民主主義は一面その残滓に苦しんでいるが、しかし市民・労働者・学生などの、社会的公正を求めようとする政治的パワーは強靱である。また、分かち合い型社会であることも相変わらずで、人におごる文化や寄付する文化は、これまた日本の比ではないようにみえる。時にお節介がすぎるとも映る見知らぬ人への親切や情の表し方も相変わらずで、その逆の甘えの論理も外国人からしたら特異にみえることがあるかも知れない。そして、親族間や友人間はもとより宗教・学閥・地縁などによる相互扶助も、様々に機能しているようだ。

ただ、そのような情実的なシステムは、現代にあっては公的な社会福祉制度として代替機能させていかなければならない。年金行政を始めとする社会福祉制度はまだ道半ばで、先進国としての未熟さは否めず、分かち合い型社会の内実が問われているのが現実である。新自由主義が吹き荒れるグローバリゼーションの中で這い上がり型志向は、分かち合い型志向との均衡を崩し、それを凌駕しているようにみえる。分かち合い型社会の発展はひとえに、権威主義に対抗する公論や異議申し立ての政治文化が人々の努力によって市民的に止揚されるかどうかにかかっている。いわば韓国は現在、朝鮮王朝時代から続く政治文化の大きな歴史的転換点にさしかかっているのである。

あとがき

民衆史研究を生業としながら、民衆というのは曰く言いがたい存在であるというのが、正直な思いである。民衆については様々な定義ができようが、東アジア史的な文脈から一応定義らしきものを私なりにあえてするなら、「鼓腹撃壌」の故事成語に表現される民の生き様にヒントがある。ある老人が中国の伝説上の帝王尭に対して、食物を口に含んで腹つづみを叩き足で地を撃って拍子を取りながら、「日が昇れば仕事をし、日が沈めば休む。井戸を掘って飲み、田畑を耕して食べる。帝王の力などどうして我が生活に関係があろうか」と歌ったという(『十八史略』五帝)。

ここには、国王の存在など意識することなく、ただ毎日を平安に過ごすことが民の幸せなのだという民衆観が示されている。現実には、民というのは徴税や労役を課されるのだから、王権や国家を意識しないなどということはあり得ないが、とはいえ「鼓腹撃壌」には生活主義に生きる民の願望がよく示されている。民衆は本来、王事や国事など天下国家には関心がなく、国王や国家の統治を自然なものとして受け入れている。しかし、民衆にとって国家や権力というのはやっかいな代物で、それが強大化すればするほど煙たいものとなる。そこには主権者意識などあるはずもないが、民衆は力弱いがゆえに、村落共同体を始め宗族共同体や職能共同体などの何らかの共同性を必要とするとともに、宗教や信仰、祭礼、慣行などの伝統的な文化を共有する自律的な存在である。そして、生活が脅かされ忍従の日々が続いていくと、民衆は異議申し立てという政治的実践を行う主体となる。近代化の過程は否応なくそうした民衆を民族や国民という主体に変容させていくが、しかしその変容はあくまでも民衆の流儀に従って、やはり自律的になされていくものであり、必ずしも国家や啓蒙知識人の思い通りになされていくものではない。

こうした議論をすると本質主義論的だと言われ、しなければしないで民衆像、民衆概念が曖昧だ、厳密性に欠けると言われる。あるいは、民衆というのは実体化してはならず、分析概念でしかないという議論もある。とかくに歴史学の手続きというのは面倒で、私自身当事者の一人ではあるが、時に屁理屈がすぎると思うことがある。しかしいずれにせよ、こうした人々がかつては確実に存在し、歴史の基底をうごめいて歴史の流れを大きく規定してきたというのが私の認識である。そして、民衆の願望や動きに規定された歴史の流れというのは紆余曲折に満ちており、民衆の行動は愚鈍に見えることもあれば、賢明に見えることもある。民衆史というのは、曖昧な主権者意識の下に生活主義に生きる人々の苦楽交えた平凡な生活過程であると同時に、人々が私欲をも含んだ願望と困苦、矛盾と抗争、挫折と後退、日常回帰と諦念、そしてさらなる困苦と今一度の抗争という、絶えることのないジグザグの文様を描きつつ歩いた、退屈にして波乱に満ちた道程である。そこには、時に悲劇的だが、時に喜劇的な人間模様が見られ、不器用にしてしたたかな生き様も垣間見える。こうした民衆の営みは、少しずつだが変化していく社会や国家の在り方と相即的な関係にある。

このような姿を持つ民衆は、本文末尾でも述べたように、国民化とともに強固な主権者意識が共有されている韓国では、もはやほとんどいなくなった。しかし、北朝鮮にはなお広範に存在していそうである。民衆の平等・平均願望に応えるべく社会主義国家を標榜しながら、その実は過ぎたる一君万民の専制的な王朝国家を作り上げてしまった北朝鮮では、主権者意識どころか異議申し立ての政治文化さえ封殺されてしまっている。また、一部の特権階層を除けば多くの国民にとって上昇願望など見果てぬ夢でしかないようにみえる。しかし、将来その尋常ではない権威主義体制が崩壊したときには、果たしてどうなるであろうか。韓国同様に強固な主権者意識が育まれるだけではなく、競争的な上昇志向が社会を席巻していくようになるのではないかと思われてならない。

権威主義や拝金主義と結びつかず私欲まみれにならない、自己実現という意味での地位上昇や、個人的な向上心というレベルでの上昇願望は健全なものである。いずれ新自由主義が席巻するグローバリゼーションが終焉を迎えるとき、平等・平均願望が利己主義的な上昇願望を涛駕する時代が来ることを願わずにはいられないが、私にはその時まで生きている自信は到底ない。また、私欲的に生きることが同時に平等・平均の共助に寄与することでもあるという理想的社会が、果たして実現されうるものなのか、原子化された個人の人権と自由がいつの時代にも増して叫ばれる今日にあって、深く考え込まずにはいられない。

本書に関わる史料を生で味読したいと思われる読者には、宮嶋博史・吉野実・趙景達編『原典朝鮮近代思想史』(全六巻、岩波書店、二〇二一～二二)をお勧めしたい。この史料集の特徴は民衆史関連の史料を多く収載した点である。いちいち記さなかったが、本書で取り上げている史料の一部や関連史料は、この史料集の一～四巻で読むことができる。

本書の構想は、前に新書『近代朝鮮と日本』と『植民地朝鮮と日本』を刊行した直後にさかのぼる。この二冊は政治史中心のために、民衆史に関する記述がどうしても物足りないものになってしまった。その欠を補うためにはやはり民衆の社会史を単独で書かなければならないと刊行後すぐに思ったが、それも新書の形式で書くように勧めてくれたのは、前著二冊と同様、元岩波新書編集部の平田賢一氏と現岩波新書編集長の中山永基氏である。深く感謝したい。

二〇二四年五月二五日

趙　景　達

主要参考文献

「まえがき」でも記したが，史料に属するものは本文中に注記した。今村鞆『李朝実録風俗関係資料撮要』(朝鮮総督府中枢院，1939)は重要な編纂史料だが，基本的には年表に属するのでいちいち注記しなかった。植民地期・戦前に書かれたものは研究書(戦後に刊行された遺稿集を含む)であっても，史料集的意味や民俗・社会調査的性格を有しているので，本文中に注記した。ここでは，紙幅の関係から解放後・戦後に刊行された主要な参考文献のみを掲げる。

第1章

井上厚史『愛民の朝鮮儒教』(ぺりかん社，2021)
奎章閣韓国学研究院編(小幡倫裕訳)『朝鮮時代の女性の歴史 ── 家父長的規範と女性の一生』(明石書店，2015)
趙景達①『朝鮮民衆運動の展開 ── 士の論理と救済思想』(岩波書店，2002)
趙景達②『近代朝鮮の政治文化と民衆運動 ── 日本との比較』(有志舎，2020)
宮嶋博史『両班』(中央公論社，1995)
李勛相(宮嶋博史訳)『朝鮮後期の郷吏』(法政大学出版局，2007)
李成茂(平木實ほか訳)『韓国の科挙制度』(日本評論社，2008)
李泰鎮(六反田豊訳)『朝鮮王朝社会と儒教』(法政大学出版局，2000)
盧恵京『朝鮮後期守令行政의 實際 ── 黄胤錫의「頤斎乱藁」를 중심으로』(도서출판혜안，서울，2006)
裵亢燮「19 세기 지배질서의 변화와 정치문화의 변용 ── 仁政 願望의 향방을 중심으로」(『韓國史学報』39，2010)
宋俊浩『朝鮮社会史研究 ── 朝鮮社会의 構造와 性格 및 그 変遷에 関한 研究』(一潮閣，1987)
李東奎「호적자료를 통해 본 조선후기 한량의 존재양상」(『사림』51，2015)
李相培『朝鮮後期 政治와 掛書』(国学資料院，1999)
李成茂『朝鮮両班社会研究』(一潮閣，1995)
李章熙『朝鮮時代 선비研究』(博英社，1989)
李俊九「朝鮮後期의 閑良과 그 地位」(『國史館論叢』5，1989)

主要参考文献

第2章

秋葉隆① 『朝鮮巫俗の現地研究』(養徳社, 1950)
秋葉隆② 『朝鮮民俗誌』(六三書房, 1954)
伊藤亜人監訳 『韓国文化シンボル事典』(平凡社, 2006)
押川信久 『朝鮮前期の国家と仏教 ── 僧尼管理の変遷を中心に』(九州大学出版会, 2022)
賈鍾壽編 『韓国伝統文化論』(大学教育出版, 2008)
鎌田茂雄 『朝鮮仏教史』(東京大学出版会, 1987)
金三龍 『韓国弥勒信仰の研究』(教育出版センター, 1985)
崔吉城 『韓国のシャーマニズム ── 社会人類学的研究』(弘文堂, 1984)
崔在錫(伊藤亜人・嶋陸奥彦訳) 『韓国農村社会研究』(学生社, 1979)
車柱環(三浦國雄・野崎充彦訳) 『朝鮮の道教』(人文書院, 1990)
鄭勝謨(林史樹訳) 『市場の社会史』(法政大学出版局, 2002)
白承鍾(松本真輔訳) 『鄭鑑録 ── 朝鮮王朝を揺るがす予言の書』(勉誠出版, 2011)
朴光駿 『朝鮮王朝の貧困政策 ── 日中韓比較研究の視点から』(明石書店, 2020)
吉田光男① 「朝鮮の身分と社会集団」(『岩波講座 世界歴史』 13, 1998)
吉田光男② 『近世ソウル都市社会研究』(草風館, 2009)
李海濬(井上和枝訳) 『朝鮮村落社会史の研究』(法政大学出版局, 2006)
金得榥 『韓国宗教史』(大地文化社, 1963)
文勇植 『朝鮮後期 賑恤과 還穀運営』(景仁文化社, 2001)
愼鏞廈 『韓国近代社会史研究』(一志社, 1987)
安秉旭 「朝鮮後期 自治와 抵抗組織으로서의 郷会」(『聖心女子大学論文集』 18, 1986)
呉泳教 『朝鮮後期郷村支配政策研究』(도서출판혜안, 2001)
鄭震英 『조선시대 향촌사회사』(한길사, 1998)
韓国古文書学会編① 『조선시대 생활사』(역사비평사, 1996)
韓国古文書学会編② 『조선시대 생활사 2』(역사비평사, 2000)
韓国歴史研究会編 『조선시대 사람들은 어떻게 살았을까』(청년사, 1996, 全面改訂版, 현북스, 2022)

第3章

秋葉隆① 『朝鮮巫俗の現地研究』(前掲)
秋葉隆② 『朝鮮民俗誌』(前掲)
朝尾直弘 「「身分」 社会の理解」(『朝尾直弘著作集』 第七巻, 岩波書店, 2004)

安宇植編訳『アリラン峠の旅人たち』(平凡社，1982)
沖浦和光「身分成立史の比較研究――日本の賤民差別とアジアの身分制」(沖浦和光ほか編『アジアの身分制と差別』解放出版社，2004)
神奈川大学21世紀COEプログラム成果報告書『東アジア生活絵引 朝鮮風俗画編』(2008)
金用淑(李賢起訳)『朝鮮朝宮中風俗の研究』(法政大学出版局，2008)
申在孝(姜漢永・田中明訳)『パンソリ』(平凡社，1982)
趙景達「朝鮮の被差別民「白丁」の近代」(『部落解放研究』215，2021)
野村伸一『仮面戯と放浪芸――韓国の民俗芸能』(ありな書房，1985)
平木実『朝鮮社会文化史研究』(国書刊行会，1987)
山内民博『戸籍からみた朝鮮の周縁――17～19世紀の社会変動と僧・白丁』(知泉書館，2021)
李杜絃『朝鮮芸能史』(東京大学出版会，1990)
梁民基・久保覚編訳『仮面劇とマダン劇』(晶文社，1981)
金東珍「朝鮮前期 白丁에 대한 斉民化 政策의 成果」(『역사민속학』29，2009)
金仲燮①「조선시대 백정의 기원에 대한 역사사회학적 고찰」(『東方学志』164，2013)
金仲燮②「조선 전기 백정 정책과 사회적 지위――통합，배제，통제의 삼중주」(『朝鮮時代史学報』68，2014)
宮嶋博史「조선사대의 신분，신분제 개념에 대하여」(『大東文化研究』42，2003)
박용숙『조선후기 향촌사회사 연구』(혜안，2007)
朴元善『負褓商』(韓国研究院，1965)
李碩主編『'民'에서 '民族'으로』(선인，2006)
李成茂『朝鮮両班社会研究』(前掲)
李俊九「朝鮮後期 白丁의 存在様態――大邱府 西上面 路下白丁部落을 中心으로」(『大邱史学』53，1997)
李俊九「조선후기 마을을 이루고 산 고리백정의 존재양상――大丘府 戸口帳籍을 중심으로」(『朝鮮史研究』10，2001)
李昌植『한국의 보부상』(밀알，2001)
鄭奭鍾『朝鮮後期社会変動研究』(一潮閣，1983)
鄭誠嬉『조선의 성풍속』(가람기획，1998)
趙宰坤①『한국 근대사회와 보부상』(혜안，2001)
趙宰坤②『근대격변기의 상인，보부상』(서울대출판부，2003)
崔南善『朝鮮常識問答 続編』(東明社，1947)
崔在錫『韓国家族制度史研究』(一志社，1983)

韓国古文書学会編①『조선시대 생활사』(前掲)
韓国古文書学会編②『조선시대 생활사 2』(前掲)
韓国歴史研究会編『조선시대 사람들은 어떻게 살았을까』(前掲)
韓永愚『朝鮮時代身分史研究』(集文堂, 1997)

第4章

秋葉隆①『朝鮮巫俗の現地研究』(前掲)
秋葉隆②『朝鮮民俗誌』(前掲)
神奈川大学21世紀COEプログラム成果報告書『東アジア生活絵引 朝鮮風俗画編』(前掲)
川村湊『妓生──「もの言う花」の文化誌』(作品社, 2001)
金用淑①(李賢起訳)『朝鮮朝宮中風俗の研究』(前掲)
奎章閣韓国学研究院編『朝鮮時代の女性の歴史──家父長的規範と女性の一生』(前掲)
小浜正子編『ジェンダーの中国史』(勉誠出版, 2015)
小浜正子ほか編『中国ジェンダー史研究入門』(京都大学学術出版会, 2018)
崔吉城(真鍋祐子訳)『恨の人類学』(平河出版社, 1994)
佐々木愛「程頤・朱熹の再嫁批判の言説をめぐって」(『上智史学』45, 2000)
李杜鉉『朝鮮芸能史』(前掲)
劉達臨(鈴木博訳)『中国性愛博物館』(原書房, 2006)
金用淑②『한국女俗史』(民音社, 1989)
朴珠『朝鮮時代의 孝와 女性』(国学資料院, 2000)
박현순 외『코리안의 일상』(청년사, 2009)
徐智瑛「조선후기 여악의 민간 활동과 기(妓)─(娼)의 분화──명명과 분류법을 중심으로」(『여성과 역사』36, 2022)
安大会「楚亭 朴斉家의 인간면모와 일상──小室을 맞는 詩文을 중심으로」(『韓国漢文学 研究』36, 2005)
전미경「식민지기 본부살해(本夫殺害) 사건과 아내의 정상성──'탈유교' 과정을 중심으로」(『아시아여성연구』49-1, 2010)
鄭誠嬉『조선의 성풍속』(前掲)
최재목・김정곤「구도 다케키(工藤武城)의 '의학'과 '황도유교'에 관한 고찰」(『医史学』51, 2015)
崔在錫『韓国家族制度史研究』(前掲)
韓国古文書学会編『조선시대 생활사』(前掲)
韓国古文書学会編『조선시대 생활사 2』(前掲)

韓国歴史研究会編『조선시대 사람들은 어떻게 살았을까』(前掲)
홍양희「식민지 조선의 "본부살해(本夫殺害)" 사건과 재현의 정치학」(『史学研究』102, 2011)

第5章

井上勝生『明治日本の植民地支配 ── 北海道から朝鮮へ』(岩波書店, 2013)
韓相權①「19世紀民訴の様相と推移」(朴忠錫ほか編『国家理念と対外認識』慶應義塾大学出版会, 2001)
趙景達①『異端の民衆反乱 ── 東学と甲午農民戦争』(岩波書店, 1998)
趙景達②『朝鮮民衆運動の展開』(前掲)
趙景達③『近代朝鮮の政治文化と民衆運動』(前掲)
白承鍾(松本真輔訳)『鄭鑑録 ── 朝鮮王朝を揺るがす予言の書』(前掲)
高錫珪『19세기 조선의 향촌사회연구 ── 지배와 저항의 구조』(성울대학교출판부, 1998)
望遠韓国史研究室19世紀農民抗争分科編『1862년농민항쟁』(동녘, 1988)
文勇植『朝鮮後期 賑恤과 還穀運営』(前掲)
朴容淑『조선후기 향촌사회사 연구』(혜안, 2007)
裵亢燮①『朝鮮後期 民衆運動東学農民戦争의 勃発』(景仁文化社, 2002)
裵亢燮②「19세기 지배질서의 변화와 정치문화의 변용 ── 仁政 願望의 향방을 중심으로」(前掲)
辺柱承「19세기 流民의 실태와 그 성격 ── 浮游集團을 중심으로」(『史叢』40・41合輯号, 1992)
薛錫圭『朝鮮時代 儒生上疏의 公論政治』(도서출판선인, 2002)
安秉旭「朝鮮後期 自治와 抵抗組織으로서의 郷会」(『聖心女子大学論文集』18, 1986)
李相培『朝鮮後期 政治와 掛書』(前掲)
李離和「19세기 전기의 民乱研究」(『韓国学報』35, 1984)
趙宰坤①『한국 근대사회와 보부상』(前掲)
趙宰坤②『근대격변기의 상인, 보부상』(前掲)
鄭奭鍾『朝鮮後期社会変動研究』(一潮閣, 1983)
韓国歴史研究会『조선시대 사람들은 어떻게 살았을까』2(前掲)
韓相權②「18세기 前半 明火賊 활동과 정부의 대응책」(『韓国文化』13, 1992)
韓相權③『朝鮮後期 社会의 訴寃制度 ── 上言・撃諍研究』(一潮閣, 1996)

韓明基「19 세기 전반 반봉건 항쟁의 성격과 그 유형」(한국역사연구회編『1894 년 농민 전쟁연구』2，역사비평사，1992)

第 6 章

伊藤亜人『アジア読本　韓国』(河出書房新社，1996)
伊藤俊介『近代朝鮮の甲午改革と王権・警察・民衆』(有志舎，2022)
金憲柱「「暴徒」と「良民」のはざまで ── 1907 年の自衛団の設置と地域社会関係網」(『アジア民衆史研究』28，2023)
呉天錫(渡部学・阿部洋訳)『韓国近代教育史』(高麗書林，1979)
崔吉城『キリスト教とシャーマニズム』(ちくま新書，2021)
崔炳一『近代韓国における大復興運動の歴史的展開』(新教出版社，2009)
愼蒼宇①『植民地朝鮮の警察と民衆世界 1894-1919』(有志舎，2008)
愼蒼宇②「崔益鉉 ── 東洋の平和と自主独立を目指した抗日知識人」(『講座 東アジアの知識人』第 1 巻，有志舎，2013)
申東源(任正爀訳)『コレラ，朝鮮を襲う ── 身体と医学の朝鮮史』(法政大学出版局，2015)
趙景達①「植民地朝鮮におけるキリスト教系終末運動の展開と民衆 ── 燈台社事件を中心に」(『メトロポリタン史学』4，2008)
趙景達②『近代朝鮮と日本』(岩波新書，2012)
趙景達③「崔益鉉 ── 誇り高きソンビ＝士の精神」(上田信編『俠の歴史 東洋編』下，清水書院，2020)
趙景達④「近代移行期における民乱の政治文化 ── 金星圭「興徳郡乱民取招査案」の分析」(伊藤俊介ほか編『「下から」歴史像を再考する』(有志舎，2022)
丁堯燮(柳澤七郎訳)『韓国女性運動史』(高麗書林，1975)
閔庚培(金忠一訳)『韓国キリスト教会史』(新教出版社，1981)
森山茂徳『近代日韓関係史研究 ── 朝鮮植民地化と国際関係』(東京大学出版会，1987)
金玉姫『済州島辛丑年教難史』(天主教済州教区，1980)
金容燮「光武改革期의 量務監理金星圭의 社会経済論」(『韓国近代農業史研究』一潮閣，1975)
教授新聞編『고종황제 역사 청문회』(푸른역사，2005)
愼鏞廈『独立協会研究』(一潮閣，서울，1976)
朴成壽「1907～10 年間의 義兵戰爭에 対하여」(『韓国史研究』1，1968)
朴容玉『韓国近代女性史』(正音社，1975)
白楽濬『韓国改新教史』(延世大学校出版部，1973)

王賢鍾『한국 근대국가의 형성과 갑오개혁』(역사비평사, 2003)
李栄昊『동학과 농민전쟁』(혜안, 2004)
李泰鎮『고종시대의 재조명』(태학사, 2000)
鄭誠嬉『조선의 성풍속』(前掲)
趙誠倫「甲午改革期 開化派政権의 身分制 폐지정책」(『金容燮教授停年紀念論叢 ── 韓國近現代의 民族問題와 新国家建設』知識産業社, 1997)
황상익『근대의료의 풍경』(푸른역사, 2013)

第7章

金静美「19 世紀末・20 世紀初期における「白丁」」(飯沼二郎・姜在彦編『近代朝鮮の社会と思想』未来社, 1981)
金富子『植民地期朝鮮の教育とジェンダー ── 就学・不就学をめぐる権力関係』(世織書房, 2005)
申東源(任正爀訳)『コレラ, 朝鮮を襲う ── 身体と医学の朝鮮史』(前掲)
宋連玉①『脱帝国のフェミニズムを求めて ── 朝鮮女性と植民地主義』(有志舎, 2009)
宋連玉②『植民地「公娼制」に帝国の性政治をみる ── 釜山から上海まで』(有志舎, 2023)
趙景達①『朝鮮民衆運動の展開 ── 士の論理と救済思想』(前掲)
趙景達②「朝鮮の被差別民「白丁」の近代」(前掲)
陳姃湲『東アジアの良妻賢母論』(勁草書房, 2006)
林鍾国(朴海錫・姜徳相訳)『ソウル城下に漢江は流れる』(平凡社, 1987)
金憲柱「1907 년 의병봉기와 화적집단의 활동」(『韓国史研究』171, 2015)
朴容玉①『韓国近代女性史』(前掲)
朴容玉②「国債報償을 위한 女性団体의 組織과 活動」(趙恒来編『1900 年代의 愛国啓蒙運動研究』아세아문화사, 1993)
朴在赫「韓末 活貧党의 活動과 性格의 変化」(『釜大史学』19, 1995)
朴賛勝『근대이행기 민중운동의 사회사 ── 동학농민전쟁・항조・활빈당』(景仁文化社, 2008)
宋連玉③「대한제국기의 기생 단속령 창기 단속령 일제 식민화와 공창제 도입의 준비과 정」(『한국사론』40, 1998)
신현규『기생 이야기 ── 일제시대의 대중스타』(살림, 2007)
張攸汀「20 세기 초 기생제도 연구」(『한국고전여성문학연구』8, 2004)

趙宰坤①『한국 근대사회와 보부상』(前掲)
趙宰坤②『근대격변기의 상인, 보부상』(前掲)
한국기독교연구소編『한국기독교의 역사 I』(기독교문사, 1989)
홍인숙「근대계몽기 첩 출신 계몽운동가들 ── 신소당과 이일정」(『이화어문논집』40, 2016)

第8章

趙景達①「東学＝天道教正史の変遷 ── 教門の正統性と民族運動の主導権」(『歴史学研究』938, 2015)
趙景達②『近代朝鮮の政治文化と民衆運動』(前掲)
趙景達③「朝鮮の被差別民「白丁」の近代」(前掲)
趙景達④「衡平社の誕生と反衡平運動の論理」(須田努編『社会変容と民衆暴力』大月書店, 2023)
ヘンダーソン, グレゴリー(鈴木沙雄訳)『朝鮮の政治社会』(サイマル出版会, 1973)
朴慶植『朝鮮三・一独立運動』(平凡社, 1976)
松田利彦『日本の朝鮮植民地支配と警察』(校倉書房, 2009)
金鎮鳳『三・一運動史研究』(国学資料院, 2000)
高淑和『형평운동』(独立記念館独立運動史研究所, 2008)
朴容玉『韓国近代女性史』(前掲)
徐智瑛「식민지 시대 기생 연구(I) ── 기생집단의 근대적 재편 양상을 중심으로」(『정신 문화연구』99, 2005)
李廷銀『3・1 독립운동의 지방시위에 관한 연구』(국학자료원, 2000)
李東根「3・1 운동과 '기생(妓生)'」(『水原歴史文化研究』7, 2017)
韓国史研究会編『3・1 운동 100 년 총서 1〜5』(휴머니트 출판그룹, 2019)

趙 景 達

1954年東京生まれ
1977年中央大学文学部卒業．1986年東京都立大学大学院人文科学研究科博士課程中退．同大学人文学部助手を経て千葉大学文学部助教授・教授となり，2020年3月定年退職
専攻—朝鮮近代史・民衆史・思想史
著書—『近代朝鮮と日本』(岩波新書，2012年)
『植民地朝鮮と日本』(岩波新書，2013年)
『朝鮮の近代思想』(有志舎，2019年)
『近代朝鮮の政治文化と民衆運動』(有志舎，2020年)
編著—『近代日朝関係史』(有志舎，2012年)
『儒教的政治思想・文化と東アジアの近代』(有志舎，2018年)
共編—『岩波講座　東アジア近現代通史』(2010年)
『原典朝鮮近代思想史』(岩波書店，2021-22年)

朝鮮民衆の社会史
—現代韓国の源流を探る　　岩波新書(新赤版)2030

2024年8月20日　第1刷発行

著　者　趙景達《チョキョンダル》

発行者　坂本政謙

発行所　株式会社 岩波書店
〒101-8002 東京都千代田区一ツ橋2-5-5
案内 03-5210-4000　営業部 03-5210-4111
https://www.iwanami.co.jp/

新書編集部 03-5210-4054
https://www.iwanami.co.jp/sin/

印刷・精興社　カバー・半七印刷　製本・中永製本

ISBN 978-4-00-432030-2　　Printed in Japan

岩波新書新赤版一〇〇〇点に際して

　ひとつの時代が終わったと言われて久しい。だが、その先にいかなる時代を展望するのか、私たちはその輪郭すら描きえていない。二〇世紀から持ち越した課題の多くは、未だ解決の緒を見つけることのできないままであり、二一世紀が新たに招きよせた問題も少なくない。グローバル資本主義の浸透、憎悪の連鎖、暴力の応酬――世界は混沌として深い不安の只中にある。

　現代社会においては変化が常態となり、速さと新しさに絶対的な価値が与えられた。消費社会の深化と情報技術の革命は、種々の境界を無くし、人々の生活やコミュニケーションの様式を根底から変容させてきた。ライフスタイルは多様化し、一面では個人の生き方をそれぞれが選びとる時代が始まっている。同時に、新たな格差が生まれ、様々な次元での亀裂や分断が深まっている。社会や歴史に対する意識が揺らぎ、普遍的な理念に対する根本的な懐疑や、現実を変えることへの無力感がひそかに根を張りつつある。そして生きることに誰もが困難を覚える時代が到来している。

　しかし、日常生活のそれぞれの場で、自由と民主主義を獲得し実践することを通じて、私たち自身がそうした閉塞を乗り超え、希望の時代の幕開けを告げてゆくことは不可能ではあるまい。そのために、いま求められていること――それは、個と個の間で開かれた対話を積み重ねながら、人間らしく生きることの条件について一人ひとりが粘り強く思考することではないか。その営みの糧となるものが、教養に外ならないと私たちは考える。歴史とは何か、よく生きるとはいかなることか、世界そして人間はどこへ向かうべきなのか――こうした根源的な問いとの格闘が、文化と知の厚みを作り出し、個人と社会を支える基盤としての教養となった。まさにそのような教養への道案内こそ、岩波新書が創刊以来、追求してきたことである。

　岩波新書は、日中戦争下の一九三八年一一月に赤版として創刊された。創刊の辞は、道義の精神に則らない日本の行動を憂慮し、批判的精神と良心的行動の欠如を戒めつつ、現代人の現代的教養を刊行の目的とする、と謳っている。以後、青版、黄版、新赤版と装いを改めながら、合計二五〇〇点余りを世に問うてきた。そして、いままた新赤版が一〇〇〇点を迎えたのを機に、人間の理性と良心への信頼を再確認し、それに裏打ちされた文化を培っていく決意を込めて、新しい装丁のもとに再出発したいと思う。一冊一冊から吹き出す新風が一人でも多くの読者の許に届くこと、そして希望ある時代への想像力を豊かにかき立てることを切に願う。

（二〇〇六年四月）

岩波新書より

ノモンハン戦争 モンゴルと満洲国　田中克彦
中国という世界　竹内実
ウィーン 都市の近代　田口晃
紫禁城　入江曜子
ジャガイモのきた道　山本紀夫
創氏改名　水野直樹
フランス史10講　柴田三千雄
地中海　樺山紘一
多神教と一神教　本村凌二
奇人と異才の中国史　井波律子
ドイツ史10講　坂井榮八郎
ナチ・ドイツと言語　宮田光雄
ニューヨーク◆　亀井俊介
離散するユダヤ人　小岸昭
現代史を学ぶ　溪内謙
アメリカ黒人の歴史〔新版〕　本田創造
文化大革命と現代中国　安藤正士 太田勝洪 辻康吾
フットボールの社会史　F・P・マグーン Jr 忍足欣四郎訳

コンスタンティノープル千年　渡辺金一
ペスト大流行　村上陽一郎
ピープス氏の秘められた日記　臼田昭
中世ローマ帝国　渡辺金一
モロッコ　山田吉彦
シベリアに憑かれた人々　加藤九祚
インカ帝国◆　泉靖一
中国の隠者　富士正晴
漢の武帝◆　吉川幸次郎
孔子　貝塚茂樹
中国の歴史 上・中・下◆　貝塚茂樹
インドとイギリス　吉岡昭彦
アリストテレスとアメリカ・インディアン　L・ハンケ 佐々木昭夫訳
フランス革命小史◆　河野健二
魔女狩り　森島恒雄
風土と歴史　飯沼二郎
ヨーロッパとは何か　増田四郎
世界史概観 上・下　H・G・ウェルズ 長谷部文雄 阿部知二訳

歴史の進歩とはなにか◆　市井三郎
歴史とは何か　E・H・カー 清水幾太郎訳
フランス ルネサンス断章　渡辺一夫
チベット　多田等観
奉天三十年 上・下　クリスティー 矢内原忠雄訳
ドイツ戦歿学生の手紙　ヴィットコップ編 高橋健二訳
アラビアのロレンス 改訂版◆　中野好夫

シリーズ 中国の歴史

中華の成立 唐代まで　渡辺信一郎
江南の発展 南宋まで　丸橋充拓
草原の制覇 大モンゴルまで　古松崇志
陸海の交錯 明朝の興亡　檀上寛
「中国」の形成 現代への展望　岡本隆司

シリーズ 中国近現代史

清朝と近代世界 19世紀　吉澤誠一郎

岩波新書より

近代国家への模索 1894-1925　川島　真
革命とナショナリズム 1925-1945　石川禎浩
社会主義への挑戦 1945-1971　久保　亨
開発主義の時代へ 1972-2014　高原明生・前田宏子
中国の近現代史をどう見るか　西村成雄

シリーズ　アメリカ合衆国史
植民地から建国へ 19世紀初頭まで　和田光弘
南北戦争の時代 19世紀　貫堂嘉之
20世紀アメリカの夢 世紀転換期から一九七〇年代　中野耕太郎
グローバル時代のアメリカ 冷戦時代から21世紀　古矢　旬

シリーズ　歴史総合を学ぶ
世界史の考え方　小川幸司・成田龍一 編
歴史像を伝える　成田龍一
世界史とは何か　小川幸司

岩波新書より

現代世界

サピエンス減少　原俊彦
ウクライナ戦争をどう終わらせるか　東大作
ルポ アメリカの核戦力　渡辺丘
ミャンマー現代史　中西嘉宏
アメリカとは何か 自画像と世界観をめぐる相剋　渡辺靖
タリバン台頭　青木健太
ネルソン・マンデラ　堀内隆行
日韓関係史　木宮正史
文在寅時代の韓国　文京洙
アメリカ大統領選　久保文明・金成隆一
イスラームからヨーロッパをみる　内藤正典
アメリカの制裁外交　杉田弘毅
ルポ トランプ王国2　金成隆一
2100年の世界地図 アフラシアの時代　峯陽一
フォト・ドキュメンタリー 朝鮮に渡った「日本人妻」　林典子
サイバーセキュリティ　谷脇康彦
トランプのアメリカに住む　吉見俊哉
ライシテから読む現代フランス　伊達聖伸
ベルルスコーニの時代　村上信一郎
イスラーム主義　末近浩太
ルポ 不法移民 アメリカ国境を越えた男たち　田中研之輔
習近平の中国 百年の夢と現実　林望
日中漂流　毛里和子
中国のフロンティア　川島真
シリア情勢　青山弘之
ルポ トランプ王国　金成隆一
ルポ 難民追跡 バルカンルートを行く　坂口裕彦
アメリカ政治の壁　渡辺将人
プーチンとG8の終焉◆佐藤親賢
香港 中国と向き合う自由都市　倉田徹・張彧暋
〈文化〉を捉え直す　渡辺靖
イスラーム圏で働く　桜井啓子編
中南海 知られざる中国の中枢◆稲垣清
フォト・ドキュメンタリー 人間の尊厳　林典子
㈱貧困大国アメリカ　堤未果
女たちの韓流　山下英愛
新・現代アフリカ入門　勝俣誠
中国の市民社会　李妍焱
勝てないアメリカ◆大治朋子
ブラジル 跳躍の軌跡　堀坂浩太郎
非アメリカを生きる◆室謙二
ネット大国中国　遠藤誉
ジプシーを訪ねて　関口義人
中国エネルギー事情　郭四志
アメリカン・デモクラシーの逆説　渡辺靖
ユーラシア胎動　堀江則雄
オバマ演説集　三浦俊章編訳
ルポ 貧困大国アメリカII　堤未果
オバマは何を変えるか　砂田一郎
平和構築　東大作

岩波新書より

政治

さらば、男性政治　三浦まり
日米地位協定の現場を行く　山本章子・宮城裕也
職業としての官僚　嶋田博子
学問と政治 学術会議任命拒否問題とは何か　芦名定道・宇野重規・岡田正則・小沢隆一・加藤陽子・松宮孝明
検証 政治改革 なぜ劣化を招いたのか　川上高志
政治責任 民主主義とのつき合い方　鵜飼健史
人権と国家　筒井清輝
「オピニオン」の政治思想史　堤林剣・堤林恵
戦後政治史〔第四版〕　石川真澄・山口二郎
尊厳　マイケル・ローゼン／内尾太一・峯陽一訳
デモクラシーの整理法　空井護
地方の論理　小磯修二

SDGs　南博・稲場雅紀
暴君　スティーブン・グリーンブラット／河合祥一郎訳
ドキュメント 強権の経済政策　軽部謙介
リベラル・デモクラシーの現在　樋口陽一
民主主義は終わるのか　山口二郎
女性のいない民主主義　前田健太郎
平成の終焉　原武史
日米安保体制史　吉次公介
官僚たちのアベノミクス　軽部謙介
在日米軍 変貌する日米安保体制　梅林宏道
矢内原忠雄 戦争と知識人の使命　赤江達也
憲法改正とは何だろうか　高見勝利
共生保障〈支え合い〉の戦略　宮本太郎
シルバー・デモクラシー 戦後世代の覚悟と責任◆　寺島実郎
憲法と政治　青井未帆
18歳からの民主主義◆　岩波新書編集部編

検証 安倍イズム　柿崎明二
右傾化する日本政治　中野晃一
外交ドキュメント 歴史認識◆　服部龍二
日米〈核〉同盟 原爆、核の傘、フクシマ　太田昌克
集団的自衛権と安全保障　豊下楢彦・古関彰一
日本は戦争をするのか　半田滋
アジア力の世紀　進藤榮一
民族紛争　月村太郎
政治的思考　杉田敦
現代日本の政党デモクラシー　中北浩爾
サイバー時代の戦争◆　谷口長世
現代中国の政治◆　唐亮
政権交代とは何だったのか◆　山口二郎
日本の国会　大山礼子
戦後政治史〔第三版〕　石川真澄・山口二郎
〈私〉時代のデモクラシー　宇野重規
大臣〔増補版〕　菅直人

岩波新書より

(2023.7)　◆は品切，電子書籍版あり．(D2)